경매 통장 플러스

모든 성공은

첫걸음을 떼는 자에게만 미소 짓는다.

– 베르길리우스

왕초보도 완전 쉽게 따라 하는

경매 통장 플러스

김유한 지음

포레스트북스

| 초판 프롤로그 |

인생을 바꾸는 기회, 통장 하나면 충분하다

검소하고 성실하게 살았지만 평생 가난을 벗어날 수 없었다

나는 수영 강사였다. 정말 열심히 일했다. 누가 봐도 성실하게 살았지만, 그 달 벌어 그 달 먹고사는 생활은 좀처럼 나아지지 않았다. 늘 생활비가 부족했다. 아끼고 또 아껴야 했고, 노후 대비는 엄두도 못 냈다. 검소하고 성실하면 잘살 수 있을 줄 알았는데, 현실은 악순환의 쳇바퀴 속에 들어가 있는 듯한 느낌이었다.

엄청난 걸 바라는 게 아니었다. 아내의 생일 선물로 따뜻한 점퍼를 사주고 싶어서 아울렛에 갔다가 마음에 드는 걸 발견했지만, 비싼 것도 아닌데 몇 만 원 차이로 고민하다가 내려놓는 내 모습이 자존심 상하고 아내에게 미안했다. 아기 장난감을 살 때도 최저가를 검색하다가 또 몇 만 원을 더 아끼기 위해 중고나라를 검색하는 내 자신이 싫었다. 임신한 아내가 딸기가 먹고 싶다고 할 때 돈 걱정 없이 실컷 사줄 수 있는 그 정도만이라도 되고 싶었다. 어쩌면 나는 '정말 검소하고 성실하게 살고 있는데, 어쩔 수 없잖아. 이건 내 잘못이 아니야'라는 핑계 뒤에 숨어 있던 건지도 모른다. 하지만 더 이상 그런 핑계 뒤에 숨지 않기로 했다.

나 자신을 위안하기 위한 핑계를 벗어던지자 냉혹한 현실이 보였다. 이것은 나만의 이야기는 아닐 것이다. 우리는 지금도 충분히 성실하고 검소하게 살고 있다.

"지금처럼 성실히 일하고, 아끼고 살면 언젠가 잘살 수 있을까?"

정말 냉정하게 스스로에게 물어보자. 우리는 이미 알고 있다. 큰돈은 바라지도 않고, 위에서 말한 만큼만 돈 걱정 없이 살고 싶지만, 월급쟁이로는 절대 불가능하다는 것을. 혹시 가능하다 할지라도 십 년이 걸릴 수도 있고, 이십 년이 걸릴 수도 있다. 어쩌면 그 이상의 시간이 필요할 수도 있다. 단순히 저축만 해서는 안 되는 시대라는 걸 알기에 주식도 해보고, 펀드도 해보고, 심지어 요즘 '핫하다'는 비트코인도 해보지만, 우리 인생을 바꿀 정도로 안정적인 수익을 주는 투자는 없었을 것이다. 나는 그나마 원금 손실이 덜한 저위험 성향을 갖고 있는 것 중에 가장 높은 수익을 낼 수 있는 건 부동산이라고 생각한다.

하지만 일반 부동산 매매도 리스크가 높아졌다. 부동산의 가격이 언제 떨어질지 모른다. 최근 3년간 부동산 가격이 오르긴 했지만, 2016년과 2017년 초만 해도 부동산이 폭락할 거라는 전문가의 의견이 많았다. 부동산 가격의 향방이 어떻게 될지는 아무도 모르는 것이어서, 과거처럼 부동산을 저위험성 투자로 판단할 수 없는 상황이었다. 그리고 그런 상황은 2018년을 시작하는 현재도 여전히 유효하다. 그래서 생각한 것이 부동산 경매였다.

300만 원으로 시작한 경매 통장 3년 만에 30억이 되다!

'쓰리 고'는 알아도 원고, 피고는 몰랐던
왕초보 수영 강사의 기적 같은 이야기

사람들은 나이가 들수록 '진작 부동산 좀 배워 놓을걸' 하면서 후회한다. 하지만 어렸을 때는 그 말이 와닿지 않았다. 그냥 한 귀로 듣고

한 귀로 흘리곤 했다. 지금 이 글을 읽는 독자들 중 꽤 많은 분이 과거의 나처럼 '당연한 말 아니야?'라며 한 귀로 흘리고 있을 것이다. 나는 결혼을 하고 집을 구하면서 부동산이 현실이 됐을 때, 높은 집값과 통장 잔고의 차이를 확인했을 때 비로소 그 말이 와닿기 시작했다. 그 무렵 평소에 나를 아끼던 한 선배가 진심을 담아 조언을 해줬다.

"한 살이라도 어릴 때 부동산 공부를 시작해라!"

살다 보면 언젠가 한 번은 배워야 할 게 부동산이라는 말이 와닿았다. 그렇게 나는 부동산 공부를 시작했다. 하지만 공부를 해도 일반 매매를 할 수 있는 여력이 안 됐다. 내가 가진 돈은 통장에 있는 300만 원이 전부였다. 매매는커녕 부동산 공부도 300만 원이 전부인 내게는 시간 낭비이자 사치라고 여겨졌다. 그냥 포기하고 그 시간에 대리운전이라도 할까 했지만, 아무리 뼈 빠지게 일해도 가난을 벗어날 수는 없을 것 같았다. 뭔가 방법이 없을까 고민에 고민을 거듭하며 정말 열심히 공부했다. 좋다는 책은 다 사서 읽었다. 그렇게 읽은 책을 쌓으니 내 키를 넘길 정도였다. 궁하면 통한다고 했던가. 그렇게 열심히 공부하다 보니 조금씩 방법이 보이기 시작했다. 300만 원이면 일반 매매는 엄두도 못 내지만, 경매는 가능할 것 같았다. 돈이 없었던 나는 그렇게 자의 반 타의 반으로 경매를 시작했고, 그것이 결국 3년 만에 내 인생을 180도 바꾸어 놓았다.

부동산 가격은 떨어질 수 있지만, 경매로 산 부동산은 절대 손해 보지 않는다!

종잣돈이 부족한 사람들에게 경매를 추천하고, 부동산 초보자들에게 더더욱 경매를 추천하는 이유

나는 정말 현실적인 이유로 한 치의 망설임 없이 경매를 추천한다. 예나 지금이나 부동산 시장에서 투자자들의 가장 큰 관심사는 단연 부동산 전망이다. 실제로 주변에서도 가장 많이 물어보는 질문이 바로 부동산 가격이 오를지 떨어질지에 대한 부분이다.

"부동산 시장이 고점이고, 곧 폭락할지도 모른다는데, 지금 집을 사기에는 늦은 게 아닐까요?"

많은 사람이 묻지만, 이 질문은 정말 아무 의미가 없다. 부동산 가격이 더 오를지 폭락할지 100퍼센트 확신하고 맞출 수 있는 사람이 과연 있을까? 그들의 걱정대로 부동산을 사기에는 늦었을 수도 있고, 한국의 경제 상황과 상관없이 세계적인 인플레이션 때문에 지금 들어가지 않으면 또 얼마를 기다려야 할지 모르는 일생일대의 부동산 폭등 기회일 수도 있다. 그건 2018년이라는 시간이 지나기 전에는 아무도 모른다.

중요한 것은 두 가지 경우를 다 고려해보고, 어떤 경우든 나에게 유리하게 만드는 것이다. 바로 이 점이 내가 부동산 초보자들에게 꼭 경매를 배우고 실천할 것을 추천하는 이유다.

① 부동산 가격이 오를 경우

② 부동산 가격이 떨어질 경우

두 가지 경우를 모두 생각해보자. 일반 부동산 매매의 경우는 심플하다. 부동산 가격이 오르면 돈을 벌고, 가격이 떨어지면 돈을 잃는다. 하지만 경매는 낙찰받을 때 무조건 현재의 시세보다 싸게 살 수 있다. 특히 아파트의 경우는 가격이 정해져 있어, 시세보다 얼마나 싸게 살 것인지 자신이 결정하게 된다. 예를 들어 시세보다 3000만 원 정도 싸게 낙찰받았을 경우, 부동산 가격이 떨어지면 3000만 원이 넘게 떨어지기 전에 팔아버리면 그만이다. 따라서 경매는 지금처럼 부동산 시장의 한 치 앞도 모르는 상황에서 위험을 최소화하고 수익을 극대화할 수 있는 최고의 투자일 수밖에 없다.

그러나 많은 사람이 경매로 사는 집은 안 좋다는 인식을 갖고 있다. 그래서 대부분의 부동산 초보들은 경매보다 편하고 깨끗한 신규 분양 아파트를 선호한다. 하지만 자세히 따져보면 두 개는 같은 상품이다. 똑같은 사과 한 봉지를 집 앞 마트에서는 만 원에 팔고, 집에서 조금 떨어져 있는 시장에서는 7000원에 파는 것과 같은 이치다. 만 원과 7000원은 3000원밖에 차이가 안 나지만, 부동산처럼 단위가 커지면 1억 원과 7000만 원이 된다. 조금의 불편을 감수하면 같은 물건을 3000만 원이나 싸게 살 수 있는 것이다.

그래서 경매를 한 번도 안 해본 사람은 많지만, 경매를 일단 해본 사람은 계속해서 다음 물건을 찾고 투자를 하게 된다. 대부분 경매가 다른 재테크에 비해 훨씬 유리하다는 걸 실제 큰 수익이라는 경험을 통해 알게 되기 때문이다.

"첫 경험이 중요하다!"

오히려 경매를 안 해본 사람이 "요즘은 경매도 경쟁이 심해서 좋은 물건이 없어"라고 쉽게 말한다. 하지만 고수들은 여전히 경매를 통해 높은 수익을 얻고 있다. 심지어 소액투자를 넘어 내 돈 하나도 없이 경매를 싸게 받아서 낙찰가보다 높게 전세를 놓는 '무피 갭투자'도 (예전보다 경쟁이 더 치열해지긴 했지만) 부지런히 찾아보면 여전히 가능하다.

경매로 돈 벌었다는 사람은 많아도, 경매로 돈 잃었다는 사람은 거의 없다. 권리분석만 잘 하면 절대 잃지 않는 투자가 바로 경매이고, 권리분석도 깨끗한 물건은 정말 간단하고 쉽다. 우리가 무의식적으로 가지고 있는 '경매는 나쁘다. 경매는 어렵다'와 같은 편견만 버리면 정말 무궁무진한 기회가 있는 것이 바로 부동산 경매다.

자신하건대 경매는 우리가 할 수 있는 모든 재테크 중 가장 안전하면서 동시에 가장 높은 수익을 얻을 수 있는 최고의 투자이며, 인생을 바꿀 수 있는 유일한 재테크 수단이다. 내가 공부한 바로는 주식, 펀드 등 그 어떤 금융 투자도 우리 같은 소시민, 개인 투자자의 인생을 바꿀 정도의 수익을 가져다줄 수 없다. 그러한 금융 투자가 나쁘다는 뜻이 아니라 경제를 구성하고 있는 구조상의 문제이기 때문이다.

어떻게 시작할 것인가

실제로 경매 투자에 관한 책은 다 비슷비슷하다. 권리분석에 대한 내용이 다를 수 없기에, 어쩌면 당연한 건지도 모른다. 중요한 건 그 책들을 통해 기본기를 익힌 후 실천하는 것이다. 솔직히 책 한 권으로 경매에 관한 모든 것을 알려줄 수는 없다. 그래서 나는 300만 원으로 시작한 내 경매 이야기를 통해 많은 사람이 경매에 대해 가지고 있는 편견을 걷어주고 싶었다. 그리고 시작할 용기와 올바른 방향을 알려주는 길잡이가 되고 싶었다.

경매는 절대 어려운 게 아니다!

경매는 얼마든지 작은 돈으로도 시작할 수 있다!

경매는 정말 우리의 인생을 바꿀 수 있다!

이때 내가 항상 강조하는 것이 있다. 바로 '행동'이다. 물론 스스로 권리분석을 할 수 있는 실력을 쌓는 것이 중요하다. 하지만 현실적으로 살펴보면, 공부를 체계적으로 한 후에 경매를 하려면 훨씬 어렵다. 시간도 오래 걸리고 자꾸 망설이게 된다. 우리에게 가장 중요한 것은 '시간'이다. 한 살이라도 어릴 때 경매를 시작하라는 이유도 바로 여기에 있다.

'시간의 마법'. 일 년 먼저 시작한 사람과 일 년 늦게 시작한 사람의 차이가 10년 후에 1억 원이 될지 10억 원이 될지는 아무도 모르지만, 한 가지 확실한 것은 그 일 년이라는 시간이 우리의 자산 변화에 엄청난 기회가 될 수 있다는 것이다.

경매를 하고 싶어서 조언을 구하는 사람들을 만나며 가장 안타까운 것이 바로 '열심히 공부해서 이론을 마스터한 후에 안전하게 경매를 시작하겠다'는 것이었다. 경매를 시작한 첫해에 자신의 연봉의 두 세 배에 달하는 수익을 얻는 사람이 있는 반면, 몇 년이 지나도 여전히 공부만 하고 있는 사람도 많다.

오늘 당장 은행에 가서 경매 통장부터 만들어라

그래서 나는 일단 '경매 통장'을 만들라고 권하고 싶다. 오늘 당장 신한은행에 가서 경매 전용 통장을 하나 만들어라. 그러면 반은 시작했다고 할 수 있다. 많고 많은 은행 중에 신한은행을 추천하는 건, 경매를 주관하는 법원에 주로 신한은행이 입점해 있기 때문이다. 입찰을 할 때 수표를 끊거나 입찰 후 떨어지면 바로 입금하는 등 경매를 진행할 때 동선을 최소화할 수 있어 편하다.

물론 꼭 신한은행이어야 할 필요는 없다. 집 앞에 다른 은행이 있거나 '나는 ○○은행이 편하다'는 사람은 원하는 곳에서 만들면 된다. 이때 주의할 점은 '경매 통장'은 정말 경매만 하는 통장이어야 한다. 생활비나 용돈을 넣거나 비상금을 함께 관리하는 등 다른 용도의 돈과 섞어서 사용하면 안 된다.

그리고 책으로 공부하고, 매일 경매 물건을 찾아보면서 시뮬레이션해보고, 실전 경험을 하면서 동시에 온라인 카페 등을 통해 다른 사람들과 소통하는 것이 좋다. 그러면 완벽히 공부한 후에 시작하겠다고 하는 수많은 사람과 달리 일단 시작한 사람에 속할 수 있게 된다. 다시 한 번 말하지만 가장 안타까운 사람이 바로 '열심히 공부만 하는 사람'이다.

'은행에 가서 통장 하나 만드는 게 뭐 대수냐'라고 생각할 수도 있다. 하지만 그 작은 경매 통장 하나가 당신이 생각했던 것보다 훨씬 크고 빠르게 당신의 인생을 바꿔 놓을 것이라고 확신한다.

"가난하게 태어난 것은 당신의 잘못이 아니지만,
가난하게 죽는 것은 당신의 잘못이다." —빌 게이츠

누군가는 통장에 300만 원밖에 없던 내가 3년 만에 30억이라는 자산을 만들 수 있었던 것은 최근 3년간 부동산 가격이 올랐기 때문이라고 말한다. 그저 운이 좋은 거라고, 언제 부동산이 폭락할지 모르는 지금의 상황과는 맞지 않다고 쉽게 말한다. 하지만 나는 자신한다. 그렇게 말하는 사람의 말은 절대 당신에게 도움이 되지 않는다. 부동산이 폭락할 테니 절대 사면 안 된다는 말은 해마다 많은 전문가가 말해왔지만, 아무도 책임지지 않았다.

최종 자산의 차이는 있겠지만, 부동산 상승기든 하락기든 그게 중요한 게 아니다. 우리가 돈을 벌고, 성공하는 것은 언제나 '행동'에 좌우된다. 경매는 수능시험 보듯 공부를 열심히 해서 답을 맞히는 것과는 다른 원리다. 경매의 본질은 부동산의 미래를 맞추는 것이 아니라 '돈을 버는 것'이다. 경매로 돈을 벌려면 입찰을 하고, 낙찰을 받아야 한다. 시험 문제를 많이 맞혀 높은 점수를 받는 것이 중요한 게 아니라, 매주 시험을 볼 수 있고 시험을 볼 때마다 100만 원이든, 1000만

원이든 자신이 원하는 액수만큼 돈을 버는 것이다.

앞에서도 말했지만 그동안 경험한 바로는 많은 초보자가 '경매는 위험하니 먼저 열심히 공부해서 권리분석을 마스터한 후에 안전하게 경매를 하겠다'고 생각한다. 하지만 그런 사람 중에 실제로 경매로 성공한 사람은 열 명 중에 한두 명 정도다. 다시 한 번 말하지만, 기본적인 공부는 필수 조건이지만, 권리분석상 깨끗한 물건이어서 바로 시작할 수 있는 게 있고, 조금 복잡하거나 부족한 부분이 있는 것들은 얼마든지 보완할 수 있다.

"만 명의 인생을 바꿀 수 있는 책을 만들고 싶다."

다시 처음에 한 이야기로 돌아가서, 나는 수영 강사로 사회생활을 시작한 후 정말 열심히 살았다. 검소하고 싶지 않아도 검소할 수밖에 없었고, 누구보다 열심히 살기 위해 노력했다. 하지만 생활은 나아지지 않았다. 지금은 더 이상 경제적인 문제로 걱정할 일은 없지만, 안타까운 건 여전히 대한민국 국민의 대부분이 과거의 나와 다를 수 없다는 것이다. 내가 공부하며 배우고 느낀 바로는 이는 자본주의라는 제도가 가지고 있는 구조적인 문제여서 받아들일 수밖에 없다.

하지만 절망하거나 좌절할 필요도 이유도 없다. 사회 구조라는 거시적 관점에서는 어쩔 수 없지만, 개개인의 입장에서는 다르다. 작은 시작과 노력으로 우리의 인생을 얼마든지 바꿀 수 있다.

경매로 돈을 벌면서 주변의 어려운 분들이 자연스럽게 조언을 구해왔고, 안타까운 마음에 도와드리다 보니 지난 일 년 동안 몇몇 분들의 경제적 문제를 해결해줄 수 있었다. 참 뿌듯했다. 그러던 차에 우연한 기회에 포레스트북스의 김선준 대표님을 만났다. "만 명의 인생을 바꿀 수 있는 책을 만들고 싶다"는 대표님의 이야기를 듣고, 내 이야기와 내가 도와드렸던 분들의 이야기를 통해 지금 이 순간에도 아무리 열심히 일해도 경제적인 문제가 나아지지 않고 힘들어하는 분들에게 부족하지만 조금이라도 도움이 되었으면 하는 마음에 이 책을 집필하게 되었다.

처음 쓰는 이 글이 얼마나 부족한지 내 자신이 더 잘 알기에 만 명은 바라지도 않는다. 지난 일 년 동안 내 도움을 받은 분들은 십여 명 정도인데, 그저 한 사람이라도 더 이 책을 통해 삶을 변화시킬 수 있다면 그걸로 감사할 뿐이다.

1 **꼭!** 책을 읽은 후 실제로 신한은행에 가서 경매 통장을 하나 만들기 바랍니다.
2 **꼭꼭!!** 무료 혹은 유료로 경매 정보를 제공하는 네이버 경매, 스피드옥션, 굿옥션, 지지옥션 등에 가입한 후 자신에게 맞는 물건을 찾아보세요.
3 **꼭꼭꼭!!!** 임장과 입찰까지 한 번만이라도 실제로 도전해보길 바랍니다.

그러면 자신하건대 당신의 인생이 바뀌기 시작할 것입니다.

부동산 가격은

떨어질 수 있지만

경매로 산 부동산은

절대

손해 보지 않는다.

| 개정판 프롤로그 |

경매의 적은 성급함이다

부동산을 구입하는 방법에는 여러 가지가 있다. 대부분 공인중개사를 통해 거래되는 매매만을 떠올리기 쉽지만, 그 외에도 법원에서 진행하는 경매, 한국자산관리공사와 예금보험공사에서 진행하는 공매, 재건축으로 인한 분양 등 다양한 경로가 존재한다.

내가 부동산을 구입하는 방법 중 경매를 으뜸으로 꼽는 이유는 경매를 접하다 보면 물건의 가치와 입지, 권리분석 등 부동산의 가치를 평가하는 다양한 관점을 배워나갈 수 있기 때문이다. 게다가 경매는 낙찰을 받고 잔금을 납부하기 전까지, 즉 소유자가 되기 전까지 낙찰 받은 물건을 다시 한 번 눈으로 확인하면서(임장) 리스크를 살필 수 있음은 물론이고 자신의 선택이 옳았는지에 대해 재고할 수 있는 시간적 여유가 생겨 상대적으로 안전한 거래라고 할 수 있다.

이렇다 보니 최근 경매를 통해 부동산을 구입하려는 분들이 부쩍 늘게 되었다. 그런데 그런 분들을 만나 이야기를 나누면서 한 가지 잘못된 생각을 하고 있다는 걸 알게 되었다. 바로 경매를 통해 이른바 일확천금을 꿈꾸고 있다는 것이었다. 경매를 차근차근 배우기도 전에 무작정 큰돈을 벌겠다는 생각은 매우 위험하다. 이런 마음가짐은 '한 번의 투자로 인생 역전하겠다'라는 허황된 욕심으로 이어지고, 이러한 욕심은 제대로 된 판단을 흐리게 해 무분별한 투자로 귀결된다. 이런 사람들은 어느 지역에 지하철역이 생긴다더라, 공공기관이 들어온다더라와 같은 검증되지 않는 정보에 홀려 가치 평가가 정확히 이루어지지 않은 필지를 거액으로 사들이거나, 하나의 필지를 수백 명이 나누어 사는, 잘못된 투자에 빠지고 만다.

이런 사람들에게 내가 해주고 싶은 말은 딱 한 가지다. 섣불리 투자하거나 포기하지 않고 꾸준하게 도전하는 것이 너무나도 중요하다는 점이다. 투자를 하고 싶은 대상이 생긴다면 직접 손품, 발품을 팔아 물건에 관해 잘 알아보고, 조언을 얻을 수 있는 사람도 찾아나서야 한다. 하지만 이때 잊지 말아야 할 점은 최종 결정은 언제나 자신이 해야 한다는 사실이다. 아무리 주위에서 투자를 권해도 내가 그 물건에 관해 확신이 들지 않는다면 참여하지 말아야 한다. 실제로 심사숙고하는 중에 좋은 물건을 놓치게 되는 일이 생길지도 모른다. 이럴 때는 물건에 대한 정확한 판단을 내릴 수 있도록 능력을 키우는 데 힘써야 한다. 경매 시장에서 가장 큰 적은 '성급함'이다.

경매 시장에 몸담고 있다 보니 경매를 통해 큰 수익을 낸 분들을 만나기도 했고, 반대로 어마어마한 손실을 입은 분의 사연을 듣기도 했다. 이들 중 독자 여러분께 꼭 필요한 내용만을 엄선해 담고자 했다. 경매 하면 일명 권리분석이라 하는데, 최대한 쉽게 풀어 쓰고 현장에서 이뤄지는 일들을 생생하게 전달하는 것이 내가 해야 할 일이라고 여겼기 때문이다.

이 책을 읽는 독자들에게 당부하고 싶은 점은 각 물건마다 주의해야 할 핵심사항이 무엇인지 파악하고, 직접 경매에 나설 때 꼭 숙지하고 있어야 한다는 것이다. 시장은 결코 교과서대로 움직이지 않는다. 예측할 수 없는 변수들이 꿈틀대는 시장 상황에 맞춰 과오를 범하지 않고 제대로 된 투자를 할 수 있기를 진심으로 바란다.

『경매 통장』이라는 책을 펴내고 나서 나의 생활이 정말 많이 달라졌다. 책을 내기 전에는 오로지 내 물건에만 신경 쓰고 살았지만, 이제는 이 책을 읽는 많은 분들의 물건에 직간접적으로 조언하며 참여하고 있기 때문이다. 그만큼 책임감도 무거워졌다. 이번에 소개할 여러 사례들 역시 입찰에 참여하기 전, 입찰을 진행하면서 주의해야 할 내용을 알차게 담았다. 부디 이 사례들을 통해 여러분 모두 꾸준한 수익을 낼 수 있기를 기원한다.

차례

돈이 없을수록 경매에 뛰어들어라

CHAPTER 2 쉽고 간단한 것부터 시작하면 된다

CHAPTER 3 어려울수록 경쟁은 낮고 수익은 높다

부록

CHAPTER 1

돈이 없을수록 경매에 뛰어들어라

01

왜 하필 경매를 선택했나

"또 이사를 가자고?"

경매로 낙찰받아 살던 집의 매매계약서를 작성하고, 그 사실을 아내에게 말했더니 싫지 않은 듯한 답변이 돌아왔다. 여기서 '싫지 않다'고 표현한 것은 아내는 내가 무엇을 하든 믿고 따라주었고, 새로운 주거 환경에 적응하는 데도 꽤 재미를 느꼈기 때문이다. 아내는 이번에도 그저 어이가 없다는 듯이 웃었다.

일 년에 이사를 네 번이나 간 적도 있었다. 평균적으로 3개월에 한 번씩 이사를 다닌 셈이다. 나 혼자 사는 것도 아니고, 아내와 어린 아들과 함께 이렇게 자주 이사를 하는 건 말처럼 쉬운 일이 아니다.

첫 이사는 살던 집의 전세 계약 기간이 다 되어 집주인이 전세금을 올리면서 어쩔 수 없이 하게 되었다. 이후에도 부동산 경매에 필요한 종잣돈 마련을 위해 전세에서 월세로 옮겼고, 경매로 낙찰받은 집에서 이것저것 손보며 살다가 매각이 되면 또 다른 집으로 이사를 가는 식이었다. 돈이 묶이면 또다시 이사를 결심했다. 이게 다 초기 자금이 많지 않아서였다. 몸도 고생이었고, 신혼 선물로 받은 가구들도 모두 박살이 났다.

지금 돌아보면 결혼을 하고 가장 오래 머문 곳이 2년 동안 전세로 살았던 신혼집이다. 그 후로는 길게는 반년, 짧게는 세 달 이내에 이사를 다녔다. 아내와 옛날이야기를 할 때면 "우리는 역마살이 꼈나 봐", "어떻게 한 집에서 1년을 못 버티네"라며 웃는다.

평범한 서른 가장의 고민

2012년, 내 나이 서른에 부동산 경매를 처음 경험했다. 여기서 중요한 것은 '시작'이 아니라 '경험'이라는 것이다. 나이가 들면서 재테크에 관심을 가져야 한다는 생각이 들었다. 하지만 확실한 방향을 설정하고 경매 시장에 들어간 것은 아니었다. 어쩌다 보니 첫 물건을 경매로 낙찰받아 명도하고, 매매까지 하게 된 것이다. 경매를 본격적으로 시작한 것은 그로부터 2년이 지난 후 '이게 아니면 안 된다'라는 생각과 마음이 들 때였다.

경매를 시작하고 3년 동안 40여 개의 물건을 낙찰받아 처분할 것은 매각하고, 보유해야 할 것은 임대를 주었다. 현재 약 열두 채의 부동산과 30억의 자산을 보유하고 있다.

사람들은 짧은 기간에 그것이 가능하냐고 묻는다. 물론 가능하다! 어정쩡한 마음가짐으론 어림도 없지만, 하고자 하는 의지가 확실하고 열정이 있다면 가능하다. 또 경매 시장 입문자들의 가장 큰 관심사는 시작할 때의 보유 자금이다. 자금을 얼마나 가지고 시작했냐는 질문에 나는 "첫 낙찰은 300만 원으로 했고, 3년이 지나 본격적으로 시작했을 때는 전세금을 빼서 3000만 원으로 했습니다"라고 대답한다. "부동산 경매를 하는 지인이나 주위에 이끌어줄 만한 분이 있었나 봐요?"라고 묻는데, 그것도 물론 아니다. 어떤 인맥도 없었고, 가족과 친척, 친구를 통틀어 부동산과 관련된 사람은 단 한 명도 없었다.

굴릴 수 있는 자본이 많지 않아서(물론 돈에 대한 개념은 상대적이다. 어떤 사람에게 1억 원은 적은 금액일 수 있고, 또 어떤 사람에게는 매우 큰돈일 수도 있다) 더욱 신중할 수밖에 없었다. 그래서 어떤 방법과 원칙을 가져야 하는지 다른 경매 책들을 열심히 읽었다. '저 사람도 해냈는데, 나라고 못 하겠는가'라는 심정으로. 그렇게 수십 권의 책을 읽었고, 작은 물건을 낙찰받는 경험을 쌓으면서 내게도 몇 가지 원칙이 생겼다. 당시 내가 처한 환경에서 최선의 원칙은 '경험을 많이 쌓는 것'과 '빠른 환금성'이었다.

스무 살부터 부모님에게 경제적으로 손을 벌리지 않기 위해 아르바이트를 했다. 첫 아르바이트는 하루 일당이 6만 원인 출장 뷔페 서빙이었다. 여의도에 있는 한 웨딩홀에서 일했는데, 주말 이틀만 일해도 12만 원을 벌 수 있고, 한 달이면 거의 50만 원을 벌 수 있었다. 다른 아르바이트보다 일당이 높았고, 무엇보다 평일에는 내 시간을 가질 수 있어서 좋았다. 또래 친구들은 최저 시급으로 계산했을 때 평일에 반나절 이상을 일해야만 50만 원 정도를 받았다. 친구들이 받는 금액과 비교하면 나름 만족할 만한 일이었다. 하지만 서빙 일에 적응이 될 무렵 이런 생각이 들었다.

'내 시간과 노동력을 더 적게 들일 수 있는 일이 없을까?'

나는 학창 시절에 운동을 했었다. 덕분에 체력은 누구보다 좋았고, 몸도 다부졌다. 그런 내가 할 수 있는 일을 찾던 중 운동 강사가 떠올랐고, 수많은 종목 중 수영을 선택했다. 6개월 동안 혼자 수영장에 다니면서 자격증을 취득했고, 결국 강사가 되었다. 수영 강사는 시간 대비 급여도 좋았고, 시간도 자유로웠다. 하지만 이 일이 안정이 될 무렵 나는 아르바이트를 할 때와 똑같은 생각을 하게 되었다.

나의 시간과 노동력을 더 적게 쓰는 일을 찾았고, 수영과도 관련이 있었던 아쿠아로빅을 하게 되었다. 급여도 일하는 시간 대비 수영보다 높았다. 관련 정보를 찾으면서 교육을 받고 자격증도 취득했다. 한

동안 수영 강사와 아쿠아로빅 강사 일을 병행했는데, 점점 안정이 되면서 수영은 그만두고 아쿠아로빅 일에만 전념하게 되었다.

이러한 짧은 시간을 돌아보면 무언가를 새로 시작할 때 누구에게도 도움을 받지 않았다. 인맥은 그 세계에 진입해 경험을 쌓으면서 생겨난다. 나는 스스로 길을 만들어가는 타입이었고, 수영에서 아쿠아로빅으로 갈아탄 이유도 나의 노동력 대비 수익이 더 발생하는 일을 찾고자 했기 때문이다. 어떻게 하면 더 효율적이고 능동적으로 즐기면서 할 수 있을까를 끊임없이 고민했다. 시간이 흐르면서 경제적인 환경과 체력을 고려해야 했고, 내 노동력을 타인에게 제공해야 하는 구조를 벗어나고 싶었다.

그래서 끊임없이 생각했고, 책을 통해 길을 찾아보려 노력했다. 이왕 하는 거 좀 더 확실하게, 실수는 최대한 줄이고 싶었다. 의무적으로 해야 하는 어떤 것을 위해 쓰는 시간들이 아까웠다.

나는 보통 사람들과 크게 다르지 않은, 하루하루를 열심히 살아가는 대한민국의 가장이다. 키도 얼굴도 평범하다. 경제적인 부분도 마찬가지다. 집안 사정이 여유로워 부모님이 도움을 줄 수 있는 형편도 아니었고, 수중에 부동산 여러 채를 사서 굴릴 만한 돈이 있었던 것은 더더욱 아니다. 일찍 결혼해서 목돈을 모으지도 못했고, 빚은 없었지만 앞에서 말한 대로 전세금 3000만 원이 전부였다. 학교를 졸업하고 여기저기 바삐 뛰어가며 운동 강사로 지내던 나날이었다.

경매, 인생의 전환점이 되다

경매는 오랜 고민 끝에 나온 결과였다. 아쿠아로빅 강사 일은 적성에는 맞았지만 여전히 충족되지 않는 부분이 많았다. 자녀들이 커가면서 지출이 조금씩 늘어나다 보니 수입에 대해 고민하지 않을 수 없었다. 그 과정에서 생각난 여러 가지가 있었는데 바로 주식, 부동산, 장사였다.

주식은 리스크 관리가 안 될 것 같았다. 특히 시장에 내 돈을 맡겨야 하는데 그럴 형편이 못 됐다. "그럼 장사는 어때?" 아내가 물었다. 몸으로 하는 일을 잘하니 식당 일도 잘하지 않겠냐는 거였다. 요리에 관심도 있고 적성에 맞을 것 같았지만, 적은 노동으로 고수익을 좇았던 내 계획과는 거리가 있었다. 훗날 유명한 '맛집'이 된다면 하루 종일 식당에 붙어 있어야 한다는 점도 마음에 들지 않았다.

여러 가지를 고민하던 중에 2012년에 300만 원으로 작지만 의미 있는 수익을 냈던 경험이 떠올랐다. 당시 인천 신현동에 있는 작은 빌라를 낙찰받았다. 혼자서 헤쳐가야 할 산이 너무 많고, 자칫 잘못하면 되돌릴 수 없는 상황을 맞닥뜨릴 수도 있다는 불안감에 그 물건 이후로 더 이상 부동산 경매를 하지 않았다. 그러다 3년이 지나 앞으로의 삶을 고민하는 시점에 다시 생각난 것이다.

두렵고 걱정이 앞섰지만 고민 끝에 마음을 먹었다. '그래, 다시 한

번 해보는 거야!' 하지만 결정을 내렸다고 해서 당장 강사 일을 그만 두고 부동산 경매에 매달릴 수는 없었다. 종잣돈이 없었기 때문에 전세금을 빼 이사를 갔고, 스포츠센터 수업 시간도 조율했다. 당시 타고 다니던 오토바이에 내비게이션을 달았다. 수업이 없는 시간에는 물건을 보고 임장을 다녔다. 수업이 끝나면 기진맥진한 몸으로 오토바이를 끌고 전국을 돌았다. 그렇게 숨 가쁘게 27개월을 달렸다.

한 살이라도 어릴 때 시작하라

2017년에 이어 계속해서 세계 경제는 더 얼어붙을 거라는 분위기다. 미국 정부가 또다시 금리를 올릴 거라는 소식도 들린다. 이런 분위기 속에서 사람들은 투자를 해야 할지 말아야 할지 나름의 전망을 내놓기 바쁘다. 하지만 대부분이 투자를 해보지 않은 이들의 가십에 불과하다. 그들이 내놓은 전망은 공포 분위기를 조성하고, 개인들의 심리적 부담감을 더욱 상승시킨다.

사실 금리가 1퍼센트만 올라가도 대출자들은 이자에 대한 부담을 받을 수밖에 없다. 가계 부채에서 부동산이 차지하는 비율은 굉장히 커서 금리가 조금만 올라도 부담이 확 늘어난다. 이렇다 보니 내 주위에도 부동산 구입을 망설이는 사람들이 많다.

하지만 부동산 재테크에 뛰어들어 돈을 굴리고자 한다면 한번 생각해봐야 한다. 무턱대고 '금리가 오를 것이다', '부동산 시장이 침체된다'는 기사에 휘둘려 시작도 하지 않고 포기할 것인가? 이것만 기억하자. 과거에도 금리는 계속 변동되었다는 사실을! 그러므로 생각을 바꿔야 한다. 금리가 오르면 이자 납부에 대한 부담이 커지지만, 그보다 더 큰 폭으로 어떻게 수익을 낼 수 있을지 생산적인 고민을 하는 것이 중요하다.

나는 청년들에게 한 살이라도 어릴 때 부동산 경매에 뛰어들 것을 권유한다. 이들은 그 어느 세대보다 똑똑하다. 다양한 미디어를 통해 정보를 얻을 수 있고, 셈도 빠르며, 물건을 보러 다닐 체력도 갖추고 있다. 요즘 경매장에 가보면 젊은 사람들이 부쩍 늘었다. 일부 돈 있는 어른들이 하던 부동산 경매에 이제 20~30대가 몰리기 시작한 것이다.

필자의 카페에 남기는 이야기들을 보면, 젊은 직장인들이 바쁜 시간을 쪼개 입찰에 뛰어드는 경우가 많다. 모두 저마다의 열정으로 불타고 있다. 시간이 갈수록 경매를 시작하는 연령대는 더 낮아질 것이다. 예금, 적금만으로는 더 이상 재테크를 할 수 없는 시대이기도 하지만, 경매의 진입 장벽이 낮아졌기 때문이다.

의지와 열정만으로도 충분하다

경매 초기에 가장 많이 한 고민은 '부족한 자금을 어떻게 메울 수 있을까?'였다. 수많은 책을 읽으면서 경매 선배들이 했던 생각의 흐름을 따라가보기도 하고, 직접 낙찰을 받아 진행하면서 몇 가지 나만의 원칙을 세우게 되었다.

첫 번째는 경험을 많이 쌓는 것이다. 경험을 쌓다 보면 물건을 보는 눈이 생기고, 그래야 양질의 물건을 선별할 수 있기 때문이다. 나는 수익이 조금 적더라도 경험을 많이 해보는 게 중요하다고 생각한다. 내가 누군가에게 지식을 전달할 때도 직접 경험한 것과 그렇지 않은 것은 크게 차이가 나기 때문이다. 그래서 초반에는 경험을 쌓는데 집중했고, 되도록 현장에 많이 다니면서 임장을 하고 입찰을 했다.

두 번째는 신속한 환금성이다. 앞에서도 언급했지만 초기에는 돈이 많지 않았기 때문에 투자금이 최소한으로 드는 물건(돈이 전혀 들지 않는 투자를 '무피투자'라고 한다)을 찾으려고 노력했다. 그렇게 투자하다 보면 돈이 묶이는 때가 오는데, 그때는 책을 읽거나 물건 분석을 공부했다. 책에서 배운 지식을 확인하기 위해 주변 공인중개소에 들러 사장님들과 이야기도 자주 나누었다.

세 번째는 부동산 이해관계인들과의 대립을 최대한 줄이고, 상대방이 처한 환경을 배려하면서 명도하는 것이다. 경매에서 '상대방'이라 하면 대개 점유자를 의미하는데, 간혹 명도를 악용하는 악덕 점유자가 있다. 하지만 나는 일차적으로 등기부등본을 파악한 후에 점유자를 만났고, 그들의 딱한 사정을 헤아려 최선의 해결 방법을 찾기 위해 노력했다. 이는 수많은 명도를 통해 터득한 방법인데, 물론 경매 초반에는 쉽지 않다.

부동산으로 수익을 내는 방법은 크게 세 가지다. 첫째, 부동산을 싸게 사서 일반 시가로 매도한다(경매, 공매, 급매). 둘째, 부동산을 일반 시가로 매입하고, 호재로 인한 시세 상승으로 차익만큼 수익을 낸다(갭 투자, 분양, 재건축, 재개발). 셋째, 부동산을 개발하여 가치를 높이고 매각한다(토지 개발, 상가 운영).

내가 다루어본 물건의 대부분은 첫 번째에 해당한다. 이 책은 부동산이라는 거대한 시장에서 한 가장이 몸으로 부딪치며 이룬 성과와 노하우를 기록한 것이다. 내가 그랬듯 독자들도 필자의 경험을 간접적으로나마 체험해보길 바란다. 어떤 경매 물건을 만났는지, 어떻게 상황에 대처하고 해결해나갔는지 그 흐름을 따라가다 보면, 눈으로 읽는 것보다 훨씬 많은 지식을 얻게 될 것이다.

나는 경매 관련 책을 수없이 읽었다. 경매 책은 크게 두 가지로 분류할 수 있는데, 하나는 '나는 어떻게 경매를 했고, 얼마의 수익을 얻었다'는 사례집이고, 또 하나는 경매 시장에서 실수하지 않도록 팁을 주는 이론서다. 이 책은 첫 번째에 해당한다.

내가 성장한 과정을 돌아보면 경매 초반에는 첫 번째에 해당하는 책을 많이 읽었다. 경매 선배들의 사례를 통해 '나도 할 수 있다'는 희망을 얻었다. 그들의 의지에 열정이 솟았고, 다양한 노하우도 얻을 수 있었다. 그렇게 부동산 경매 경험이 쌓이면서 이론을 공부하는 단계로 넘어갔다.

이 책이 경매를 시작하는 분들에게 좋은 길잡이가 되었으면 좋겠다. 누군가가 내게 희망이었듯, 내가 또 다른 누군가의 희망이 되길 바란다.

경매는 어떻게 진행되나요?

경매는 법원에서 부동산 및 동산을 가장 높은 가격을 쓴 사람에게 파는 것이다. 그러므로 법원에서의 진행 절차를 정확히 아는 것이 중요하다. 민사집행법상의 경매 진행 절차는 다음과 같다.

1. 경매신청

말 그대로 경매를 신청하는 것이다. 예를 들어, 갑이 을에게 부동산을 담보로 돈을 빌려줬는데, 을이 갚지 못했다. 갑은 을의 부동산 혹은 동산을 법원에 처분해달라고 요청한다. 이것을 '경매신청'이라고 한다. 경매의 종류에는 임의경매, 강제경매, 형식적 경매 등 세 가지가 있다. 법률 용어라 조금 어려우니, 이해하기 쉽도록 다시 갑과 을을 소환해 설명하겠다.

- **임의경매:** 을이 재산(부동산과 동산)을 담보로 갑에게 돈을 빌렸지만, 갚지 못했다. 그러자 갑이 을의 재산을 팔아달라고 담보권을 걸고 신청한다.

- **강제경매:** 갑이 담보 없이 을에게 돈을 빌려준 경우다. 갑은 돈을 받기 위해 돈을 빌려줄 때 쓴 계약서 및 차용증을 근거로 법원에 재판을 요청한다. 확정 판결을 받은 후, 판결문을 갖고 을의 재산을 팔아달라고 신청한다.
- **형식적 경매:** 해당 부동산의 채무 청산이 목적이 아니라 지분권자 간의 다툼 해결이나, 유치권을 근거로 채권을 변제받기 위해 신청된 것을 말한다. 실질적인 채무를 청산하는 임의경매와 강제경매와는 성격이 다르다.

2. 경매개시결정

채권자의 경매신청이 적법한 것으로 판단되면 경매 진행이 결정된다. 이를 '경매개시결정'이라고 한다. 통상적으로 신청 후 약 3일 이내에 결정이 된다.

3. 매각준비

경매신청이 접수되면 경매계(법원에서 경매를 담당하는 부서)에서 부동산을 파악하기 위해 감정평가사를 보내고, 접수 당시 부동산 상태를 확인하기 위한 현장조사도 한다. 이러한 과정을 매각준비라고 한다.

4. 배당요구종기

법원은 부동산의 이해관계인(채권자)들에게 해당 부동산을 매각할 것이니 돈을 받아야 하는 사람은 신고서류(배당요구 신청서)를 법원에 내라고 하는데, 이것을 배당요구라고 한다. 배당요구 신청서를 낸 채권자만 배당에 참여할 수 있다. 배당요구 신청을 받아주는 날짜를 정하는데, 이것을 '배당요구종기일'이라고 한다.

5. 매각

쉽게 말해 경매신청으로 접수된 부동산을 파는 행위다. 법원은 접수된 부동산에 대해 공지를 하고, 서류도 열람할 수 있도록 한다. 법원에서 보통 여러 물건을 매각하는데, 진행 방식이 조금씩 다르지만 대개 순번대로 진행한다. 어떤 법원에서는 경쟁이 심한 물건부터 진행하기도 한다.

법원에서 매각이 이뤄질 때 입찰자는 법원에 10퍼센트의 보증금을 걸고 입찰에 참여한다. 일반 부동산 매매 시 10퍼센트의 계약금을 걸고 나중에 잔금을 내는 것과 비슷한 이치다. 낙찰받은 사람을 '최고가매수신고인', 2등을 '차순위매수신고인'이라고 한다(차순위매수신고 자격에 해당하는 자가 신청한 경우).

6. 매각허가

매각 후 법원에서 일주일의 여유를 준다. 낙찰자 혹은 이해관계인들에게 이의 사항은 없는지 다시 한번 살펴보라고 시간을 주는 것이다. 매각허가가 나오기 전에 잘못된 권리관계나 하자를 발견했다면, 민사집행법 121조의 사유를 근거로 매각불허가 신청서를 제출할 수 있다.

매각허가가 결정되면 낙찰자는 해당 물건의 이해관계인이 되었으므로 법원에서 제공하는 서류를 열람할 수 있다. 보통 매각허가가 난 후부터 열람할 수 있지만, 경매계의 담당 경매계장에게 잘 이야기하면 허가 결정 전에 보여주기도 하니 참고하길 바란다.

7. 매각확정

매각허가 결정이 나고 일주일 후에 매각확정이 난다. 매각을 한다는 법원의 확실한 결정이라고 생각하면 된다.

민사집행법 121조

매각허가에 관한 이의는 다음 각호 가운데 어느 하나에 해당하는 이유가 있어야 신청할 수 있다.

1. 강제집행을 허가할 수 없거나 집행을 계속 진행할 수 없을 때
2. 최고가매수신고인이 부동산을 매수할 능력이나 자격이 없을 때
3. 부동산을 매수할 자격이 없는 사람이 최고가매수신고인을 내세워 매수 신고할 때
4. 최고가매수신고인, 그 대리인 또는 최고가매수신고인을 내세워 매수 신고를 한 사람이 108조 각호 가운데 어느 하나에 해당할 때
5. 최저매각가격의 결정, 일괄매각의 결정 또는 매각물건명세서의 작성에 중대한 흠이 있을 때
6. 천재지변, 그 밖에 자기가 책임을 질 수 없는 사유로 부동산이 현저히 훼손된 사실 또는 부동산에 관한 중대한 권리관계가 변동된 사실이 경매 절차 진행 중에 밝혀졌을 때
7. 경매 절차에 그 밖에 중대한 흠이 있을 때

8. 대금지급기한

매각확정 후, 법원에서 잔금을 내라는 서류를 보낸다. 바로 '대금지급기한 통지서'인데, 사건 번호와 잔금 기일 등의 내용이 적혀 있다. 잔금을 언제까지 내라는 기한을 정해준 것이라고 생각하면 된다.

일반적인 부동산 거래에서는 잔금을 납부해도 바로 소유자가 되지는 않는다. 하지만 경매에서는 잔금을 내면 그 당일에 소유자가 되어 권리 주장을 할 수 있다.

9. 배당

법원에 잔금을 치르면, 그 돈은 법원에 귀속된다. 이것을 법원 경매계장이 각각의 이해관계인들에게 얼마씩 줄 것인지 계산을 한다. 그리고 기일을 정해 배당금을 찾으러 오라는 서류를 보낸다. 배당 순서에 따라 계산을 하고, 배당기일에 채권자들에게 돈을 나눠준다. 배당받는 순서는 다음과 같다.

배당 순서

1. 집행비용(경매 진행에 소요된 비용)
2. 저당물에 제3의 취득자가 지출한 필요비, 유익비
3. 주택, 상가임차인의 최우선변제금액, 근로자의 임금채권
4. 경매 목적물에 부과된 당해세
5. 담보채권, 확정일자부 임차인의 보증금, 당해세가 아닌 조세
6. 일반 임금채권
7. 법정기일이 담보물권보다 늦은 조세채권
8. 보험(의료보험, 연금, 산업재해보상 등)
9. 일반채권

배당이 끝나면 사건은 종결된다. 민사집행법상 절차가 조금 복잡해보이지만, 실제로 입찰자들은 입찰 전과 입찰 후로 간단히 구분해서 생각한다. 입찰 전에는 권리분석, 임장, 입찰가 산정을 하고, 입찰 후에는 명도와 잔금 납부, 소유권 이전, 인테리어나 리모델링을 하고 매매나 임대로 수익을 낸다.

입문자들은 이 과정을 시험 볼 때처럼 암기할 필요는 없다. 이것은 경매가 진행되는 통상적인 과정이므로, 경매 물건을 몇 개 경험해보면 자연스럽게 익힐 수 있다.

02

인천 서구 신현동 빌라 아슬아슬했던 첫 경매

2012년, 나는 그저 경매에 관한 책 몇 권을 읽은 경매 입문자였다. 심각하게 고민하고 경매를 시작한 것도 아니었다. 그저 책에서 발견한 경매의 몇몇 장점들을 보고 쉽게 발을 들인 감이 없지 않았다. 낙찰받은 부동산에 내 돈 20퍼센트 정도만 있으면 되고, 담보대출 금리보다 경락자금대출 금리가 저렴하며, 부동산이므로 불로소득을 얻을 수 있겠다는 점이 매력적이었다. 그렇게 혈기 왕성한 시기에 깊게 고민하지 않고 경매 시장에 도전장을 내민 것이다. 아는 사람 하나 없이 달랑 보증금 300만 원뿐이었다. 단순히 '건물이 1억 원이면, 8000만 원은 대출받고(모든 부동산 물건에 80퍼센트의 경락대출이 나오는 건 아니다), 내 돈 2000만 원과 세금을 조금 더 내면 살 수 있어. 8000만 원에 대한 대출이자는 금리가 3퍼센트 초반이면 20만 원 정도일 테니, 월세를 40만 원 받으면 월 20만 원이 남겠네. 이런 건물이 몇 개만 돼도 일을 그만둘 수 있겠지?'라는 생각으로 시작했던 것이다.

지금 가진 돈으로 시작할 수 있다

대법원 경매 사이트에서 내가 가진 돈으로 할 수 있는 지역과 물건을 찾아봤다. 서울과 내 거주지 근처인 안양지방법원 관할 지역인 안양, 의왕, 과천, 군포는 300만 원으로는 턱도 없었다. 여기저기 다른 지역을 살펴보던 중 인천이 눈에 들어왔다. 지금 가진 돈으로도 시작할 수 있을 것 같았다.

경매통장 TIP

경매 물건, 어디서 확인할까?

경매 물건은 '대한민국법원 법원경매정보' 사이트에서 무료로 확인할 수 있다. 유료 사이트로는 지지옥션, 굿옥션, 스피드옥션 등이 있다. 무료인 대법원 경매 사이트에서 열람할 수 있는 정보는 몇 개 안 된다. 부동산의 이력서라고 할 수 있는 등기부등본이나 건축물대장 등 중요한 서류는 열람이 되지 않으므로, '대법원 인터넷등기소'에서 따로 열람해야 하는 번거로움이 있다.

처음 경매를 공부하기 시작한 초보자들에게는 '네이버 경매(http://land.naver.com/auction/)'를 추천한다. 유료 경매 사이트에서 제공하는 양질의 정보를 한 달에 세 건 무료로 볼 수 있다. 네이버에서 한 사람이 세 개의 아이디를 만들 수 있으므로, 총 아홉 개의 물건을 무료로 볼 수 있는 것이다. 유료 경매 사이트의 이용료가 싸진 않기 때문에 입문자들이 처음부터 유료 사이트를 결제해서 실전 경매를 참고하기에는 경제적으로 부담이 될 수 있으니, 네이버 경매로 시작하는 것도 좋은 방법 중 하나다.

대법원 사이트에서는 등기부등본을 볼 수 없어서 인터넷등기소에서 등기부등본 하나에 700원씩을 주고 열람했다. 매번 물건을 검색할 때마다 돈을 내야 한다는 게 아까웠다. 그러다 보니 물건 검색과 등기부등본 열람에 더욱 신중해졌고, 그만큼 많은 물건을 보지 못했다. 나중에 다시 경매를 해야겠다고 마음먹고 난 후에야 물건 검색부터 등기부등본 열람까지 다 되는 부동산 경매 사이트들이 있다는 사실을 알게 되었다. 내가 가진 돈으로 입찰할 수 있는 물건이 많지는 않았지만, 가능한 것들을 몇 개 추려 임장을 계획했다. 수영 강의가 끝나면 짬을 내서 오토바이를 타고 물건을 보러 다녔다. 고립무원 부동산 시장에서 조언해주는 사람 하나 없었지만, 임장할 때 나름의 기준을 세웠다. '내가 이곳에 살면 어떨까?'를 먼저 생각했다. 내가 살 수 있는 집이면 다른 사람도 살 수 있겠다고 생각했다.

경매통장 TIP

임장이란?

인터넷으로는 경매 물건에 대한 정보를 모두 알 수는 없다. 법원과 경매 유료 사이트에서 제공하는 서류들은 현재 부동산 상태와 임차인 점유 현황, 시세 등이 조금씩 다를 수 있다. 그러므로 반드시 현장에 가서 확인해야 한다. 이렇게 물건지에 직접 가서 시세를 알아보고, 위치와 상태 등을 파악하는 것을 '임장'이라고 한다.

법원과 유료 사이트에서 제공하는 서류와 임장 시 파악한 내용을 종합적으로 판단하는 게 중요하다. 작은 실수가 큰 재앙이 되어 돌아올 수 있으니 늘 신중해야 한다.

그렇게 여러 물건을 보러 다니다가 마음에 드는 부동산 하나를 발견했다. 인천 신현동에 있는 4층짜리 빌라의 3층이었다. 임장할 때가 오후 2시쯤이었는데, 햇볕이 잘 드는 곳이었다. 주거용 부동산을 임장할 때는 낮에 방문해 해가 잘 드는지 확인하는 것이 좋다. 물론 교통도 중요하다. 그 빌라는 지하철 역세권에 위치하지 않아서 버스 정류장까지의 거리가 중요했다. 다행히 얼마 안 되는 거리에 정류장이 있었고, 집 앞에 산책하기 좋은 공원도 있었다.

"이 동네 살기 어때요?" 지나가는 사람을 붙잡고 물었다. 버스를 타면 시내 번화가까지 5분이면 갈 수 있고, 공원에서 운동도 할 수 있어서 좋다고 했다. 나도 이런 집에서는 살 수 있겠다는 생각이 들었다.

문제는 집 안 내부였다. 현관문을 두드렸다. 내심 점유자가 나오지 않기를 바라는 마음으로. 경매 초기라 임장을 하면서도 막상 점유자가 나오면 당황해서 어쩔 줄 모르던 시기였다. 나의 바람대로 아무도 나오지 않았다. 가슴을 쓸어내리며 근처 공인중개소를 찾아갔다. 말주변도 없었고, 부동산 사장님들과 친해지는 방법도 몰랐을 때라 사무실 문을 빼꼼히 열고 용건만 물었다.

나	안녕하세요. 요 앞에 경매 물건 나온 거, 시세가 어떻게 되나요?
공인중개사	매매는 4500만 원이고, 전세와 월세는 대충 얼마예요.
나	아, 정말 감사합니다. 안녕히 계세요.

이 정도면 친절하게 가르쳐준 편이다. 초기에 공인중개소를 방문하면 대놓고 싫은 내색을 하거나 짜증을 내는 사람들이 많았다. 나는 무언가에 쫓기듯 급하게 인사를 하고 나왔다. 이렇게 허술한 임장을 해놓고는 실전 데뷔를 했다면서 자화자찬하며 집으로 돌아왔다.

집 안을 봤으면 조금 더 정확하게 판단했을 텐데, 거기까지 미치지 못한 나는 나름의 기준으로 낙찰가를 산정해 매각기일에 인천 법원으로 향했다. 인천지방법원은 몇 번 입찰을 하러 간 적이 있어서 쉽게 찾을 수 있었다. 이 물건 전에 다른 물건들도 입찰을 했는데, 모두 패찰이었다. 물건에 대한 권리분석, 입지분석, 수익률 산정 등 모든 것이 어수룩한 상황에서 자신 있는 입찰가가 나올 리 만무했다. 이렇

인천지방법원 대법원바로가기 법원안내 가로보기 세로보기 세로보기(2) 세로보기(3)

2012 타경 [illegible] (임의)	매각기일 : 2012-12-21 10:00~ (금)	경매23계 032-860-1623

소재지	(22780) 인천광역시 서구 [illegible] [도로명] 인천광역시 서구 [illegible]				
용도	다세대(빌라)	채권자	인[illegible]	감정가	65,000,000원
대지권	16.94㎡ (5.12평)	채무자	조[illegible]	최저가	(49%) 31,850,000원
전용면적	29.25㎡ (8.85평)	소유자	조[illegible]	보증금	(10%)3,185,000원
사건접수	2012-05-16	매각대상	토지/건물일괄매각	청구금액	36,164,387원
입찰방법	기일입찰	배당종기일	2012-08-01	개시결정	2012-05-17

기일현황

회차	매각기일	최저매각금액	결과
신건	2012-10-23	65,000,000원	유찰
2차	2012-11-21	45,500,000원	유찰
3차	2012-12-21	31,850,000원	매각
김유한/입찰1명/낙찰39,000,000원(60%)			
	2012-12-28	매각결정기일	허가
	2013-01-28	대금지급기한 납부 (2013.01.16)	납부
배당종결된 사건입니다.			

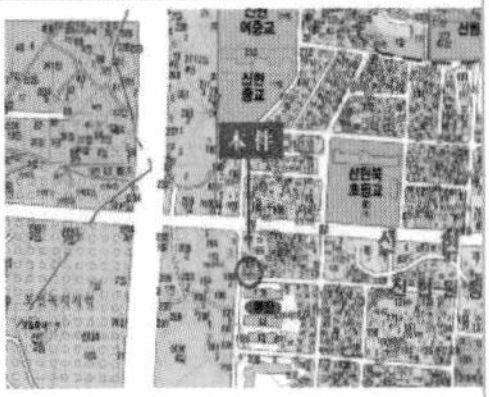

게 입찰가에 자신이 없으니 덜컥 낙찰돼서 수익은커녕 쪽박을 차게 될까 봐 두렵기까지 했다. 내 입찰가가 호명되는 순간마다 떨었던 기억이 난다. 심지어 패찰하면 안도의 한숨을 내쉬면서 보증금을 돌려받고 나왔다.

임장을 다녀온 후 신현동 빌라의 입찰가를 종합적으로 산정해 봤다. 공인중개소에서 주변 건물 시세가 4500만 원이라고 했으니, 3900만 원이면 세금을 제하고 수익이 조금은 날 것 같았다. 수중에 300만 원이 있으니 3900만 원에 낙찰을 받으면, 나머지 500만 원이 필요하다. 낙찰가의 80퍼센트를 대출받으면(3100만 원) 잔금을 치르고 명의 이전이 가능하다.

입찰 결과는 단독 낙찰이었다. 어리둥절하고 있는데 뒤에서 누군가 "와, 비싸네" 하는 소리가 들렸다. 하늘이 무너지는 기분이었다. 머릿속이 하얘지고 가슴이 쿵쾅거렸다. '공인중개사 아저씨가 시세를 잘못 알려줬나?' 하는 생각에 원망스럽기까지 했다. 입찰대에서 낙찰받았다는 영수증을 발부해주었다. 법원을 나서는 발걸음은 무거웠고, 하늘은 어두웠다.

시간이 조금 지나 마음이 안정된 후, 낙찰받은 집에 내 연락처를 적은 메모를 붙이고 돌아왔다. 다음 날, 모르는 번호로 연락이 왔다. 여자 목소리였다.

임차인 여보세요. 낙찰자인가요?

빌라 사는 사람인데요. 메모 보고 연락드렸어요.

나 아, 네. 언제 이사 가실 건가요?

임차인 네?

나 집 안도 살펴볼 겸 이번 주말에 직접 찾아뵙고

말씀 나누면 어떨까요?

임차인 네, 그렇게 하세요.

통화 내내 무슨 말을 어떻게 할지 몰라 급하게 만날 약속만 잡고 전화를 끊었다. 약속한 날 전까지 임차인에게 할 말을 일일이 정리하고, 몇 번이고 연습했다. 당일, 음료수 한 박스를 사들고 문 앞에 섰다. 심장 소리가 마치 천둥 소리 같았다. 너무 떨려서 경매가 나와 안 맞는 것 같다는 생각까지 들었다. 임차인과 어색한 인사를 주고받았다. 나는 임차인이 과일을 깎는 동안 거실에 얌전히 앉아 기다렸다. 긴장한 마음이 들킬까 봐 조마조마했다. 임차인이 자리에 앉자마자 혼자 연습했던 말들을 쏟아냈다.

나 경매 진행 절차에 대해 간략하게 설명드릴게요. 그래야 서로 이야기하기가 수월할 테니까요. 우선 제가 입찰을 받았고, 보증금 처리는 이렇게 할 생각이에요.

혹시라도 외운 것을 잊어버릴까 봐 생각한 말들을 속사포처럼 내뱉었다. 당연히 임차인은 이해하지 못하는 눈치였는데, 그 와중에 정곡을 찌르는 질문을 했다.

임차인 그래서 언제까지 이사를 가면 되죠?

나 네? 아, 배당기일 전까지 가면 됩니다.

임차인 그럼, 빨리 집 알아보고 연락드릴게요.

이렇게 임차인과의 첫 만남이 끝났다. 중요한 시험을 치르고 나온 기분이었다. 내내 쿵쾅거리던 심장이 그제야 평온해졌다. 며칠 후, 임차인에게 이사 날짜를 전해 들었고, 임차인이 보증금을 찾아가려면 낙찰자의 '명도확인서'와 '인감증명서'가 필요하므로 나는 이사 당일 해당 물건지로 찾아갔다. 임차인이 나가고 나서야 편안한 마음으로 집을 둘러볼 수 있었다. 방 두 개에 화장실 한 개, 현관에 들어서자마자 부엌이 있고 거실 겸 방이 있으며 오른쪽으로 화장실이 있는 구조였다. 베란다도 하나 있었다. 집을 넘겨받은 사실에 마냥 뿌듯했다.

경매통장 TIP

명도란?

임차인이 이사를 가고 부동산을 넘겨받는 것을 '명도'라고 한다. 경매의 특성상 이 과정이 유쾌할 수만은 없고, 이런저런 사연이 얽힌 경우가 많다. 어떤 사람은 경매에서 가장 어려운 것이 명도라고 한다. 하지만 임차인을 직접 만나서 대화로 풀어나가다 보면 의외로 쉽게 해결되는 경우도 있으니, 미리 걱정하고 경매를 포기하는 것은 바람직하지 않다.

명도의 법률적 표현은 '토지나 건물 또는 선박을 점유하고 있는 자가 그 점유를 타인의 지배하에 옮기는 것'이다. 법문상으로 '인도'로 규정하고 있으며(민사집행법 258조 1항), 명도라는 말은 사용하지 않는다.

간신히 손해를 면하다

집을 넘겨받았으니 이제 청소와 인테리어를 해야 한다. 당시 나는 인테리어란 청소와 별다를 게 없다고 생각했다. 청소를 해서 집을 깨끗이 만들면 환금성을 높일 수 있다고 생각했던 것이다. 집에 있는 청소 용품을 챙겨와 며칠 동안 청소를 했다. 청소를 다 끝내고 집을 둘러보니 처음과 크게 달라진 게 없었다. 당연한 일이었다.

부동산 중개소를 돌아다니며 매물 등록을 했다. 시세를 알려주었던 중개소 사장님에게 물건을 내놓았더니 "아니 왜 이렇게 비싸게 샀어?"라고 하는 게 아닌가. 너무 황당하고 어이없었다. 사장님이 말씀하신 금액에 맞춰 낙찰받은 건데 왜 비싸다고 하는지 이해가 되지 않는다고 말했더니 사장님의 대답이 더 가관이었다. "그때는 대략 그 정도 할 거 같아서 이야기한 건데……." 그럼 얼마에 내놓아야 하냐고 물었더니 일단 적당한 사람이 나타나면 작업해서 받아줄 테니 기다리란다. 나는 어쩔 수 없이 전화번호를 남겨두고 돌아갈 수밖에 없었다.

두 달여가 지난 후, 그 동네에 사는 할아버지 한 분이 매입하고 싶다는 의사를 전해와 재빨리 계약을 했다. 그 두 달 동안 대출이자를 감당해야 했는데, 매일 부동산 생각이 머릿속을 떠나지 않았다. 아무것도 모르는 상태에서 우왕좌왕했지만, 다행히 처음으로 낙찰받은 물건을 손실 없이 처리할 수 있었다.

모든 과정이 끝난 후, 얼마를 벌었는지 계산해봤다.

매도	4200만 원
낙찰	3900만 원
세금 및 법무비	100만 원
중개수수료	50만 원
잡비 및 금융이자	50만 원

4200만 원 - (3900만 원 + 100만 원 + 50만 원 + 50만 원) = **100만 원**

이 물건은 3900만 원에 낙찰을 받았고, 4200만 원에 팔았다. 취등록세와 법무사비가 총 100만 원 정도 들었다. 부동산 중개수수료 50만 원, 교통비, 식사비, 청소 물품 구입비, 대출이자 등 자잘한 비용도 50만 원 정도 들었다. 원래 가지고 있던 300만 원에 대출을 제외한 나머지 잔금은 빌려서 처리했다. 모든 비용을 제하고 나니 약 100만 원가량이 남았다. 어쨌든 돈을 벌었다!

숫자로 계산한 결과는 이러했지만 사실 아무것도 모르는 상태에서 뛰어드는 바람에 마음고생을 굉장히 심하게 했다. 권리분석, 지역분석 모두 어수룩했지만 어느 누구의 도움 없이 해냈다는 점에서는 나름 성공적인 투자라고 할 수 있었다.

하지만, 나는 이후 3년 동안 부동산 경매를 하지 않았다.

차곡차곡 돈이 쌓이는 경매 상식

빌라, 안정적인 월세의 정석

경매에 입문하는 사람들이 소액 투자로 가장 먼저 보는 물건 중 하나가 빌라다. 다른 물건들에 비해 상대적으로 물량도 많고, 소액으로도 접근할 수 있는 장점이 있기 때문이다. 하지만 동전에 양면이 있듯이 단점도 분명 존재한다. 이 단점들을 사전에 파악하고 입찰가를 산정해야만 계획한 만큼의 수익을 거둘 수 있다.

1. 시세

① 시세의 중요성

경매에서 시세는 가장 기초적이고 중요한 요소다. 수익을 내는 것이 경매의 목적이므로 시장에서 얼마에 소화가 가능한지 정확히 알아야 목적을 이룰 수 있다. 빌라는 다른 물건보다 시세 차이의 폭이 크므로 더 세밀하게 파악해야 한다. 빌라는 보는 사람에 따라 시세가 바뀐다. 공인중개사가 매수인들에게 시세를 이야기할 때 상황에 따라 가격을 달리 책정하는 경향이 있기 때문이다. 또 빌라는 구조, 일조량, 주차장의 유무에 따라 작게는 몇 백만 원에서 크게는 몇 천만 원까지 가격이 달라진다.

예전에 뉴타운으로 지정되었다가 해제된 지역이 있는데, 뉴타운 지정 전부터 시세가 오르더니 나중에 해제되면서 올랐던 시세가 다시 떨어졌다. 이 시기에 몇몇 빌라들이 매매되었는데, 내가 낙찰받은 부동산을 A 공인중개사는 1억 6000만 원에도 팔기 어렵다고 하고, B 부동산은 2억 원이면 많이 쳐주는 거라고 했으며, C 공인중개사는 1억 8000만 원을 제시했다. 낙찰가는 1억 9800만 원이었다. 나는 2억 4000만 원에 매도해주겠다고 한 공인중개사에 곧바로 매물을 내놓았고, 만족할 만한 가격에 매각할 수 있었다. 이처럼 빌라를 보는 공인중개사의 눈은 제각각이다.

하지만 모든 빌라의 가격 폭이 이렇게 큰 것은 아니다. 내가 낙찰받은 물건은 뉴타운이라는 특수성이 있었기 때문이고, 재개발이나 재건축, 뉴타운 등의 호재가 아니라면 이렇게까지 가격 차이가 나지 않는다. 그럼에도 불구하고 빌라는 시세 차이가 큰 물건이므로 임장 시 정확하게 파악해야 한다.

② 시세 파악 방법

먼저 온라인으로 대략적인 금액을 파악하고 현장으로 나가자. 현장이라고 하면 가장 먼저 공인중개소가 떠오를 것이다. 하지만 여기에 한정할 필요는 없다. 해당 부동산의 윗집, 아랫집, 앞동, 옆동이 될 수도 있고, 주민들에게 물어봐도 된다. "언제 이사 오셨어요? 집은 매매하신 건가요? 얼마에 사셨나요?", "몇 평인가요? 혹시 햇볕은 잘 드나요?" 모르는 사람이 다짜고짜 물어보면 누가 대답해줄까 싶겠지만, 해보지도 않고 겁먹지 말자. 이때는 바쁘게 지나가는 사람보다 공원이나 벤치에 앉아 있는 어르신들에게 물어보는 것이 좋다. 그 밖에 동네 슈퍼마켓이나 세탁소를 방문하는 것도 좋은 방법이다. 안 된다고 생각하지 말고 시세를 조금이라도 정확히 파악할 수 있는 방법을 강구해야 한다.

2. 내외부 상태

① 외부 파악 사항

부동산과 입지는 떼려야 뗄 수 없는 관계다. 입지는 현재의 가치와 미래의 가치를 포함하고, 시세에 영향을 주기 때문에 중요하다. 빌라는 다른 상업용 건물과 비교했을 때 입지가 덜 중요할 수 있으나, 대중교통과의 접근성은 반드시 따져야 한다. 우선 역세권에 해당하는지가 중요하고, 다음은 정류장과의 근접성을 따져봐야 한다. 또 요즘은 한 가구당 차 한 대씩은 보유하고 있어서 주차 공간을 파악하는 것도 중요하다. '1가구 1주차장' 법이 생긴 것은 2002년부터이기 때문에 그 전에 세워진 빌라는 주변에 주차장이 어디에 위치하는지 확인해야 한다.

② 내부 파악 사항

빌라의 내부를 파악할 때 가장 중요한 것은 '구조'다. 최근에 지어진 새 아파트는 4베이, 5베이를 내세우며 구조도(평면도) 사진을 광고한다. 왜 그럴까? 그만큼 사람들이 구조를 주거 환경에서 가장 중요하게 여긴다는 증거다. 광고를 통해 구조를 확인할 수 없으면 '네이버 부동산', '다음 부동산' 같은 포털 사이트에서 언제든지 찾아볼 수 있다.

그렇다면 빌라의 구조는 어떻게 파악할 수 있을까? 빌라의 구조를 파악하는 유일한 방법은 '임장'이다. 발품을 팔아 직접 구조를 확인해야 한다는 뜻이다. 방과 거실, 화장실의 위치, 냉장고와 세탁기 자리까지 파악하는 것이 좋다. 냉장고는 주로 거실에 배치하는데, 요즘은 양문형 냉장고가 많으므로 가로 1100밀리미터를 확보해야 한다(양문형 냉장고의 가로 길이는 약 900밀리미터인데, 여분으로 20밀리미터가 필요하다). 세탁기는 베란다 혹은 화장실에 있는데, 두 곳 중 어디에 있는지 확인하라. 세탁기의 크기는 가로가 대략 600밀리미터이므로, 최소 650밀리미터 이상의 공간을 확보해야 한다.

그 밖에 빌라는 하자가 빈번하게 발생할 수 있으므로 누수, 결로, 곰팡이 등의 문제가 있는지 체크해야 한다. 보일러 교체, 새시 고장, 배관 파열 등은 상당한 비용이 들기 때문에 반드시 체크해야 추가 비용을 막을 수 있다.

경매 통장 TIP

다세대(빌라) 용도에 따른 경락대출 한도

다세대, 즉 빌라는 용도를 잘 확인해야 한다. 형태와 구조, 시세만 확인하고 덜컥 낙찰받았다가 곤란해질 수도 있다. 간혹 '주거용 빌라'임에도 불구하고 건축물대장 용도란에 '사무실'로 되어 있는 경우가 있다. 주거용으로 건축 허가를 받으려면 1세대 1주차장 부지 확보가 필수지만, 주차장 부지가 부족해 몇 가구는 주거용으로, 몇 가구는 상업용(사무실)으로 건축 허가를 받아 지어졌기 때문이다.

이런 부동산은 외관, 내부 모두 일반 빌라와 비슷하지만 건축물대장상 용도가 다르다는 이유로 금융권의 대출 한도가 뚝 떨어진다. 추후 매도하기 위해 시장에 내놓을 때 이 부분이 문제가 돼 환금성이 낮아질 수 있으니 입찰하기 전에 반드시 확인해야 한다.

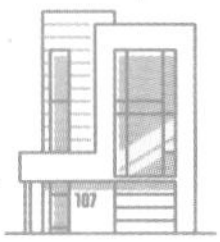

경기도 오산 다세대 주택
안정적인 임대 수익을 노려라

첫 경매를 경험하고 3년이라는 시간이 흘렀다. 그동안의 사연은 구구절절 밝히지 않겠지만, 분명한 건 삶의 방향을 고민하고 있을 때 경매가 다시 떠올랐다는 것이다. 당시 여러 가지 상황이 맞물렸다. 첫 아이에게 들어가는 돈도 만만치 않았고, 둘째를 낳게 되었으며, 체력이 점점 떨어져 운동 강습도 힘에 부쳤다. 나이가 들면서 살은 점점 찌고, 몸이 무거워지니 무릎도 아파왔다. 이대로는 안 되겠다는 생각에 절실해지기 시작했다. 혼자 고민하다 답이 나오지 않아 아내와 진지하게 이야기를 나누었다. 수영 강사 일을 계속할 것인지, 다른 일을 찾아볼 것인지. 한참 이야기를 나누고 있는데 아내가 한마디를 던졌다. "3년 전에 경매로 수익을 내기는 했잖아?"

아내의 말은 긴가민가하던 내 생각에 불을 지폈다. 그리고 오랜 심사숙고 끝에 부동산 경매를 다시 시작하게 되었다. 인생의 전환점이었다. 또다시 미지의 세계를 걸어가야 한다. 두려움을 딛고 도전하면 언젠가 부동산을 보는 눈도 생기고, 자신감도 붙고, 마침내 수익도 낼 수 있으리라.

산업단지는 임대 수요가 풍부하다

이번에는 제대로 한번 해보자는 생각이 들었다. 3년 전보다 준비를 더 철저히 해야만 했다. 서점에서 수십 권의 책을 구입해 읽었다. 희망을 갖고 경매법을 익혔다. 그렇게 읽은 책이 어느덧 내 키를 훌쩍 넘겼을 때는 남모를 뿌듯함을 느꼈다.

경매 학원이 있다는 걸 알게 되었고, 한동안 열심히 다녔다. 부동산을 낙찰받아 일반 매매 시장에 내놓으려면 수리와 인테리어가 필요했다. 인테리어 항목에서 가장 기본이면서 중요한 것이 도배와 장판이라는 생각이 들었다. 내가 직접 하면 그만큼 비용을 줄일 수 있을 것 같아 도배와 장판을 가르쳐주는 학원에도 다니기 시작했다. 살던 집의 전세금을 빼 투자금을 확보했고, 이사도 했다.

한정된 투자금에 맞춰 물건을 찾다 보니 경기도 외곽과 인천, 그

경매통장 TIP

경매 초기에는 어떤 물건을 봐야 할까?

경매 초기에는 무작정 물건을 많이 보러 다니는 것이 좋다고 생각했다. 하지만 이 방법은 시간과 노력 대비 그다지 효과적이지 않다. 득보다는 실이 많은 것이다. 또 무엇보다 초반에 무리해서 달리면 금방 지칠 수가 있다.

본인이 거주하는 곳이나 거주했던 곳, 혹은 직장 근처나 출퇴근하는 동선에서 멀지 않은 곳에서 물건을 찾아라. 독자분들 대부분이 직업이나 생계 수단이 따로 있을 텐데, 본업과 병행하려면 시간을 쪼개야 하니 에너지를 효율적으로 분배하는 것이 좋다. 지방 한 번 다녀올 시간에 책을 보거나 물건을 검색해라. 또는 근처 공인중개소에 방문해 사장님들과 부동산 관련 이야기를 나누는 것이 훨씬 낫다.

처음부터 작정하고 투자하지 않더라도, 꾸준히 관심을 갖는 게 중요하다. 이런 습관이 자리 잡히고, 물건을 보고 해석할 수 있는 눈이 생겼을 때 지방의 물건에 관심을 가져도 늦지 않다. 투자할 만한 가치가 있다고 판단되는 물건이 생겼을 때 그때 지방을 가면 된다. 여기서 말하는 지방은 원거리에 있는 지역이다. 부산에 사는 사람에게 지방은 서울이 될 수도 있다.

외 지방을 눈여겨볼 수밖에 없었다. 오토바이 하나로 전국을 누비며 물건을 보러 다녔다. 경상도, 전라도, 강원도, 방방곡곡 안 다닌 데가 없었다.

그러던 중 생애 두 번째 인연이 될 물건을 만나게 되었다. 지은 지 6년밖에 안 된 경기도 오산에 있는 다세대 주택으로, 면적이 33제곱미터(약 열 평) 남짓한 원룸 형식이었다. 오산 산업단지에 출퇴근하는

40대 이상 연령층은 인근 아파트 단지에 거주하고 있고, 그보다 젊은 사람들은 원룸을 더 선호했다. 또 산업단지 직원들의 숙소로도 사용될 수 있어, 공실률이 크지 않을 것이라고 판단했다.

일차적인 지역분석은 간략하게나마 되었고, 본격적으로 임장을 갔다. 해당 부동산은 한 층에 네 가구가 있었는데, 계단에 전단지가 너저분하게 있는 것으로 보아 관리가 전혀 안 되고 있었다. 다행히 내가 입찰하려는 물건에는 햇볕이 잘 들어서 곰팡이는 없을 것 같았다. 초인종을 눌렀지만 아무도 나오지 않았다. 거주자 대부분이 출근을 했는지 건물 전체가 조용했다. 우편함에는 컨설팅 업체에서 온 우편물이 가득했다. 하지만 걱정하지는 않았다. 이렇게 관리가 안 되는 부분은 낙찰받은 후에 업체에 맡기면 된다.

이런저런 요인들을 파악하고 나니 입찰해도 좋겠다는 판단이 들어 가까운 공인중개소에 들렀다. 문을 열고 들어갔는데, 내가 말을 꺼내기도 전에 경매 때문에 온 걸 사장님이 바로 알아봤다. 주변에 실수요가 많아 경매로 사도 충분히 팔 수 있다고 친절하게 시세까지 알려주셨다. 차 한 잔을 얻어 마시면서 이것저것 여쭤봤다.

나	(조심스레) 사장님, 이 원룸 얼마에 팔 수 있을까요?
사장님	이 주변에 원룸들 많이 찾아요. 4500만 원에는 팔 수 있어요.
나	아, 그럼 최저가가 3500만 원이니 조금 남길 수 있겠네요?
사장님	그럼요.

공인중개소에 물건을 알아보러 가면 대부분은 문전박대하거나 귀찮아하는데, 따뜻하게 대해주셔서 너무 고마웠다. 속으로 낙찰을 받으면 이곳 사장님과 거래해야겠다고 생각했다.

임장을 마치고 돌아와 서류를 다시 들여다봤다. 임차인의 권리사항을 파악해야 한다. 임차인은 보증금 3600만 원 중에 1400만 원 정도 배당이 가능했다. 배당을 받는 임차인은 그렇지 않은 임차인에 비해 명도가 수월한 편이다.

수원지방법원 대법원바로가기 법원안내 가로보기 세로보기 세로보기(2) 세로보기(3)

2013 타경 [redacted] (강제) 2013타경 [redacted] (병합)	물번3 [배당종결]	매각기일 : 2014-08-28 10:30~ (목)	경매10계 031-210-1270

소재지	(18146) 경기도 오산시 [redacted] [도로명] 경기도 오산시 [redacted]				
용도	다세대(빌라)	채권자	정[redacted]	감정가	50,000,000원
대지권	18.82㎡ (5.69평)	채무자	오[redacted]	최저가	(70%) 35,000,000원
전용면적	23.94㎡ (7.24평)	소유자	박[redacted]	보증금	(10%)3,500,000원
사건접수	2013-08-16	매각대상	토지/건물일괄매각	청구금액	38,667,944원
입찰방법	기일입찰	배당종기일	2013-10-30	개시결정	2013-08-19

기일현황

회차	매각기일	최저매각금액	결과
신건	2014-07-09	50,000,000원	유찰
2차	2014-08-28	35,000,000원	매각
김요한/입찰2명/낙찰37,200,000원(74%) 2등 입찰가 : 36,289,000원			
	2014-09-04	매각결정기일	허가
	2014-10-13	대금지급기한 납부 (2014.10.13)	납부
배당종결된 사건입니다.			

매각 당일 수원지방법원으로 향했다. 최저가 3500만 원보다 약간 높은 3720만 원을 적었다. 두 사람의 경합이었다. 결국 차순위자와 100여만 원 차이로 낙찰되었다! 첫 경매였던 인천 서구의 다세대 주택을 단독으로 낙찰받았을 때의 기분도 떠오르고, 나 외에 다른 사람이 들어와 입찰했다는 사실에 안도감도 들었다. 여러 감정이 드는 상태에서 낙찰 영수증을 받고 법원을 나왔다. 법원 뒤에 대기하고 있던 딜러들이 명함을 나눠주면서 내 핸드폰 번호를 적어갔다. 딜러들은 경락대출상품을 연결해주는 사람들이다.

낙찰받은 부동산에 찾아가 연락처를 적은 메모를 남기고 돌아왔다. 다음 날, 낯선 번호로 전화가 왔다.

임차인	여보세요. 낙찰자입니까?
나	네, 그렇습니다. 앞으로 어떻게 할지 이야기를 나눠야 할 것 같은데, 이번 주말에 시간 내실 수 있나요?
임차인	만나시게요? 왜요? 만날 거 없고, 저는 돈을 다 받아야 나갑니다.
나	(당황스러웠다) 경매 잔금을 납부하면 제가 이 건물 소유주가 됩니다. 배당받을 때까지 계시려면, 잔금 납부일 후부터는 제게 월세를 내야 합니다.
임차인	바쁘니까 나중에 이야기합시다. 어쨌든 그렇게 아세요.

만만치 않아 보였다. 기분이 별로 좋지 않았다. 전액은 아니더라도 배당을 받는 임차인은 낙찰자에게 협조할 수밖에 없다고 생각해 입찰했는데, 임차인의 엄포대로 과연 그런 일이 벌어질까 하는 걱정이 들었다.

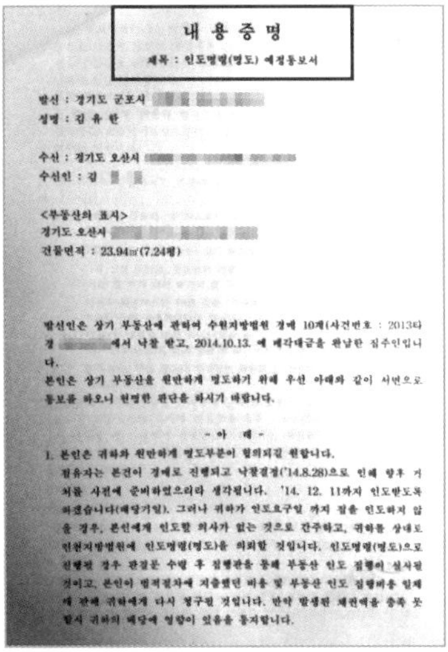

내 용 증 명

제목 : 인도명령(명도) 예정통보서

발신 : 경기도 군포시 [redacted]
성명 : 김 유 한

수신 : 경기도 오산시 [redacted]
수신인 : 김 [redacted]

<부동산의 표시>
경기도 오산시 [redacted]
건물면적 : 23.94㎡(7.24평)

발신인은 상기 부동산에 관하여 수원지방법원 경매 10계(사건번호 : 2013타경 [redacted]에서 낙찰 받고, 2014.10.13. 에 매각대금을 완납한 집주인입니다.
본인은 상기 부동산을 원만하게 명도하기 위해 우선 아래와 같이 서면으로 통보를 하오니 현명한 판단을 하시기 바랍니다.

- 아 래 -

1. 본인은 귀하와 원만하게 명도부분이 협의되길 원합니다.
점유자는 본건이 경매로 진행되고 낙찰결정('14.8.28)으로 인해 향후 거처를 사전에 준비하였으리라 생각됩니다. '14. 12. 11까지 인도받도록 하겠습니다(해당기일). 그러나 귀하가 인도요구일 까지 집을 인도하지 않을 경우, 본인에게 인도할 의사가 없는 것으로 간주하고, 귀하를 상대로 인천지방법원에 인도명령(명도)을 의뢰할 것입니다. 인도명령(명도)으로 진행될 경우 판결은 수령 후 집행관을 통해 부동산 인도 집행이 실시될 것이고, 본인이 법적절차에 지출했던 비용 및 부동산 인도 집행비용 일체에 관해 귀하에게 다시 청구될 것입니다. 만약 발생된 채권액을 충족 못할시 귀하의 배당에 영향이 있음을 통지합니다.

대화로 풀기 어려운 임차인은 향후 진행 상황에 대해 내용증명을 보내는 것이 좋다. 책과 인터넷 정보를 참조해 내용증명을 적어 보냈다. 핵심은 '명도함에 있어 협조를 부탁한다. 임차인이 법원에서 보증금을 배당받으려면 낙찰자의 명도확인서와 인감증명서가 필요하다. 만약 협조하지 않으면 배당금 수령은 불가능하다. 소유권 이전 후부터 임대료를 청구할 수 있지만 원만하게 명도되면 배당기일까지 임대료는 청구하지 않고, 무사히 배당금을 수령할 수 있도록 나 역시 협조하겠다'는 것이었다.

그렇게 내용증명을 보내놓고, 잔금을 납부하기 위해 경락대출을 알아봤다. 소액 부동산은 금융권에서 대출을 받기 힘들다는 이야기가 있었지만, 몇 번이나 알아본 결과 경락대출을 해주겠다는 은행을 찾을 수 있었다. 잔금 기일에 맞춰 잔금을 납부하고 한 달이 지났을까? 배당기일이 잡혔고, 임차인에게 전화가 왔다.

임차인 오산 임차인인데요. 잔금 납부하셨네요. 배당기일에 맞춰 이사 가겠습니다.

나 (드디어 연락이 왔구나) 이사는 그렇고 수도, 가스, 전기 요금 정산하고 짐을 빼주면 배당받을 수 있는 서류를 드리겠습니다. 언제쯤 나갈 계획인가요?

임차인 이사비를 좀 챙겨주면 깔끔하게 정리하고 나가겠습니다.

나 (아, 이사비는 얼마나 줘야 하지? 배당을 받는 임차인이라 생각도 못 했는데) 배당기일에 정확히 맞춰 나가는 것으로 해주세요. 그럼 조금이라도 생각해보겠습니다.

임차인 그러니까 얼마 주실 건데요?

나 10만 원 드리겠습니다.

임차인 반드시 약속 지키세요.

집은 눈으로 보기 전에는 모른다

시간이 흘러 배당기일이 다가왔다. 이 물건은 총 열한 개의 매각이 이루어졌는데, 2014년 8월 28일에 열 개가 낙찰되고, 한 개가 유찰되어 배당일이 늦게 잡혔다. 법원에서는 해당 물건의 이해관계인들에게 얼마씩 배당할 것인지 배당표를 작성하는데, 이렇게 여러 개의 물건이 진행될 때는 하나라도 매각되지 않으면 배당표를 작성할 수 없다. 그래서 배당기일까지 꽤 오랜 시간이 걸렸다.

명도 당일 약속 시간에 맞춰 찾아가보니 임차인은 본인이 필요한 짐만 빼고 나머지 짐은 방 안에 그대로 둔 채였다. 짐을 모두 빼야 한다고 이야기했더니 그제야 부랴부랴 나머지 짐들을 빼기 시작했다. 보고만 있는 게 답답하고 무안해서 짐 나르는 것을 도왔다. 속으로 '내가 지금 뭐하고 있는 거지' 싶었지만, 집을 한시라도 빨리 넘겨받기 위해 두 팔 걷고 도왔다.

얼추 짐을 다 뺀 임차인이 자기가 쓰던 소파와 장롱을 쓰겠냐고 물었다. 쓱 보니 아직 쓸 만해 보여서 사용하겠다고 했다. 약속대로 이사비 10만 원과 서류를 넘겨주고, 열쇠를 건네받았다. 드디어 내 집이 되었다!

임차인이 떠나고 집 안 구석구석을 살펴봤다. 뿌듯하고 감격스러웠다. 임차인이 남겨두고 간 소파에 앉아 등받이에 몸을 기댔다. 순간, 소파 뒷면을 지지하는 판이 '뚝' 하는 소리를 내며 부서졌다. 소파 뒤쪽에 곰팡이가 피어 있었던 것이다. 장롱을 열어보니 거기도 마찬가지였다. '아, 속았다.' 화가 치밀어 올랐다. 임차인은 이미 떠난 뒤였고, 어쩔 수 없이 혼자서 낑낑대며 장롱과 소파를 집 밖으로 끌고 나왔다. 다행히 입구 앞에 쓰레기 배출 장소가 있었고, 대형폐기물 배출 스티커를 내 돈 주고 사와서 붙였다. 임장할 때 햇볕이 잘 들어 곰팡이는 없을 것 같았는데, 역시 집 안은 두 눈으로 직접 보기 전까지는 모른다.

이제부터 인테리어를 해야 한다. 경매 공부를 시작하면서 도배와 장판 학원도 다녔는데, 드디어 실력을 발휘할 때인가 싶었다. 하지만 그 전에 먼저 수리를 해야 한다. 콘센트 뚜껑과 전기 스위치, 수도꼭지, 조명, 도어록을 교체해야 했다. 도어록 교체쯤은 간단한 작업이라고 생각했는데, 집에서 챙겨온 드릴이 오래됐는지 자꾸만 헛돌았다. 꽉 조이고 다시 뚫고, 헛돌면 다시 조이기를 반복했다. 그렇게 장장 일곱 시간을 현관문에 매달려 있었다. 어찌해서 달기는 했는데, 구멍을 너무 크게 뚫어서 도어록이 위아래로 움직였다. 이런 문이라면 누구라도 금방 열 수 있을 것 같았다. 일단 그냥 달아두고 집 안 전체를 청소하기 시작했다. 마스크를 쓰고 세제를 묻혀 곰팡이가 핀 벽을 닦았다. 작은 원룸이지만 쉽게 볼 일이 아니었다. 하루 만에 끝낼 수도 없었다. 그날부터 아쿠아로빅 강습 중간에 짬을 내 집에서 오산까지 오가면서 수리와 청소를 했다.

드디어 도배와 장판을 할 차례다. 학원에서 배운 실력을 발휘할 때다. 하지만 실전은 예상과는 매우 달랐다. 학원에서는 준비물도 다 구비되어 있고, 혼자 하다가 안 되는 부분이 있으면 원장님이 도와주었는데 그런 부분을 간과했던 것이다. 현장에는 원장님도 없고, 보조도 없고, 말동무도 없었다. 준비물도 혼자 준비해야 한다. 학원에서는 모든 재료가 세팅된 상태에서 도배지만 바르면 됐는데, 사다리 우마(발받침대)도 없고, 영하 10도까지 내려가는 이 추운 날씨에 도배 풀도 직접 만들어야 한다. 학원에서는 기계로 풀을 만들기 때문에 힘이 훨씬 덜 든다.

어쩔 수 없이 부족한 재료를 주변에서 구하기로 했다. 동네 쓰레기장에 버려진 의자는 우마로 썼고, 풀은 맨손으로 만들었다. 고되고 힘들었지만 '처음이니까 시행착오는 당연하지. 능숙해지면 금방 할 수 있을 거야'라며 스스로를 위로했다. 그렇게 혼자서 끙끙대며 꼬박 3일을 일했다.

경매 통장 TIP

인테리어 비용 줄이는 방법

부동산 경매와 인테리어는 떼려야 뗄 수 없는 관계다. 여기에 반드시 들어가는 항목이 도배와 장판이다. 직접 배워서 하면 비용을 아낄 수 있지만 필자의 사례에서 본 것처럼 꾸준히 배워 전문가 수준으로 해내기에는 시간과 비용이 많이 든다.

그렇다면 어떤 방식으로 지출을 최소화할 수 있을까? 한 가지 팁을 알려주면, 도배와 장판을 하는 업자들이 보조를 구할 때 저렴한 인력으로 학원생들을 쓰기도 한다. 학원생들 입장에서는 실습도 하고 돈도 벌 수 있는 기회다. 세밀한 작업일 경우에는 원장님이 직접 수강생들과 현장에 나가 함께 일을 하는데, 이런 실전 경험이 도움이 된다.

일반 인테리어 업체에 맡기면 비용이 만만치 않으니, 낙찰받은 부동산 근처에 도배와 장판을 가르쳐주는 학원이 있는지 찾아보고, 그곳에 의뢰하는 것도 방법이다.

셀프 인테리어를 마치고 감격스러운 마음에 집 안을 쓱 둘러봤다. 결과는 엉망진창이었다. 도배지는 삐뚤빼뚤하고, 전기 스위치와 코너 마감은 허술했으며, 도어록은 여전히 헐거웠다. 화장실은 묵은 때만 닦은 수준으로 처음과 크게 달라진 게 없었다. 제대로 된 장비도 없었지만, 어디에 어떤 장비를 써야 하는지도 잘 몰랐으니 결과는 당연했다.

중소기업과 임대차 계약을 맺다

순탄치 않은 셀프 인테리어를 마치고, 매물 등록을 위해 음료수 한 박스를 사 들고 공인중개소에 찾아갔다. 임장할 때 따뜻하게 대해주고, 수도꼭지를 수리할 때 멍키 스패너를 빌려주었던 곳이다. 중개소 사장님은 몇 날 며칠을 오가면서 수리하고 청소하는 내 모습이 인상 깊으셨는지, 집을 직접 보고 싶다고 하셨다. 집 안을 둘러본 사장님이 안쓰러운 눈빛으로 나를 바라봤다. "도어록은 너무 흔들거려서 안 될 거 같은데……." 일곱 시간 동안 끙끙거리면서 달긴 했지만, 내가 봐도 이대로는 안 될 것 같았다. 결국 수리 기사를 불렀고, 출장비로 3만 원이 들었다. 모든 작업은 단 5분 만에 끝이 났다. 돈은 돈대로 들었고, 고생은 고생대로 했다. 기술적인 부분이 필요한 일은 전문가에게 맡기는 것이 좋겠다는 생각이 들었다. 물론 직접 꾸준히 연습하면 좋아지겠지만, 일정 수준이 될 때까지 들어갈 돈과 시간을 생각하면 처음부터 전문가에게 맡기는 것이 더 효율적일 수 있다.

고생한 보람은 별로 없었지만, 옆에서 그 모습을 지켜본 중개소 사장님이 내 매물이 조금이라도 빨리 계약될 수 있도록 힘을 써주셨다. 더 감사한 건 회사와 임차 계약을 중개해주었다. 근처 산업단지의 한 중소기업이 직원들의 기숙사를 찾고 있었는데, 그곳과 나를 연결해주신 것이다. 회사 기숙사는 굉장히 좋은 조건의 임대라고 할 수 있다. 회사와 임차 계약을 맺으면 정해진 날짜에 임대료가 따박따박 들어오기 때문이다. 이 물건 역시 한 번도 임대료가 밀린 적이 없다. 고생한 대가를 이렇게 받는구나 싶었다.

낙찰	3720만 원
경락대출	3200만 원(이자 약 9만 원)
부동산 잔금	500만 원
취등록세 및 법무비, 인테리어, 복비, 이자 등	200만 원
임차 내용	보증금 300만 원, 월세 35만 원

이 물건은 내가 본격적으로 경매에 뛰어들겠다고 마음먹고 낙찰받은 것이다. 3년 전과는 다른 마음가짐이었으니, 어찌 보면 첫 물건이라고도 할 수 있다. 그 과정에서 많은 어려움이 있었지만, 하나씩 배운다는 생각으로 임했다.

이제 막 경매를 시작했다면 자신의 마음가짐을 점검해볼 필요가 있다. 내게 경매를 배우러 오는 사람들 중에는 가벼운 마음으로, 쉽게 돈을 벌 수 있겠다는 안일한 생각에 접근하는 이들이 적지 않다. 그런 분들에게 위의 두 건의 사례가 도움이 되었으면 한다.

부동산 경매는 잘만 하면 돈이 되는 분야임이 틀림없다. 부동산은 돈이 흐르는 시장이다. 하지만 너무 쉽게 생각하고 접근하지 않았으면 한다. 내가 2012년에 첫 물건을 경험하고 그만두었던 것을 독자들은 반복하지 않았으면 좋겠다.

차곡차곡 돈이 쌓이는 경매 상식

기본 중의 기본, 부동산 서류 읽는 법

서류를 읽는 것은 기본 중의 기본이다. 부동산 관련 서류가 몇 가지 있지만, 이 책에서 알려주는 것들은 반드시 알아야 한다.

일반 부동산 매매 혹은 임차 시 '계약서', '등기부등본', '건축물대장', '토지이용계획확인원'을 숙지해야 한다. 계약서 뒷면에는 거래 부동산의 상태와 주변 교통, 학군 등이 명시되어 있으니 반드시 읽어보라. 공인중개소에서 표준으로 사용하고 있는 이 서류들은 특히 임장할 때 가장 좋은 지표가 될 수 있다.

부동산 경매에 뛰어들었다면 이외에도 봐야 할 서류가 몇 가지 더 있다. 경매는 법원에서 진행되는데, 이때 법원에서 제공하는 '감정평가서', '현황조사서', '매각물건명세서' 등도 확인해야 한다.

부동산 경매는 일반 부동산 매매와는 다르게 위의 모든 서류를 확인하고, 부동산의 하자 검수를 본인이 직접 해야 한다. 일반 부동산 매매는 공인중개소에서 일차적으로 체크해주기 때문에 안전장치가 있다고 볼 수 있다. 하지만 모든 책임은 본인이 져야 한다. 부동산에 관련된 서류를 직접 떼어볼 수 있어야 하고, 반복된 훈련으로 서류 보는 눈을 키워야 한다.

1. 등기부등본

등기부등본은 그 어떤 부동산 거래 방법을 막론하고 가장 중요한 서류다. 등기부등본에는 해당 부동산의 이력 사항이 기록되어 있다. 구체적으로 해당 부동산의 소유자, 소유자의 부동산 관련 채무가 기록되어 있다.

등기부등본은 크게 세 가지 표제부, 갑구, 을구로 구분된다.

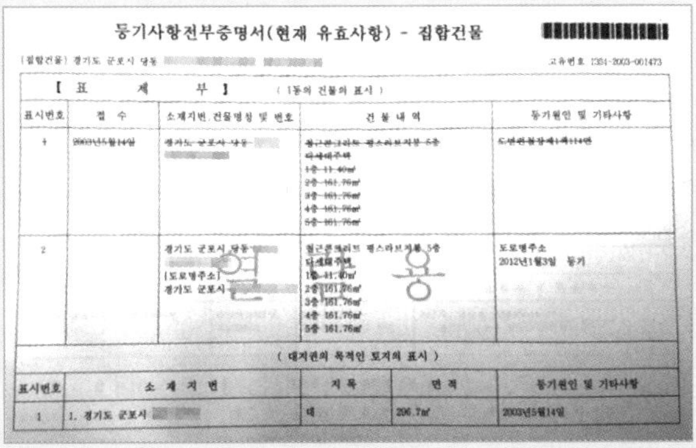

등기사항전부증명서(현재 유효사항) - 집합건물

[집합건물] 경기도 군포시 당동 고유번호 1351-2003-001473

【 표 제 부 】 (1동의 건물의 표시)

표시번호	접 수	소재지번, 건물명칭 및 번호	건 물 내 역	등기원인 및 기타사항
1	2003년5월14일	경기도 군포시 당동	철근콘크리트 평스라브지붕 5층 다세대주택 1층 11.40㎡ 2층 161.76㎡ 3층 161.76㎡ 4층 161.76㎡ 5층 161.76㎡	도면편철장제1책114면
2		경기도 군포시 당동 [도로명주소] 경기도 군포시	철근콘크리트 평스라브지붕 5층 다세대주택 1층 11.40㎡ 2층 161.76㎡ 3층 161.76㎡ 4층 161.76㎡ 5층 161.76㎡	도로명주소 2012년1월3일 등기

(대지권의 목적인 토지의 표시)

표시번호	소 재 지 번	지 목	면 적	등기원인 및 기타사항
1	1. 경기도 군포시	대	206.7㎡	2003년5월14일

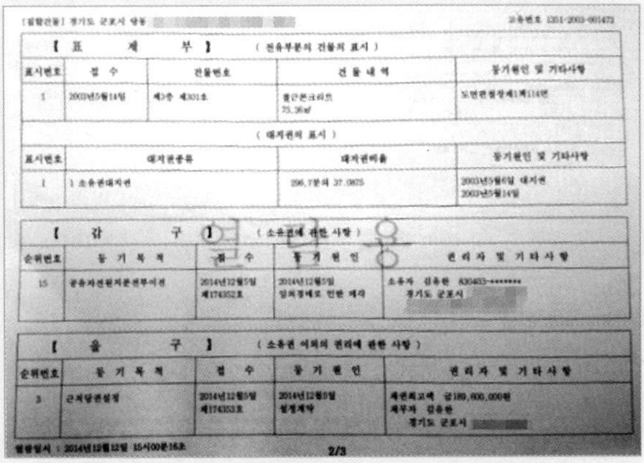

[집합건물] 경기도 군포시 당동 고유번호 1351-2003-001473

【 표 제 부 】 (전유부분의 건물의 표시)

표시번호	접 수	건물번호	건 물 내 역	등기원인 및 기타사항
1	2003년5월14일	제3층 제301호	철근콘크리트 75.36㎡	도면편철장제1책114면

(대지권의 표시)

표시번호	대지권종류	대지권비율	등기원인 및 기타사항
1	1 소유권대지권	206.7분의 37.0825	2003년5월6일 대지권 2003년5월14일

【 갑 구 】 (소유권에 관한 사항)

순위번호	등 기 목 적	접 수	등 기 원 인	권리자 및 기타사항
15	공유자전원지분전부이전	2014년12월5일 제174352호	2014년12월5일 임의경매로 인한 매각	소유자 김용한 630403-******* 경기도 군포시

【 을 구 】 (소유권 이외의 권리에 관한 사항)

순위번호	등 기 목 적	접 수	등 기 원 인	권리자 및 기타사항
3	근저당권설정	2014년12월5일 제174353호	2014년12월5일 설정계약	채권최고액 금189,600,000원 채무자 김용한 경기도 군포시

열람일시 : 2014년12월12일 15시00분16초 2/3

[예문]

갑 씨는 10층짜리 갑돌아파트 101동 102호에 산다. 102호는 85제곱미터다. 갑은 을에게 0000년 00월 00일에 이를 매도했다(소유권 이전). 을은 갑돌아파트를 사면서 금융권으로부터 8000만 원을 빌렸다(근저당).

1-1 표제부

[구분]	표제부는 전체 표제부와 전유부분 표제부로 나뉜다.
[기록 순서]	전체 표제부 및 전유부분 표제부는 공통적으로 기록되는 순서가 있다. 건물에 관한 사항이 먼저 기록되고, 그다음 대지권에 관한 사항이 기록된다.
[기록 내용]	해당 부동산의 지역, 층, 대지권, 면적 등
• 전체 표제부의 건물:	한 동 전체 면적(1층부터 꼭대기 층까지)과 층수
• 전체 표제부의 대지권:	한 동 전체가 차지하는 면적
• 전유부분의 건물:	한 동 중에서 해당 부동산의 면적
• 전유부분의 대지권:	해당 전유부분의 건물이 구분 분할되어 있는 대지권

[예문 적용]

- 갑돌아파트 1층부터 10층까지 층마다의 면적
- 갑돌아파트 한 동이 차지하는 면적
- 85제곱미터
- 전체 대지권 면적을 해당 호수별로 나눈 것

매입하려는 집의 면적을 알고 싶다면 두 번째 표제부(전유부분)의 건물란을 보면 된다. 예를 들어 85제곱미터라고 표시되어 있으면 이 집의 실평수는 25평이다. 그런데 부동산 시장에서는 25평이 아니라 32평으로 불린다. 왜 그럴까? 1평은 3.3제곱미터이므로 85를 3.3으로 나누면 25가 나온다. 보통 주거용일 경우 '실평수 × 1.3 = 분양 평수(공급 평수)' 공식이 적용되기 때문에 32평으로 불린다.

1-2 갑구

갑구에는 소유권에 대한 사항이 기재되어 있다. 소유권의 변동사항, 즉 누가 누구에게 언제 어떻게 매도와 매수를 했는지 기록되어 있다. 갑구에서 가장 많이 쓰이는 단어는 소유권에 대한 변동사항(소유권 이전)이며, 채무 관련 사항으로 많이 쓰이는 단어는 (가)압류다.

[예문 적용]
갑이 을에게 0000년 00월 00일에 매도함(소유권 이전).

1-3 을구

을구에는 소유권 이외의 권리사항이 기록된다. 해당 부동산에 대출이 얼마나 있는지 기록되어 있다고 보면 된다. 보통 주택을 구입할 때 현금으로 구입하는 사람은 많지 않다. 위의 예문에서 을이 부동산을 매입할 때 8000만 원을 빌렸다. 그러면 을구에 '을이 8000만 원을 빌려 감'이라고 기록된다. 실제 등기부등본에는 '근저당 설정 8000만 원'이라고 표시된다(예문에서는 채권최고액에 대한 것은 반영하지 않았다).

실제 대출금액과 채권최고액은 다르다. 을은 금융권에서 8000만 원을 대출받았다. 하지만 을구에 기록할 때는 금융권마다 차이는 있지만 보통 120퍼센트를 설정하므로 9600만 원으로 기록된다. 왜 그럴까? 금융권(은행)은 돈을 빌려주는 대신 이자를 받는다. 이 이자를 받기 위해 돈을 빌려주는 것이다. 만약 대출원금(8000만 원)에 대한 이자를 을(채무자)이 계속 납부하지 못해 연체될 경우 돈을 빌려준 금융권은 손실을 입는다. 그러면 금융권에서는 일차적으로 독촉장을 보내고, 그래도 이자를 받지 못하면 이차적으로 법원에 경매를 신청한다. 이렇게 금융권이 경매를 신청해 매각이 이뤄지고, 배당을 받기까지 신속하게 진행되더라도 9개월에서 1년 이상이 걸리기도 한다. 채권최고액은 이때 발생한 손실을 보존하기 위한 금융권의 방지책이라고 생각하면 된다.

연체 후부터는 일반 대출이자의 금리가 아니라 최고 금리가 산정되기 때문에, 연체 후 이자는 원래 이자의 몇 배를 상회한다는 사실을 잊지 말자. 이 모든 것을 반영해 원금에 약 120퍼센트를 설정하는 것이다.

*** 실제 대출금액 산출 공식**

채권최고액(등기부등본에 기록된 금액) ÷ 1.2 = 실제 대출받은 금액

2. 건축물대장

건축물대장은 건물의 사실 관계와 용도를 알려주는 중요한 서류로, 건축물의 구조와 건축 연도, 위치, 층수, 시설 내역, 용도 등이 기록되어 있다. 일반건축물대장과 집합건축물대장으로 나뉘는데, 분양 건물이나 공동주택은 집합건축물대장, 나머지는 일반건축물대장으로 열람할 수 있다.

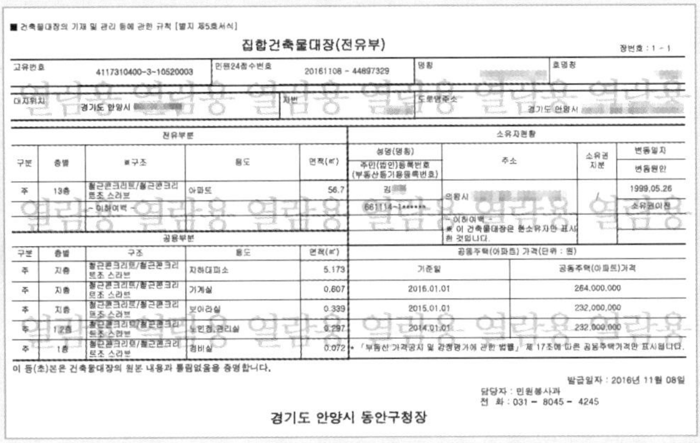

■ 건축물대장의 기재 및 관리 등에 관한 규칙 [별지 제5호서식]

집합건축물대장(전유부)

장번호 : 1 - 1

고유번호	4117310400-3-10520003	민원24접수번호	20161108 - 44897329	명칭	[redacted]	호명칭	[redacted]
대지위치	경기도 안양시 [redacted]	지번	[redacted]	도로명주소	경기도 안양시 [redacted]		

전유부분					소유자현황			
구분	층별	※구조	용도	면적(㎡)	성명(명칭) / 주민(법인)등록번호 (부동산등기용등록번호)	주소	소유권 지분	변동일자 / 변동원인
주	13층	철근콘크리트/철근콘크리트조 스라브	아파트	56.7	김[redacted] / 661114-1******	의왕시 [redacted]	/	1999.05.26 / 소유권이전
		- 이하여백 -				- 이하여백 - ※ 이 건축물대장은 현소유자만 표시한 것입니다.		

공용부분					공동주택(아파트) 가격(단위 : 원)	
구분	층별	구조	용도	면적(㎡)	기준일	공동주택(아파트)가격
주	지층	철근콘크리트/철근콘크리트조 스라브	지하대피소	5.173	2016.01.01	264,000,000
주	지층	철근콘크리트/철근콘크리트조 스라브	가계실	0.607	2015.01.01	232,000,000
주	지층	철근콘크리트/철근콘크리트조 스라브	보이라실	0.339	2014.01.01	232,000,000
주	12층	철근콘크리트/철근콘크리트조 스라브	노인정,관리실	0.297		
주	1층	철근콘크리트/철근콘크리트조 스라브	경비실	0.072	* 「부동산 가격공시 및 감정평가에 관한 법률」 제 17조에 따른 공동주택가격만 표시됩니다.	

이 등(초)본은 건축물대장의 원본 내용과 틀림없음을 증명합니다.

발급일자 : 2016년 11월 08일

담당자 : 민원봉사과
전 화 : 031 - 8045 - 4245

경기도 안양시 동안구청장

일반건축물대장은 등기부등본처럼 갑구와 을구로 나뉘는데, 갑구에 표시되어야 하는 내용(건축물 현황, 소유자 변동사항 등)이 많을 때 을구로 표기되기도 한다. 보통 건축물대장은 첫 번째 장은 갑구, 두 번째 장은 을구로 두 장에 걸쳐 완성된다.

2-1 갑구

대지면적, 연면적, 위치, 건폐율, 용적률, 용도, 소유자 현황 등이 기록되어 있다.

2-2 을구

소유자의 사항(변동 내역 포함)이 기록되어 있다. 건축물대장은 건물에 대한 모습을 서류로 나타낸 거라고 이해하면 된다. 위반건축물인지 확인하는 것도 중요하지만, 용도란을 반드시 확인해야 한다. 부동산의 용도에 따라 경락대출상품이 달라지며, 낙찰받은 후 사용하고자 했던 목적에서 벗어나는 경우도 있기 때문이다.

예컨대 다세대(빌라)인 줄 알고 낙찰받았는데, 용도가 사무실 혹은 근린시설로 되어 있는 경우도 있다. 이런 상황을 미연에 방지하기 위해 건축물대장을 열람하는 습관을 길러야 한다. 또 건축물대장에 위반건축물이라는 표시가 있으면 입찰하기 전 지자체에 문의해 어떤 사항으로 기록되어 있는지 확인해야 한다.

경매통장 TIP

등기부등본과 건축물대장이 다르다면?

이런 경우는 흔치 않지만, 경매에서는 두 서류의 차이점이 발견될 때가 있다. 이때는 각각의 서류가 무엇을 중요시하는지에 따라 처리 방법이 달라진다. 등기부등본은 사법부 소관하에 '권리관계'를 우선하고, 건축물대장은 행정부 소관하에 건축물의 '물리적 사실'을 우선한다. 등기부등본과 건축물대장을 비교했을 때, 소유권의 변동사항이나 권리사항이 다르다면 등기부등본을 토대로 건축물대장을 수정하고, 건축물의 물리적 사실 관계에 차이점이 있다면 건축물대장을 토대로 등기부등본을 수정한다.

3. 토지이용계획확인원

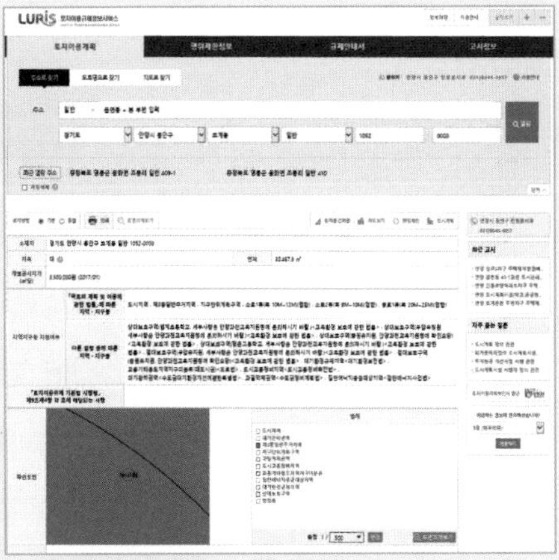

토지이용계획확인원에는 토지의 개발 행위에 대한 법규가 명시되어 있다. 한 장에 모든 내용이 기록되어 있는데, 크게 세 가지 부분으로 나뉜다.

제일 상단에 있는 네모박스에는 소재지, 지목, 면적, 개별공시지가, 두 번째 네모박스에는 국토의 계획 및 이용에 관한 법률에 따른 지역지구, 다른 법령에 따른 지역지구 등의 지정 여부, 세 번째 네모박스에는 도면과 범례가 나와 있다.

① 지목과 면적에 따라 해당 부동산의 가치가 정해지기도 하고 개발 여부가 결정된다. 예컨대 면적란에 300제곱미터, 지목란에 '전'이라고 되어 있으면 '농사를 지을 수 있는 밭이 약 100평 정도'라고 해석할 수 있다. 개별공시지가는 주로 국가 및 지자체에서 세금을 매기기 위한 해당 부동산의 감정액이라고 생각하면 된다.

② 여기에 어떤 문구가 기록되느냐에 따라 개발 행위가 달라진다.

③ 도면에서는 도로와 접해 있는지(대지가 아니라면) 여부와 구거를 확

인해야 한다. 이 두 가지에 의해 가치가 완전히 달라지기 때문이다. 만약 도로와 구거가 맞닿아 있다면 지목의 변경이 가능하지만, 둘 중에 하나라도 부재하면 땅으로서의 가치를 발휘하기 어렵다.

4. 감정평가서

감정평가서는 경매를 신청한 물건에 대해 감정평가사가 감정을 하고 제출한 서류다. 감정평가사는 그 주변의 매매 사례나 경매로 낙찰된 사례 등을 참조하고 그 정보를 기록한다. 감정평가서는 크게 네 가지로 구성된다.

첫째, 감정평가를 한 부동산에 대한 개요, 둘째, 경매로 매각하려는 부동산과 조건이 가장 흡사한 주위 물건을 참고해 매긴 가격, 셋째, 경매로 매각하려는 부동산 주변의 또 다른 경매 사례의 여부, 넷째는 감정평가액 결정의견란인데 '총체적인 사례와 거래 내역으로 보아 해당 부동산의 가격은 얼마이다'라는 것이 기록되며, 해당 부동산의 사진과 지도가 첨부된다.

① 개요: 경매 목적, 가치, 조건, 평가 방법, 시점
② 거래사례비교법에 의한 시산 가격: 감정평가 방법의 적용, 대상물건 개요, 거래사례의 산정, 사정 보정, 시점 수정, 가치형성 요인 비교, 비준가액 등
③ 참고가격 자료: 인근 공인중개소 탐문 결과, 인근 지역 평가 선례, 낙찰가율(감정가 대비 낙찰가 비율) 통계분석 등

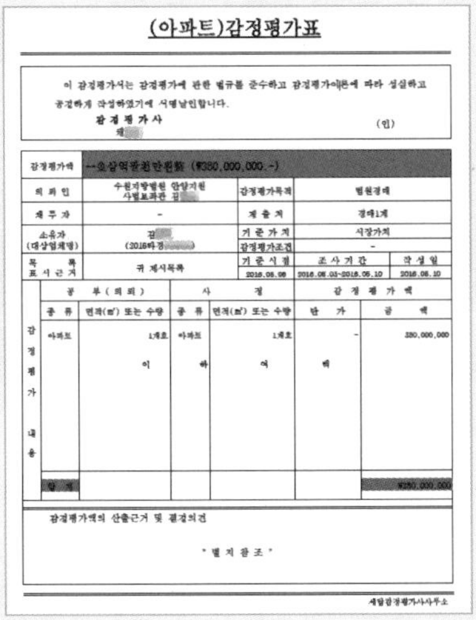

(아파트)감정평가표

이 감정평가서는 감정평가에 관한 법규를 준수하고 감정평가이론에 따라 성실하고 공정하게 작성하였기에 서명날인합니다.

감 정 평 가 사 (인)
채[redacted]

감정평가액	一金삼억팔천만원整 (₩380,000,000.-)		
의 뢰 인	수원지방법원 안양지원 사법보좌관 김[redacted]	감정평가목적	법원경매
채 무 자	-	제 출 처	경매1계
소유자 (대상업체명)	김[redacted] (2016타경[redacted])	기 준 가 치	시장가치
		감정평가조건	-
목 록 표 시 근 거	귀 제시목록	기 준 시 점 / 조 사 기 간 / 작 성 일	2016.05.09 / 2016.05.03~2016.05.10 / 2016.05.10

공 부(의 뢰) 종 류	면적(㎡) 또는 수량	사 정 종 류	면적(㎡) 또는 수량	감 정 평 가 액 단 가	금 액
아파트	1개호	아파트	1개호	-	380,000,000
	이	하	여	백	
합 계					₩380,000,000

감정평가액의 산출근거 및 결정의견

" 별 지 참 조 "

세담감정평가사사무소

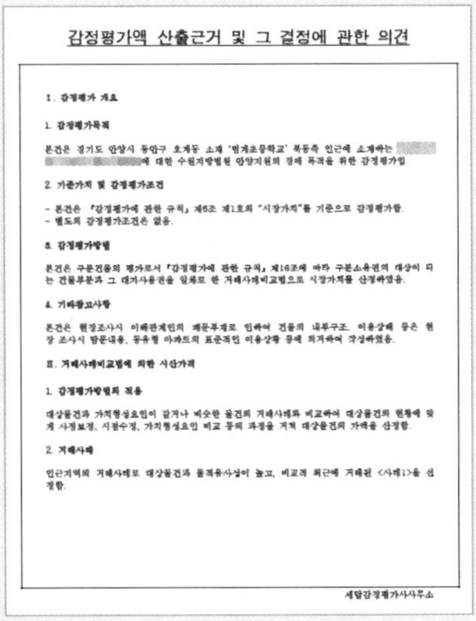

감정평가액 산출근거 및 그 결정에 관한 의견

Ⅰ. 감정평가 개요

1. 감정평가목적

본건은 경기도 안양시 동안구 호계동 소재 '범계초등학교' 북동측 인근에 소재하는 [redacted]에 대한 수원지방법원 안양지원의 경매 목적을 위한 감정평가임.

2. 기준가치 및 감정평가조건

- 본건은 『감정평가에 관한 규칙』 제5조 제1호의 "시장가치"를 기준으로 감정평가함.
- 별도의 감정평가조건은 없음.

3. 감정평가방법

본건은 구분건물의 평가로서 『감정평가에 관한 규칙』 제16조에 따라 구분소유권의 대상이 되는 건물부분과 그 대지사용권을 일체로 한 거래사례비교법으로 시장가치를 산정하였음.

4. 기타참고사항

본건은 현장조사시 이해관계인의 폐문부재로 인하여 건물의 내부구조, 이용상태 등은 현장 조사시 탐문내용, 동유형 아파트의 표준적인 이용상황 등에 의거하여 작성하였음.

Ⅱ. 거래사례비교법에 의한 시산가액

1. 감정평가방법의 적용

대상물건과 가치형성요인이 같거나 비슷한 물건의 거래사례와 비교하여 대상물건의 현황에 맞게 사정보정, 시점수정, 가치형성요인 비교 등의 과정을 거쳐 대상물건의 가액을 산정함.

2. 거래사례

인근지역의 거래사례로 대상물건과 물적유사성이 높고, 비교적 최근에 거래된 <사례1>을 선정함.

세담감정평가사사무소

④ 감정평가액 결정 의견: 1~3번의 요인을 조사한 것을 바탕으로 계산한 건물과 땅값을 합한 감정액

한 가지 짚고 넘어갈 것은 감정평가서의 감정평가액을 참고하되 맹신하면 안 된다. 보통 감정평가액은 시가보다 높이 나오는 경우가 많고, 감정평가 시점과 매각기일 간의 기간이 길어질수록 감정평가 시 감정액과 매각 시 시세의 차이가 커질 수도 있기 때문이다. 해당 물건의 정확한 시세를 알아내는 것은 입찰자의 몫이다. 정확한 부동산 가격을 알기 위해서는 임장이 무엇보다 중요하며, 최대한의 정보 수집을 통해 현재 매매가, 임대가 등을 파악해야 한다.

5. 현황조사서

법원에 경매를 접수하면 사건번호를 부여해준다. 법원에서는 사건번호를 부여받은 부동산의 현재 상태를 파악하기 위해 현황조사인을 보낸다. 이 현황조사인이 해당 물건의 상태를 보고 현황조사서를 작성한다. 현황조사서는 대개 한 장에 모든 내용이 담긴다. 부동산의 기본 정보, 현황 및 점유관계, 임대차관계 등의 내용이 들어간다.

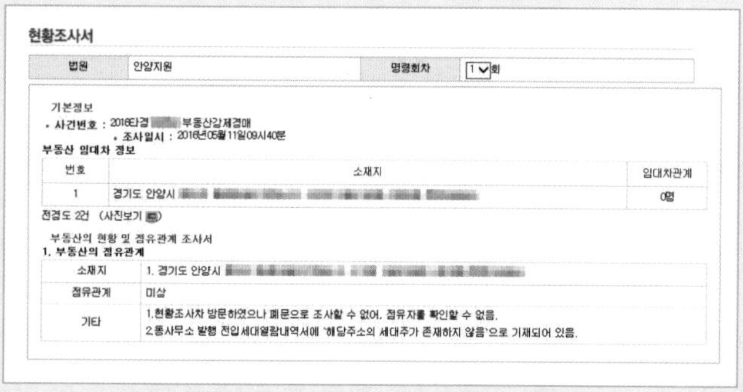
현황조사서

법원	안양지원	명령회차	1 회

기본정보
- 사건번호 : 2016타경 부동산강제경매
- 조사일시 : 2016년05월11일09시40분

부동산 임대차 정보

번호	소재지	임대차관계
1	경기도 안양시	0명

전경도 2건 (사진보기)

부동산의 현황 및 점유관계 조사서

1. 부동산의 점유관계

소재지	1. 경기도 안양시
점유관계	미상
기타	1.현황조사차 방문하였으나 폐문으로 조사할 수 없어, 점유자를 확인할 수 없음. 2.동사무소 발행 전입세대열람내역서에 '해당주소의 세대주가 존재하지 않음'으로 기재되어 있음.

① 사건번호와 조사 시기 등의 기본 정보가 기록되어 있다.

② 소재지와 현재 거주하는 사람에 대한 정보가 기록되어 있다.

③ 임대차 금액과 점유 기간 등을 알 수 있다. 현황조사서가 중요한 단서로 사용될 때가 있는데, 바로 '유치권'에 관한 진위 여부를 확인할 때다. 왜냐하면 경매개시결정 이후 점유하게 된 유치권에 대해서는 인정하지 않기 때문이다. 그러므로 현황조사서에 유치권에 관한 현수막이나 팸플릿 등의 문구가 없다면 유치권이 성립하지 않는다는

좋은 증거가 된다. 만약 '유치권 행사 중'이라는 현수막이 걸려 있고 서류에 문구가 기록돼 있다면, 그만큼 더 신중하게 물건에 접근해야 한다.

6. 매각물건명세서

매각물건명세서는 법원에서 위의 모든 서류를 종합적으로 정리해서 공시하는 서류로, 법원에서 제공하는 만큼 입찰자들이 믿고 볼 수 있다. 만약 매각물건명세서의 흠결 사항으로 인해 피해를 입는 사례가 발생한다면, '매각물건명세서의 흠결 사유로 인한 매각 불허가 신청'이 받아들여진다.

매각물건명세서는 크게 세 부분으로 나뉘어져 있는데, 첫 번째 네모박스에는 사건번호, 담당보좌관, 최선순위설정 일자 등이 기록되어 있다. 최선순위설정 일자는 권리분석에서 가장 중요한 '말소기준권리'다. 두 번째 박스에는 점유자의 상태가 기록되어 있다. 임대차 정보가 기재되어 있는데, 이 부분이 공백이라면 소유자가 살고 있다는 뜻이다. 세 번째 박스에는 매각으로 소멸되지 않는 권리가 있는지, 혹은 지상권이 남아 있는지 등이 기록돼 있다. 즉, 내가 입찰한 금액 외에 물어줘야 하는 추가 금액이나 권리사항, 말소기준권리로 지워지지 않는 권리가 명시돼 있다. '해당사항 없음'이란 것은 인수금액이나 지워지지 않는 권리가 없다는 뜻이다. 이 마지막 박스에 아무것도 기록되지 않는 것을 시장에서는 '안전한 물건'이라고 한다.

사건	2016타경 [redacted] 부동산강제경매	매각물건번호	1	담임법관(사법보좌관)	
작성일자	2016.12.08	최선순위 설정일자	1998.6.16.근저당권		
부동산 및 감정평가액 최저매각가격의 표시	부동산표시목록 참조	배당요구종기	2016.07.04		

부동산의 점유자와 점유의 권원, 점유할 수 있는 기간, 차임 또는 보증금에 관한 관계인의 진술 및 임차인이 있는 경우 배당요구 여부와 그 일자, 전입신고일자 또는 사업자등록신청일자와 확정일자의 유무와 그 일자

점유자의 성명	점유부분	정보출처 구분	점유의 권원	임대차 기간 (점유기간)	보증금	차임	전입신고일자,사업자등록신청일자	확정일자	배당요구 여부 (배당요구 일자)
조사된 임차내역 없음									
< 비고									

※ 최선순위 설정일자보다 대항요건을 먼저 갖춘 주택, 상가건물 임차인의 임차보증금은 매수인에게 인수되는 경우가 발생할 수 있고, 대항력과 우선 변제권이 있는 주택, 상가건물 임차인이 배당요구를 하였으나 보증금 전액에 관하여 배당을 받지 아니한 경우에는 배당받지 못한 잔액이 매수인에게 인수되게 됨을 주의하시기 바랍니다.

※ 등기된 부동산에 관한 권리 또는 가처분으로서 매각으로 그 효력이 소멸되지 아니하는 것
해당사항없음

※ 매각에 따라 설정된 것으로 보는 지상권의 개요
해당사항없음

※ 비고란

① 매각물건번호, 사법보좌관, 작성 일자, 최선순위설정 일자, 부동산 및 감정평가액, 최저매각가, 배당요구종기

② 점유자의 성명, 점유 부분, 임대차 기간, 보증금, 차임, 전입신고, 확정일자, 배당요구 여부

③ 매각으로 소멸되지 않는 권리, 매각에 따라 설정된 것으로 보는 지상권의 개요, 비고란

참고로 유찰되지 않은 새로운 물건(신건)으로 매각이 진행될 경우 매각기일 일주일 내에만 열람이 가능하고, 유찰된 물건은 아무 때나 열람할 수 있다.

경매통장 TIP

이 서류들은 어디서 열람과 발급이 가능할까?

- 등기부등본: 대법원 인터넷등기소 www.iros.go.kr
- 건축물대장: 정부민원포털 민원24 www.minwon.go.kr
- 토지이용계획확인원: 토지이용규제정보서비스 www.luris.molit.go.kr
- 감정평가서, 현황조사서, 매각물건명세서: 대한민국법원 법원경매정보 www.cour-tauction.go.kr

04

강서구 화곡동 도시형 생활주택
한 건물에 여러 개 물건을 낙찰받다

강서구 화곡동 도시형 생활주택은 건물 한 동 전체가 경매로 진행되지만, 각 호수별로 매각이 되는 개별 매각 사건이었다. 세 번째 낙찰받은 물건으로 개인적으로 이 물건에서 배운 점이 매우 많다. 부동산을 투자의 관점에서만 생각할 게 아니라, 이미 갖고 있는 내 재산을 지키기 위해서라도 공부해야 한다는 것을 깨달았기 때문이다.

총 서른두 개 개별 매각 물건 중 나는 최종적으로 세 개를 낙찰받아 소유자로서 권리행사를 했고, 더 나아가 이 건물 전체를 관리하는 관리자로서 여러 가지를 경험하며 건물에 대해 많은 것을 익힐 수 있었다. 하나하나 풀어놓자면 이 이야기로만 책 한 권을 쓸 수 있을 정도인데, 여기서는 몇몇 커다란 에피소드만 소개하고자 한다.

공인중개사를 믿지 마라

우리들 대부분은 직장에 가서 열심히 일하고, 번 돈을 저축하고, 목돈을 만들면 전세를 얻기 위해 부동산을 찾는다. 몇몇 부동산을 돌다가 마음에 드는 매물이 있으면 공인중개사를 통해 전세 계약을 한다. 그러다 계약한 부동산이 경매로 넘어가 전세보증금을 잃기도 한다.

자, 어떠한가? 황당한 이야기처럼 들리겠지만 경매 시장에서 심심찮게 볼 수 있는 사례다. 특히 청년층에서 많이 일어나는데, 열심히 모은 돈을 한순간에 날리는 비극이 아닐 수 없다. 물론 경매에 넘어가게 한 소유주나 제대로 중개해주지 못한 공인중개사의 책임도 있다. 하지만 일이 벌어지고 난 후 책임을 나눈들 무슨 소용이 있겠는가.

그렇다면 이런 일이 현실에서 벌어지고 있는 지금, 우리는 어떻게 해야 할까? 몇 년 동안 모은 피와 땀이 서린 돈을 잃지 않기 위해서는 '자기 자신'이 책임지고 지켜야 한다.

먼저 계약하고자 하는 집의 채무 내역(근저당)과 내 전세보증금을 합한 금액이 부동산 시가의 70퍼센트를 넘지 않아야 한다. 물론 전세로 입주하는 경우 등기부등본에 내가 입주하는 날짜보다 앞선 채무 관련 권리사항이 없어야 가장 안전하다고 할 수 있다. 만약 다가구나 집합건물이지만 소유자가 한 사람일 때는 어떻게 계산해야 할까? 이 역시 동일한 방식으로 계산하면 된다.

지금부터 소개할 물건은 공인중개사가 건물에 전세를 모두 넣고, 경매가 진행되자 사라져버렸다. 그 피해를 고스란히 임차인들이 당하게 된 것이다. 임차인들이 뒤늦게 공인중개사를 찾아갔지만 때는 이미 늦은 후였다. 그러므로 공인중개사의 중개를 무조건 옳다고 믿으면 안 된다. 내가 살 집이니 보증금을 넣어도 안전한지 위험한지 정도는 스스로 파악할 수 있어야 한다. 이 물건의 사례처럼 공인중개사가 상습적으로 범죄를 저지를 수도 있지만, 실수로 잘못 중개하는 경우도 있다. 그럴 때 피해는 누가 입는가? 바로 무지했던 본인이 당하게 된다는 사실을 잊지 말자.

공인중개사가 이런 때를 대비해서 보험을 들어놨으니 괜찮지 않느냐고 질문하는 사람들이 있다. 하지만 그런 안일한 생각은 시장에서 통하지 않는다. 대개 이런 상황에 놓이면 중개사들은 '사전에 위험 사항을 다 고지하지 않았느냐'며 무지했던 임차인들을 몰아세운다. 부동산 공부는 투자만을 위해서가 아니라 먼저 자신의 재산을 지키기 위해서 공부해야 한다는 것을 다시 한번 강조하고 싶다.

개별 매각 물건의 입찰가 쓰는 법

권리분석을 하기 위해 등기부등본을 떼어보니 비교적 깔끔해 보였다

(등기부등본이 '깨끗하다', '지저분하다'는 것은 채무 내역의 많고 적음으로 판단할 수 있다). 근저당이 하나 있었는데, 건물을 짓기 위해 땅을 담보로 근저당을 설정하고, 그 돈으로 건물을 지은 것 같았다. 하지만 이는 건물이 지어진 배경일 뿐, 임차인 중 이 근저당 권리 내역보다 앞서 대항력이 있는 사람이 있는지 파악하는 것이 더 중요했다.

이 건물은 땅에 근저당이 설정되어 있었으므로, 건물이 지어진 후에 들어온 임차인들은 모두 후순위였다. 아무튼 권리분석상 입찰자가 인수해야 할 것은 없었다.

임차인현황 ▸ 건물소멸기준 : 2012-01-10 | 배당종기일 : 2014-05-01 매각물건명세서 예상배당표

순위	성립일자	권리자	권리종류(점유부분)	보증금금액	신고	대항	참조용 예상배당여부 (최저가 기준)
1	전입 2012-02-06 확정 2012-02-06 배당 2014-03-13	장[redacted]	주거임차인 [redacted] 전체	【보】 45,000,000원	○	없음	배당금: 20,600,000원 미배당: 24,400,000원 일부배당(미배당금 소멸예상)

건물 등기 사항 ▸ 건물열람일 : 2014-08-13 등기사항증명서

구분	성립일자	권리종류	권리자	권리금액	상태	비고
갑1	2012-01-06	소유권	김[redacted]		이전	보존
을1	2012-01-10	(근)저당	한[redacted]	1,040,000,000원	소멸기준	(주택) 소액배당 7500 이하 2500 (상가) 소액배당 5000 이하 1500
을2	2012-01-10	(근)저당	한[redacted]	910,000,000원	소멸	
을3	2012-01-13	(근)저당	한[redacted]	120,000,000원	소멸	
을4	2013-02-15	(근)저당	김[redacted]	120,000,000원	소멸	
을5	2013-05-27	(근)저당	오[redacted]	360,000,000원	소멸	
추가	2013-10-21	강제경매	진[redacted]	청구: 25,000,000원	소멸	2013타경[redacted](중복) 진[redacted]
갑4	2013-11-22	가압류	현[redacted]	62,237,992원	소멸	
갑5	2014-02-17	임의경매	한[redacted]	청구: 1,683,325,696원	소멸	2014타경[redacted](배당종결)

지도를 통해 입지를 살펴보았고, 내가 가진 자금으로 입찰과 잔금까지도 가능하다는 판단이 섰다. 책상에 앉아서 알아볼 수 있는 모든 것을 알아본 후 임장을 갔다. 건물은 최근에 지어져(보존등기 2012년)

깨끗했지만, 관리가 전혀 안 되고 있었다. 우편함에는 각종 고지서와 전단지가 가득했다. 하지만 낙찰받아 관리를 맡기면 건물에 생기가 돌 것 같았다.

건물 파악을 하고 공인중개소를 찾아가 공실률과 임대가를 확인했다. 공실률은 비교적 낮고, 임대료도 투자 대비 수익이 높을 것 같았다.

경매 통장 TIP

개별 매각 시 유의할 점

임장할 때 공실률과 임대료를 대략 파악하긴 했지만, 여기서 중요한 것은 이것을 확인한 '시점'이다. 만약 서른두 개의 물건이 모두 낙찰되고, 명도하는 시점이 비슷해지면 시장에 물량이 갑자기 쏟아지게 된다. 그러면 임장 시 파악한 공실률은 명도를 마친 후의 공실률에 비해 높아질 것이고, 공실을 지속할 수 없는 낙찰자들이 자신의 부동산을 빨리 해소하기 위해 임대료를 낮추는 일이 발생한다. 이렇게 임대료를 낮춰 첫 거래가 이뤄지면 그다음 물건 주인들은 임장할 때 파악한 만큼의 임대료를 받기 어려워진다. 그러므로 개별 매각에서는 이 점을 유의하고, 사전에 전략을 세워 입찰해야 한다.

당시 보유한 투자금이 적어 많은 물건에 입찰할 수는 없었다. 하지만 개별 매각이므로 사람들이 몰려도 분산될 것 같았고, 그러면 최저가에서 금액을 조금만 올려 써도 되겠다는 판단이 섰다. 입찰기일 당일, 나의 전략은 통했다. 네 개 물건에 입찰을 했는데, 그중 두 개를 낙찰받았다. 한 번에 두 개를 낙찰받다니, 경매대에서 영수증을 받고 나오는데 어안이 벙벙하고, 심장이 두근거렸다. '또 낙찰을 받았다!'

이 물건은 '토지별도등기'가 있는 건물이었다. 토지등기부를 열람해 권리사항 중 살아 있는 것이 있는지, 혹시 인수할 것은 없는지 등을 확인해야 했다. 나중에 잔금을 치를 때 법무사가 "별도등기 확인해보셨죠? 살아 있는 거 아니죠?"라고 물었던 게 아직도 기억난다.

감정평가현황 ▸ 화신감정 , 가격시점 : 2014-02-23 | 감정평가서

토지	건물	제시외건물(포함)	제시외건물(제외)	기타(기계기구)	합계
22,880,000원	29,120,000원	x	x	x	52,000,000원
비고	1.토지 별도등기 있음.(을구3번, 4번 근저당권 설정등기) 2.특별매각조건 매수보증금 20%				

건물현황 ▸ 보존등기일 : 2012-01-06 | 건축물대장

	소재지	층별	구조	전용면적	감정가격	비고
1	[illegible]	3층305호	철근콘크리트조	13.08㎡ (3.96평)	29,120,000원	8층 건중 3층
기타	도시가스 개별난방시설, 위생급배수설비, 승강기설비, 화재경보시설 등					

대지권현황 | 토지이용계획/공시지가 | 부동산정보 통합열람

	지번	용도	대지권비율	면적	감정가격	비고
1	[illegible]	대지권	231㎡ **분의** 4.91㎡	4.91㎡ (1.49평)	22,880,000원	
기타	화곡초등교 북측 인근에 위치 / 주위는 단독주택, 다세대주택, 여관 등 근린생활시설, 공원 등이 혼재 / 인근에 노선버스정류장이 소재하는 등 대중교통사정은 보통 / 북서측으로 노폭 약 4m 정도의 포장도로와 접함 / 일반상업지역					

사건	2014타경[illegible] 부동산임의경매 2013타경[illegible](중복)	매각물건번호	11	담임법관(사법보좌관)	이[illegible]
작성일자	2015.02.13	최선순위 설정일자	2012.1.10. 근저당권 (토지:2011.6.28.근저당권)		
부동산 및 감정평가액 최저매각가격의 표시	부동산표시목록 참조	배당요구종기	2014.05.01		

부동산의 점유자와 점유의 권원, 점유할 수 있는 기간, 차임 또는 보증금에 관한 관계인의 진술 및 임차인이 있는 경우 배당요구 여부와 그 일자, 전입신고일자 또는 사업자등록신청일자와 확정일자의 유무와 그 일자

점유자의 성명	점유부분	정보출처 구분	점유의 권원	임대차 기간 (점유기간)	보증금	차임	전입신고일자,사업자등록신청일자	확정일자	배당요구 여부 (배당요구일자)
이[illegible]	305호	현황조사	주거 임차인	2012.02.19 -	45,000,000원				
	305호 전체	권리신고	주거 임차인	2012.02.20.~2014.02.19.	45,000,000		2014.03.06.	2012.02.27.	2014.04.24

< 비고
이연옥 : 12.2.27.자로 전입신고를 하였으나 동사무소에서 전입신고가 누락되어 14.3.06.자로 전입신고하였다고 주장하나 사실여부는 불분명함.

※ 최선순위 설정일자보다 대항요건을 먼저 갖춘 주택.상가건물 임차인의 임차보증금은 매수인에게 인수되는 경우가 발생할 수 있고, 대항력과 우선 변제권이 있는 주택.상가건물 임차인이 배당요구를 하였으나 보증금 전액에 관하여 배당을 받지 아니한 경우에는 배당받지 못한 잔액이 매수인에게 인수되게 됨을 주의하시기 바랍니다.

※ 등기된 부동산에 관한 권리 또는 가처분으로서 매각으로 그 효력이 소멸되지 아니하는 것

해당사항 없음

※ 매각에 따라 설정된 것으로 보는 지상권의 개요

해당사항 없음

※ 비고란

1.토지 별도등기 있음.(을구3번, 4번 근저당권 설정등기) 2.특별매각조건 매수보증금 20%

경매통장 TIP

토지별도등기란?

토지별도등기가 있다는 건 집합건물 등기부등본에 토지등기부가 따로 있다는 것을 뜻한다. 민법에서는 집합건물은 건물등기부만 존재하도록 규정하는데, 특별한 사정으로 토지등기부가 있을 때 법원에서 이를 주의 사항으로 알려준다.

토지별도등기가 있다는 건 나대지일 때(토지 위에 건물이 없는 상태) 토지를 담보로 자금을 빌렸다는 의미다. 금융권에서 돈을 빌린 사실이 등기부등본에 기록된다. 즉, 토지등기부에 근저당이 설정된다. 이후 토지를 담보로 융통한 자금으로 건물을 세우고, 건물에 대한 등기부등본이 만들어진다.

건물을 세우기 전 토지를 담보로 대출받은 사항이 건물 등기부등본 토지란에 기록될까? 그렇지 않다. 건물 등기부등본의 표제부란에 '토지별도등기 있음'이라는 문구로 공시해준다. 그러므로 이 문구가 보이면 반드시 토지등기부를 열람해봐야 한다.

단독주택이나 다가구주택은 토지와 건물에 각각 등기부등본이 존재하고, 토지별도등기는 집합건물에만 존재한다는 사실을 잊지 말자.

배당받는 임차인의 명도가 늘 쉬운 건 아니다

낙찰받은 날, 법원에서 나와 곧바로 건물로 향했다. 보통 경매법정은 12시 30분에서 2시 사이에 거의 끝나기 때문에 낙찰을 받고 해당 부동산에 도착하면 대개는 낮이다. 낮에 방문하면 거주자들이 대부분 출근한 시간이라 부재중일 경우가 많다. 벨을 눌렀지만 역시나 아무도 나오지 않아 현관문에 연락을 달라는 메모를 남기고 발길을 돌려야만 했다. 내가 낙찰받은 물건은 4층과 5층이었는데, 엘리베이터를 타고 내려와 1층에 도착했을 때 이 건물에 사는 듯한 남자 한 명과 마주쳤다. 건물에 대한 정보를 얻을 수 있을 것 같아 말을 걸어보았다.

나	안녕하세요. 오늘 경매로 낙찰받은 사람인데요, 여기 거주하는 분들 대부분 퇴근하고 8시쯤 돼야 오시죠?
남자	그런데요?
나	거주자 분을 만나려고 왔는데, 아무도 없어서요. 혹시 몇 층에 사시나요?
남자	(귀찮은 듯) 그건 왜요?
나	제가 4층과 5층에 하나씩 낙찰을 받았는데, 혹시나 해서요.
남자	(위에서 아래로 나를 훑어보더니 경계하는 눈빛으로) 4층에 사는데요.
나	(설마 아니겠지) 제가 403호 낙찰받았는데, 혹시?
남자	내가 거기 사는데, 전화번호 남기고 가세요.
나	혹시 집 안을 좀 볼 수 있을까요?
남자	싫은데요. 번호나 주고 가세요.
나	(일단 연락처라도 받자는 심정으로) 네, 번호 여기요. 선생님 전화번호도 좀 주세요.
임차인	그냥 가시죠. 필요하면 내가 연락할게요.

적대적인 임차인의 태도에 결국 내 연락처만 주고 돌아왔다. 명도를 하려면 계속 연락을 주고받아야 하니 초면에 대립하지 말자고 생각하며 참았다. 일주일이 지나면 경매계에서 물건에 관한 서류를 볼 수 있으니 임차인의 전화번호는 금방 알 수 있다. 그렇게 4층 임차인과의 첫 대면은 긴장감 속에서 종결되었다.

만나지 못한 5층 임차인에게 다음 날 연락이 왔다. 핵심은 이사비를 챙겨주면 바로 나가겠다는 것이었다. 그분은 경매기입등기 이후에 전입을 해서 배당을 받을 수 없었다. 5000만 원의 신고 금액이 있던데, 모두 날리고 쫓겨나는 상황에 얼마나 마음이 상하겠는가. 임차인은 그 사실을 알고 체념했는지 이사비만 받고 순순히 나가려고 하는 모양이었다. 이사비를 챙겨준다고 했더니 일주일 안에 집을 비우겠다고 했다. 실제로 약속한 날짜에 이사를 갔고, 이사비를 주기 위해 해당 호수에 가서 처음 만났다. 짐 빼는 걸 옆에서 지켜보면서 이런저런 이야기를 나누었다. 근처에서 태권도 사범으로 일하는 사람이었는데, 열심히 모은 돈을 한순간에 날리게 돼 너무 억울하다고 했다. 많은 금액은 아니지만 이사비를 주고 5층 명도는 무난하게 끝이 났다. 이렇게 쉬운 명도가 있다니, 앞으로도 이런 명도만 했으면 좋겠다고 생각했다.

문제는 까칠했던 4층 임차인이었다. 배당을 받는 임차인이라 명도가 쉬울 거라 생각했지만 끝까지 연락이 오지 않았다. 얼굴을 보면서 직접 연락을 달라고 당부했는데, 이렇게까지 무시할 수 있나 싶었다. 결국 법원에서 연락처를 알아내 내가 먼저 전화를 걸었다. 낙찰받은 사람이라고 하니 다짜고짜 본인 할 말만 한다.

임차인 배당받고 나가겠습니다.

나 잔금을 납부한 다음 날부터는 제가 그 부동산의 소유주이니, 배당받을 때까지 있으시려면 제게 월세를 내야 합니다. 그렇게 하시겠다면 배당까지 기다리겠습니다.

임차인 배당받을 때까지 월세도 안 낼 거고, 여기서 살 거니까 전화하지 마세요.

나 알겠습니다. 이제 연락은 드리지 않겠습니다. 내용증명 하나 보낼 테니 잘 읽어보세요.

그러고는 전화가 끊겼다. 임차인들은 이사비를 요구하는 것과 다짜고짜 전화를 끊는 게 특기인가 싶었다. 오산 임차인을 겪었던 터라 앞으로의 일이 순탄하지 않을 거라는 예감이 들었다.

다음 날 곧바로 내용증명을 작성해 보냈다. 내용증명은 법적 효력은 없지만 재판에서 내 주장을 뒷받침할 중요한 근거가 된다. 내용은 대략 이러했다. '원만하게 합의해 부동산을 인도받으려 했지만 그렇게 되지 않았다. 배당받을 때까지 거주를 원한다면 임대료를 내라. 임

대료를 내지 않으면 배당금에 가압류를 해 임대료에 대한 나의 권리를 찾겠다.'

그러자 임차인도 내게 내용증명을 보냈다. 분량이 꽤 많았는데, A4 용지로 스무 장 정도는 되는 것 같았다. 그런데 스무 장 중에 열다섯 장이 '몇 호는 얼마를 받는다'는 배당표였다. 속으로 이거 어쩌란 말인가 싶었다. 결국 임차인의 의도는 '배당받을 때까지 나가지 않을 것이며, 임대료도 못 낸다'는 것이었다.

나는 내용증명을 하나하나 분석해서 반박하는 내용증명을 다시 보냈다. '배당기일까지 시간이 걸리는데, 그동안의 임대료는 내야 한다. 원만하게 진행하고 싶다. 대출금 이자 정도만 청구할 테니 그것만이라도 내라. 계속해서 비협조적으로 나오면 시세에 맞는 임대료를 청구하겠다.'

그 후로도 임차인은 연락 두절이었다. 그렇게 임차인과 감정의 골은 점점 깊어져만 갔다.

허무하게 끝난 강제집행

임차인과 연락은 안 되고(엄밀히 말해 서로 하지 않았다고 하는 게 맞다), 부동산을 넘겨받아야 하니 아쉬운 쪽은 나였지만, 상대방의 태도에 나도 갈 데까지 가보자고 마음을 먹었다. '정 안 되면 강제로 끌어낼 수밖에 없다'는 생각이었다. 시간이 흐른들 아무것도 진전될 것 같지 않았다. 나는 결국 책에서만 보던 강제집행을 신청했다. 강제집행이란 점유자가 부동산을 넘겨주지 않아 법원의 집회하에 현관문을 열어 강제적으로 짐을 빼는 것이다. 어쩔 수 없는 선택이었다기보다는 어디 한번 해보자는 오기가 더 강했다.

당시 그 건물에는 아직 낙찰되지 않은 호수도 있었다. 이렇게 유찰된 물건들 때문에 시간만 계속 흘렀고, 배당기일도 기약 없이 늦어져 낙찰자들이 하나둘 배당기일을 잡아달라고 경매계에 신청할 정도였다. 나도 그중 하나였다. 상황이 이렇다 보니 경매계에서 강제집행을 받아주었다.

경매통장 TIP

강제집행 과정

강제집행을 신청하려면 인도명령 결정이 나야 한다. 그리고 상대방 임차인도 이 결정문을 법원으로부터 받아야 한다. 임차인이 인도명령결정문을 받게 되면 낙찰자는 상대방이 받았다는 서류를 법원에서 또 발급받는데, 이것이 바로 '송달증명원'이다. 민사집행과에서 '강제집행신청서'를 작성하고 접수하면 집행할 예납금을 납부하라는 서류를 준다. 그 서류를 들고 법원 안에 있는 은행에 가서 납부하면(현금으로만 가능하다) 강제집행 신청이 완료된다.

예납금은 해당 부동산의 평수에 따라 책정된다. 만약 강제집행 신청 후 명도가 잘 되어 점유를 이전받으면 강제집행 취소를 하면 되는데, 이때 법원에서는 약간의 비용을 제하고 다시 환급해준다.

강제집행이 진행될 경우 일차적으로 법원에서는 '계고장'을 붙인다. 일종의 경고장인 셈이다. 계고장을 붙이고 약 한 달 이내에 강제집행 날짜가 잡힌다. 이 계고장을 붙이고 난 다음에는 핸드폰을 잘 붙들고 있어야 한다. 보통 법원에서 처리할 업무가 많다 보니 집행 신청자가 전화를 받지 않으면 다른 사건으로 넘어가기 때문이다. 그러면 그만큼의 시간을 또 기다려야 하고, 시간을 단축하기 위해 집행 신청한 것이 허사가 될 수도 있기 때문이다.

강제집행을 신청하면 임차인의 집에 계고장을 붙인다. 계고장은 일종의 경고장으로, 조속한 시일 내에 낙찰자와 합의를 봐 명도하라는 내용이다. 계고 당일 경매 학원 동기 두 명을 증인으로 섭외해 함께 갔다. 집행관의 집회하에 법원에서 섭외한 열쇠 업체가 강제로 문을 열었다. 현관문을 열고, 입구에서 가장 잘 보이는 곳에 계고장을 붙였다. 열쇠 업체 기사에게 출장비로 10만 원을 줬다.

상황이 극단으로 치닫자 임차인에게 나가겠다는 문자가 왔다. 계고장이 떡하니 붙어 있으니 많이 화가 난 눈치였다. 나는 시세에 맞는 임대료와 밀린 관리비를 정산하면 배당받을 수 있는 명도확인서와 인감증명서를 주겠다고 답장을 보냈다. 임차인도 배당을 받으려면 나에게 이 서류들을 받아야 한다. 하지만 그 문자 후에도 여전히 어떻게 하겠다는 답이 없었다. 나가겠다고 말할 때는 언제고, 또 잠수를 타는 건가 싶었다.

그렇게 합의되지 않은 채로 강제집행일이 다가왔다. 여전히 임차인은 연락이 없었다. 강제집행 당일 법원에서 인부 열 명이 왔고, 1층 주차장에는 트럭이 대기했다. 이 상황에 처해보지 않으면 당시 어떤 감정이 드는지 짐작하기 어려울 것이다. 내 생에 첫 강제집행이었다. 마음이 좋지 않았고, 앞으로 어떤 일이 벌어질지 몰라 두려웠다.

집행관은 먼저 내 신분증과 증인 두 명을 확인하고 강제집행을 하겠다는 서명을 받았다. 나는 집행관과 함께 현관문을 따고 들어갔다. 그런데, 어떻게 된 일인지 집이 텅 비어 있었다. 멈춰야 할지 계속 진행해야 할지 몰라 당황스러웠다. 이런 상황은 책에서도 보지 못했던 것 같다. 나는 되레 집행관에게 방법을 물었고, 강 건너 불구경인 집행관은 알아서 결정하라고만 했다. 한참을 멍하게 서 있었는데, 빨리 결정하라고 눈치를 줬다. 일단 철수할 수밖에 방법이 없었다. 나의 첫 강제집행은 이렇게 허무하게 끝이 났다.

이때까지만 해도 명도에 대한 경험이 별로 없었다. 임차인과 갈등 없이 명도하는 것이 정신적으로 육체적으로 좋다는 것은 물론 알고 있었다. 하지만 이 모든 상황이 내게는 처음이었다. 경매로 나온 집에 사연 하나 없겠는가. 사람에 따라 다르지만 대화로 해결할 의지가 있는 경우에는 최대한 배려했다. 임차인이 거주할 수 있는 기간을 좀 더 늘려주거나, 다른 낙찰자들보다 이사비를 더 챙겨주는 식이었다.

대신 부동산에 매물로 내놓을 테니 집을 보러 오는 사람들을 잘 맞아 달라고 협조를 구했다.

지금 생각해보면 경험도 노하우도 없이 혈기만 왕성하던 시기였다. 임차인들은 보통 낙찰자에게 거부감을 갖고 있다는 사실을 현장에서는 미처 생각하지 못했다. 그저 내게 적대감을 보이거나 퉁명스럽게 대하면 덩달아 기분이 나빠져 감정적이 되었던 것 같다. 특히 이 물건은 임차인 대부분이 전세금을 날려 예민해진 상태였는데, 내가 만약 다른 합의점을 내놓았다면 임차인이 이렇게까지 나왔을까 싶기도 했다.

셀프 소송으로 마땅히 받아야 할 돈을 받아내다

낙찰자가 재산권을 행사할 수 있도록 법으로 규정해 놓은 걸 보면 나와 같은 사례가 많이 발생하는 것 같다. 또 강제집행을 주관하는 민사집행과가 늘 바쁘다는 건 그만큼 명도가 수월하지 않다는 증거일 것이다. 그러니 명도가 나에게만 어려울 것이라는 두려움을 버리자.

임차인과의 감정의 골로 원만하게 합의하지 못한 나는 법의 힘을 빌려 강제집행을 단행했다. 여기까지 발생한 모든 비용은 모두 낙찰자인 내 몫이었다. 그렇다면 수개월 동안 받지 못한 임대료와 강제집행을 하면서 법원에 납부한 비용은 어떻게 해야 하나?

임차인이 받을 배당금이 아직 법원에 있었다. 좀 더 정확히 말하면 아직 임차인이 배당금을 찾아가지 못하고 있었다. 나는 앞서 지불한 비용을 청구하기 위해 임차인의 배당금을 가압류하기로 결심했다. 그러고 나서 부당이득반환청구소송(재화나 노무로부터 이익을 얻은 자에게 권리자가 반환을 청구하는 소송)을 제기하기로 했다.

결심은 했지만 서류 작성부터 난관에 부딪혔다. 법원의 민사과 내부에 있는 접수대에 가서 "가압류를 신청하고 싶은데 어떻게 해야 되나요?"라고 물었다. 그러자 "여기는 그런 거 가르쳐주는 곳이 아닙니다. 접수만 받는 곳이니 서류는 알아서 작성하고 제출하세요"라는 답변뿐이었다. 법원에 비치된 서류함에서 가압류 신청 서류를 갖고 와 책상에 앉았다. 흰색은 종이고 검은색은 글씨로 보일 만큼 알 수 없는 단어들만 죽 나열되어 있었다. 아무것도 모르면서 가압류와 부당이득반환청구소송을 하겠다니, 지금 생각하면 무모하면서도 용감했다.

이대로는 안 될 것 같아 일단 집으로 돌아왔다. 관련 책을 탐독하고, 인터넷을 샅샅이 뒤졌다. 국어사전까지 펴놓고 단어 하나하나의 뜻을 찾아봤다. 이렇게 공부할 거면 사법고시를 준비해도 되겠다 싶었다. 오랜 시간을 들여 소송문을 작성했다. 이렇게 하는 게 맞나 싶었지만, 일단 제출해보기로 했다.

법원접수대 직원 (공란을 보면서) 여기 채워오세요.

나 그건 무슨 말인지 모르겠는데, 어떻게 채워야 하나요?

법원접수대 직원 (한심하다는 듯 쳐다보며) 잘 모르면 법무사에게 맡기세요.

나 그러면 비용이 발생하잖아요.

법원접수대 직원 그럼 무료법률상담을 받아보시든가요.

법원에서 무료법률상담을 받기 위해 번호표를 뽑고 대기했다. 두 시간을 넘게 기다리자 드디어 내 차례가 되었다. 내가 작성한 서류를 보여주면서 확인을 요청했다. 상담사는 나이가 지긋한 분이었는데, 서류에서 어떤 부분이 궁금하냐고 물었다. 나는 서류에 적힌 몇몇 단어와, 가압류 신청서에 적힌 질문들의 뜻을 알고 싶다고 말했다. 하지만 그분이 설명해주는 말들도 여전히 알아듣기 어려웠다. 수첩에 받아 적었지만 메모한 단어들도 역시 모르는 것투성이었다.

다시 집으로 돌아와 인터넷을 검색했다. 양식에 대한 샘플은 있었지만 단어 하나하나를 설명해주거나 어떻게 작성해야 하는지 알려주는 곳은 없었다. 어쩔 수 없다. 일단 공란 없이 모두 적은 후 서류를 제출했다. 접수대에서는 서류를 잘못 작성했는지 일일이 검토하지는 않는다. 접수대의 직원이 서류를 받으면서 말했다. "보정 나면 다시 접수해야 합니다." 집에 돌아와 '보정'의 뜻을 찾아봤다. 고쳐야 한다는 말이었다.

시간이 지나 우려했던 대로 법원에서 보정 서류가 도착했다. 다시 공부, 접수, 보정하기를 몇 번을 반복했는지 모른다. 그렇게 법원을 들락날락한 게 열 번도 넘는 것 같다. 지난한 과정 끝에 결국 가압류 서류도 잘 접수되었고, 셀프 소송도 하게 되었다. 당시 내가 얼마나 무지했냐면 원고와 피고의 단어도 잘 몰랐다. 소송을 건 나는 '원고', 임차인은 '피고'였다. 처음으로 원고의 입장이 되었다. 부동산 경매 고수들의 이야기를 책으로 읽었을 때는 셀프 소송이 뿌듯할 것 같았는데, 실제로는 정신도 없고 매우 힘든 과정이었다.

서류를 접수하고 한 달 정도 지나 재판기일이 잡혔다. 내 생에 첫 재판이었다. 필요한 서류를 준비하고 무슨 말을 할지 생각을 정리했다. 내가 진행하는 건은 소송 액수가 적은 소액재판이었다. 텔레비전에서 보던 것과 달리 재판정이 매우 아담했다. 판사 한 명이 법대 중앙에 있고, 판사석을 마주 본 방향으로 좌우로 마이크가 놓인 책상 두 대와 책상별로 의자가 두 개씩 있었다. 내 사건 전에 여러 사건들이 앞서 진행되고 있었는데, 대부분 금방 끝이 나고 다음 사건으로 넘어가는 식이었다. 원고나 피고가 출석하지 않아 넘어가는 재판들이 많았다. 이내 내 사건이 호명되었고, 소를 제기한 나는 원고석에 상대방은 피고석에 앉았다.

나 판사님, 저는 경매를 통해 부동산을 낙찰받고 소유권을 이전

받았습니다. 피고와 잘 협의해서 부동산 점유를 넘겨받고 싶었지만, 피고는 협조하지 않았습니다. 만나서 이야기도 했고, 전화통화도 했으며, 내용증명도 발송했습니다. 피고의 계속적인 점유로 인해 새로운 임차인을 들여 마땅히 받아야 할 임대료를 받지 못했고, 강제집행까지 하면서 추가로 비용이 들었습니다. 이를 되돌려 받기 위해 소를 제기했습니다.

피고(임차인) 아닙니다, 판사님. 저는 원고에게 몇 번이나 나간다고 말했고, 임대료도 낸다고 말했습니다.

판사 (이미 제출한 서류를 통해 파악하고 있었지만 확인차 다시 물었다) 강제집행한 것이 사실인가요? 제출된 서류를 보니 계고장 이후 집행일 이전에 이사를 갔다고 하는데, 사실인가요?

이런저런 공방이 오갔지만 사실을 바탕으로 한 판사의 질문에 피고는 모든 상황을 인정할 수밖에 없었다. 앞선 사건들과 다르게 서로 자기주장을 펴느라 법원의 공기는 팽팽했다. 판사는 임대료와 강제집행에 든 금액을 피고가 내는 것이 합당하므로, 나와 피고에게 금액을 조정할 것을 권유했다. 우리는 조정실로 안내를 받았다. 나와 피고는 각각 따로 조정실에 들어가 조정해주는 분께 원하는 합의 금액을 말했다. 내가 생각한 최소 금액 이하로는 조정하지 않겠다고 생각하고 있었는데, 피고는 내가 제시한 금액보다 높게 부른 것 같았다. 나는 못내 합의한다는 뉘앙스를 풍기면서 조정실을 나와 재판정에 다시 들어갔다. 진행 중이던 다른 사건이 끝나고 판사는 우리 사건을 다시 호명했다. 나와 피고는 조정된 금액으로 진행하는 데 동의했고, 그렇게 재판은 끝이 났다.

재판이 끝난 시간은 오후 3시쯤이었다. 법원을 나오는데 드라마의 한 장면처럼 세상이 환하게 보였다. 그날 5시에 조정된 금액이 통장에 입금됐다. 입금 확인 후 임차인의 배당금에 걸어둔 가압류를 풀었고, 배당금을 찾을 수 있도록 명도확인서와 인감증명서를 빠른 등기로 보내줬다. 돈이 입금되는 순간 얼마나 기뻤는지 모른다. 재판에서 이긴 것도 뿌듯했지만, 이 모든 과정이 내게는 큰 배움이었다. 가장 큰 교훈은 경매라는 세계에서 내가 어떻게 하느냐에 따라 마땅히 받아야 할 돈을 받을 수도 못 받을 수도 있다는 사실이었다.

건물 관리, 만만하게 보지 마라

임차인과 한창 명도로 전쟁 중일 때, 낙찰자 중 한 사람에게 연락이 왔다. 건물이 너무 낡고 관리가 전혀 안 되고 있으니, 낙찰자들끼리 모여서 이 문제를 논의하자는 것이었다. 건물이 경매로 넘어간다는 소식을 들었는지 임차인들이 건물 관리에 손을 놓은 것 같았다. 여기저기 쓰레기가 쌓이고, 사방에 담배꽁초가 널려 있었으며, 광고 전단지가 덕지덕지 붙어 있었다.

회의가 소집됐고 낙찰자들은 관리가 안 되는 부분들을 하나씩 이야기했다. 엘리베이터는 작동되지 않았고, 건물 전체에 인터넷이 끊겼으며, 복도와 현관문에 전기가 들어오지 않았다. 그 외에 공과금도 꽤 많이 밀려 있었다. 하지만 이야기만 할 뿐 누구 하나 해결하려고 나서는 사람이 없었다. 누군가 "이걸 누가 처리하지?"라고 운을 뗐지만 서로 눈치만 봤다. 지원하는 사람이 없어 일차적으로 관리해야 할 사항들만 정리하고, 빠른 시일 내에 다시 만나기로 하고 헤어졌다.

나는 두 번째 회의가 열리기 전에 곰곰이 생각해보았다. '내가 나서서 관리인 일을 한번 해볼까?' 어차피 내가 낙찰받은 건물이고, 관리 일을 겸하면 건물에 대해 더 구체적으로 배울 수 있을 것 같았다.

두 번째 만남에는 첫 번째 모임에 참석했던 낙찰자 중 몇 명이 빠져 있었다. 그만큼 이 일에 나서기를 꺼린다는 증거였다. 가장 먼저 논의해야 할 사항은 누가 관리인을 할 것인가였다. 역시 아무도 나서지 않았다. 나는 호기롭게 손을 들었고, 낙찰자들은 박수를 치면서 환영했다. 젊은 사람이니 잘할 수 있을 거라며 어깨를 두드려주기까지 했다. 당시 내 집은 경기도 군포였고, 강서구 화곡동까지는 약 30킬로미터 떨어져 있었다. 오토바이를 타면 30분 정도가 걸렸다. 속으로 이 정도쯤은 투자해도 괜찮다는 계산이 섰다.

나는 건물에 생기를 불어넣기 위한 방법을 고민하기 시작했다. 관리 업체에 전화해서 어떤 부분들을 관리해야 하는지, 또 어떻게 관리하는지 등을 물어봤고, 우리 건물에 필요한 사항들을 아래와 같이 정리했다.

- 공과금(수도, 가스, 전기) 정리
- 정화조 확인
- 케이블 방송 및 인터넷 점검
- 소방안전 점검, 소방교육을 위한 소방업체 연계
- 엘리베이터 점검, 제휴업체 확인
- 건물 청결 유지(청소, 재활용 및 생활 쓰레기 관리, 주차장 청소)
- 건물 옆 화단 정리 및 조경
- 입퇴실 관리 및 각 호수별 수리사항 확인
- 건물 출입문 개폐 관리(비밀번호 재설정)
- 입주자만을 위한 주차시스템 정착
- 입주자 민원 처리
- 관리비 장부 기록 후 각 소유주에게 보고
- 옥상, 지하실 관리(옥상에는 불법으로 지은 집이 있었고, 지하실에는 개인 짐과 공사 물품이 방치돼 있었음)
- CCTV 관리

- 각 호수별 차량 소유주 확인과 주차비용 수금
- 각 호수별 소유자와 임차인 비상연락망 확보

아무것도 모를 때는 건물 관리를 청소 정도로만 생각했다. 그런데 이렇게 정리하고 보니 해야 할 일도, 신경 써야 할 일도 매우 많았다. 절대 만만하게 볼 일이 아니었다. 이렇게 리스트를 정리한 후 낙찰자들에게 관리비를 얼마씩 거둬야 할지 계산했다. 수도, 가스, 전기, 엘리베이터, 청소, 소방 등 건물을 재정비하는 데 들어가는 비용이었다.

해당 분야의 여러 업체 중 가격이 저렴하면서도 믿고 맡길 수 있는 곳들과 미팅을 했다. 그리고 업체에서 받은 견적서를 바탕으로 각 소유주들에게 얼마씩 입금해줄 것을 요청했다. 물론 이 모든 내역들은 하나도 빠짐없이 공개했다.

하루 이틀 안에 관리비가 모두 입금되었다. 건물에 전기가 들어오기 시작했다. 이제 깜깜한 밤에도 현관과 복도에 환하게 불이 켜졌다. 또 사전에 선별한 업체들과 서둘러 계약을 진행했다. 그중 가장 빨리 수리해야 할 것은 엘리베이터였다. 엘리베이터는 안전점검이 되지 않은 상태로 오랫동안 방치돼 있었는데, 비상전화도 먹통이었다. 사람의 목숨과 직결된 공간이라 하루라도 빨리 수리를 해야만 했다. 점검과 비상전화를 설치하는 데 약 60만 원이 들었다. 또 정화조를 푸고 일 년에 한 번씩 점검하는 데 25만 원이 들어갔다. 세대별로 임대인과 임차인이 새로 들어오면 관리비를 계산해서 알려줬고, 입금이 안 되면 독촉하기도 했다. 그렇게 한동안 건물 관리에 여념이 없었다.

관리 업무 중 가장 번거롭고 신경 쓰이는 일은 임차인과 소유자들의 전화를 받는 일이었다. 변기 막힘이나 조명 교체 같은 자잘한 일은 물론이고, 입주민이 아닌 다른 사람의 자동차가 주차돼 있다는 항의, 자동차를 빼야 하는데 막고 있는 차의 주인이 전화를 받지 않으니 번호를 알려달라는 등 사소한 요청들이 많았다. 심지어 낙찰자 중에는 컨설팅 업체를 통해 낙찰받은 사람이 있었는데, 어떻게 명도해야 하는지 방법을 모르겠다며 관리자인 내게 명도를 해달라고 어이없는 요청을 한 사람도 있었다. 업체에서는 낙찰과 별개로 명도를 하려면 또 돈을 내라고 한 모양이었다.

건물 전반에 대해 공부하겠다는 마음으로 시작한 건데, 잦은 전화와 요청으로 서서히 힘이 빠지기 시작했다. 시도 때도 없이 걸려오는 전화에 밥도 제대로 못 먹을 정도였다. 심지어 낙찰자들도 나를 아예 관리자로 대하면서 온갖 것들을 요구했다. 하루에 두세 번씩 건물에 왔다 갔다 하는 정도가 되자, 본업이었던 수영 강사 일까지 힘들어졌다. 건물을 관리하면서 문제가 있는 부분은 차근차근 해결하면 되지만, 나를 심부름꾼으로 생각하는 사람들의 태도에 마음이 좋지 않았다. 결국 전문 관리 업체를 알아봤고, 소유주들에게 이를 통보한 후 업체에 모든 일을 넘겼다. 일 년이 채 안 되는 건물 관리인 역할은 그

경매통장 TIP

컨설팅 업체의 장단점

경매를 할 때 컨설팅 업체를 활용하는 것은 잘 생각해보고 결정해야 한다. 일단 의뢰자가 물건이 진행되는 과정에 신경 쓰지 않아도 된다는 것이 장점이다. 그만큼 본업에 충실할 수 있고, 난이도가 높은 명도도 업체가 해결해주기 때문에 부담을 덜 수 있다. 단점은 컨설팅 비용인데, 보통 주거용일 경우 감정가의 1퍼센트 혹은 낙찰가의 1.5퍼센트를 받는다. 어느 정도 금액으로 진행이 가능한지, 또 어느 단계까지 책임지고 해주는지 사전에 확인하고 계약서를 받아두면 혹시 발생할 수 있는 분쟁을 사전에 방지할 수 있다.

하지만 몇몇 악질적인 컨설팅 업체 때문에 피해를 보는 사람들이 있다. 물론 양심적으로 운영되는 곳도 있으므로 컨설팅의 장단점을 잘 고려해 선택해야 할 것이다.

렇게 끝이 났다.

힘은 들었지만 그만큼 얻은 것도 많다. 이제는 부동산 물건을 볼 때 관리에 대한 부분까지 함께 파악이 된다. 경매로 나온 물건이 관리는 잘 되고 있는지, 관리인은 성실하게 일하는지, 업체는 믿을 만한지 보는 눈이 생겼다. 그 외에도 정화조나 엘리베이터, 소방 등을 체크하는 습관도 생겼다. 사실 이런 부분까지 체크할 필요는 없다. 일반 부동산 시장에서는 이러한 사항들이 제대로 돌아가고 있다는 것을 전제로 한다. 임차인들이 집을 보러 와서는 "정화조는 일 년에 한

번씩 꼬박꼬박 푸나요?", "공용 전기는 잘 들어오죠?"라고 묻지 않는다. 이는 너무 당연하기 때문이다. 일반적으로 인터넷이 연결되어 있는지 정도만 확인하는데, 이것이 관리비에 포함되기 때문이다.

좌충우돌하며 이 모든 것을 경험하며 깨달은 건, 경험이 곧 지식이 된다는 것이다. 이론만 공부한 사람은 결코 이 기쁨과 뿌듯함을 느끼지 못할 것이다. 직접 입찰에 참여하고, 낙찰받고, 임대하거나 매도하는 과정에서 일어나는 모든 일들이 내공으로 쌓인다. 훗날 같은 문제가 또 발생했을 때 누구보다 빠르게 대처할 수 있게 된다.

관리인 일을 하면서 배운 것들이 많아 한 건물에 여러 개의 물건이 나오면 주변 사람들에게 적극적으로 입찰을 권하는 편이다. 작년에 매각이 진행된 인천 남동구 구월동에 소재한 한 동짜리 건물에 내 회원들이 여러 개를 낙찰받아 만족할 만한 임대 수익을 얻고 있다. 그들 중 젊고 적극적인 회원에게는 건물 관리 일을 해보라고 추천하기도 했다. 부동산 공부도 하고, 수익도 얻는 일석이조의 효과를 볼 수 있기 때문이다.

이제 막 경매에 입문했다면 한방에 큰 수익을 노리기보다는 경험 삼아 한두 번 시도하고, 물건을 돌려보는(낙찰받은 후 매각하거나 임대하는 과정) 것이 좋다. 공부만 하거나, 공부는 하지 않고 열심히 임장만 다니는 것은 추천하지 않는다. 둘을 적절히 안배해 끊임없이 부동산 시장을 들여다보면서 기회를 잡는 것이 중요하다.

차곡차곡 돈이 쌓이는 경매 상식

누구나 까다로운 명도, 도대체 뭔가요?

점유자에게 집을 넘겨받는 것을 '명도'라고 한다. 명도하기 위해서는 부동산에 살고 있는 사람을 직접 만나야 한다. 이때 점유자가 비협조적으로 나오면 입문자들은 당황하기 쉽다. 경매를 처음 시작하는 사람은 처음부터 난이도가 있는 명도를 접할 수도 있고, 운이 좋아 정반대의 경우를 만날 수도 있다. 하지만 명도가 어렵다고 해서 '나는 경매와 맞지 않나 봐'라고 속단하지 않기 바란다. 지레 겁을 먹고 경매 시장에서 떠나는 경우를 많이 봤기 때문이다. 반대로 수월하게 명도했다고 해서 우쭐해할 필요도 없다. 언제 어떤 물건을 만날지는 아무도 모른다.

명도 사례는 물건의 수만큼 다양하다. 그러니 독자들도 내 사례를 참고하되 각자의 상황에 맞게 적용하면 된다. 다음은 점유자가 처한 환경에 따라 명도 전략을 정리한 것이다. 명도의 난이도는 크게 점유자가 배당을 받는지 못 받는지에 따라 결정된다.

1. 배당 참여가 가능한 임차인의 경우

최우선변제에 속해 우선배당을 받거나, 우선변제로 배당이 가능한 임차인은 비교적 쉬운 편에 속한다. 명도 다툼이 벌어져도 배당금이 공탁되어 있으므로 만일의 경우 가압류를 걸 수도 있다. 이런 점유자는 대화로 풀어나가는 것이 좋다. 점유자에게 경매의 진행 절차를 알려주고, 상대가 협조해주면 낙찰자도 최대한 배려하겠다는 의사를 전달하라. 점유자는 낙찰자의 '명도확인서'와 '인감증명서'가 있어야 배당받을 수 있다는 사실도 알려줘야 한다. 그런데 여기서 반드시 짚고 넘어갈 것이 있다. 점유자의 딱한 사정에 넘어가 먼저 이 서류들을 주고 나중에 점유를 넘겨받겠다는 생각은 하지 않는 게 좋다. 모든 것은 절차가 있는 법이니 그대로 하는 것이 가장 좋다. 명도확인서는 명도가 되었음을 확인하는 서류이니 점유자에게 부동산을 온전히 돌려받았을 때 주는 것이 당연하다.

2. 배당 참여가 불가능한 소유자 및 임차인의 경우

임차인 중에 배당을 한 푼도 받지 못하고 쫓겨나는 경우가 가장 안타깝다(선순위임차인으로 낙찰자에게 보증금 권리 주장이 가능한 대항력 있는 임차인은 제외한다). 사정은 딱하지만 부동산을 인도받아야 하므로, 점유자를 만나서 잘 이야기하는 수밖에 없다. 이들은 대개 두 가지를 요구한다. 이사 비용은 얼마나 받을 수 있는지, 얼마나 더 살다가 나갈 수 있는지다(입찰 전에 이 부분을 반영해 입찰가를 산정해야 한다). 당연히 점유자가 받고 싶은 이사 비용과 낙찰자가 생각한 금액은 차이가 난다. 몇 차례 조정을 거치게 되는데, 보통 강제집행 비용을 마지노선으로 금액을 합의한다.

경매 시장에서는 이사비를 명도비라는 명목으로 주는 것이 관례처럼 되어 있다. 이는 법으로 정해져 있지 않다. 하지만 강제집행까지 가면 시간도 오래 걸리고 비용도 들기 때문에 적당한 선에서 이사비를 주고 해결하는 것이 더 효율적일 수 있다.

3. 명도 따라 해보기

① 입찰자가 A라는 부동산을 낙찰받았다.

② A 부동산에 점유자를 만나러 방문한다.

③ 낙찰받은 후 곧바로 A 부동산에 가면 낮 1~2시쯤으로, 대부분이 출근하고 없는 시간대다. 아무도 없으면 연락처를 남기고 돌아온다.

④ 하루나 이틀 후면 점유자에게 연락이 온다. 이때 A 부동산에서 만날 약속을 잡는다. 만약 연락이 오지 않으면, 낙찰 일주일 후 법원 경매계에서 문건을 열람해 점유자의 전화번호를 알아낸다.

⑤ 약속한 날에 음료수 한 박스를 사들고 방문한다. 점유자의 계획(점유 기간 및 이사 날짜), 재계약 여부, 명도 날짜 및 명도비를 조율한다.

⑥ 만약 합의가 안 되면 법원에 잔금을 납부하고 인도명령을 신청한다 (만일을 대비해 서류상 조치를 취할 필요가 있다. 이때도 인도명령은 신

청하는 것이 좋다).

⑦ 여전히 점유자와 대화가 잘 안 되면, 앞으로 어떤 절차를 밟을 것인지에 대해 내용증명을 보낸다.

⑧ 잔금을 납부하고 인도명령 결정문이 나오기까지 2~3주 정도가 걸린다. 이 기간에 다시 대화를 시도해보고, 그래도 안 될 경우 강제집행을 신청한다.

⑨ 법원에 강제집행을 신청하고, 예납금을 선불로 낸다.

⑩ 2~3주 후 법원에서 언제 계고장을 붙일 건지 알려준다.

⑪ 날짜가 되면 법원에서 계고장을 붙이러 해당 부동산에 간다. 계고장의 내용은 다음과 같다. '낙찰자와 협의할 수 있는 2주의 기간을 줄 테니, 강제 집행당하지 않으려면 원만하게 협의할 것.'

⑫ 계고장을 붙이고 기다리면 법원에서 전화가 온다. 강제집행기일에 증인 두 명(본인과 증인의 신분증 필참)과 함께 오라고 알려준다.

⑬ 보통 계고장을 붙이면 점유자에게 연락이 온다. 이때 마지막 협상을 해보고, 그래도 안 되면 강제집행을 실시한다.

⑭ 강제집행을 하면 점유자의 짐을 보관할 창고가 필요한데, 이때 법원과 연계된 보관창고로 짐을 옮기게 된다.

⑮ 보관된 짐은 소유자나 임차인이 찾아가겠다고 먼저 연락하지 않으면 곧바로 경매신청을 한다. 경매신청을 하면 약 3개월 후에 매각이 가능한데, 이때 경매를 신청한 자가 낙찰을 받아 창고에서 바로 폐기하기도 한다. 이렇게 하지 않으면 짐을 보관하는 비용을 계속 지불해야 하기 때문이다.

CHAPTER 2

쉽고 간단한 것부터 시작하면 된다

05

양천구 목동 빌라
학원가만큼 좋은 입지도 없다

주거용 부동산 시세에 지대한 영향을 미치는 요인이 몇 가지 있다. 첫째는 교통, 둘째는 학군, 셋째는 인프라(상업시설 기반, 자연친화 환경)다. 이 세 가지를 두루 잘 갖추어 놓은 지역은 웬만해서는 가격이 떨어지지 않는다고 봐도 무방하다. 이런 지역의 수요는 항상 넘치기 때문이다.

두 번째 요인인 학군으로 유명한 곳은 서울의 대치동, 중계동, 목동 등이다. 이러한 단지들은 매머드급에 해당할 만큼 인구도 많고, 특히 학생이 많다. 학생들에 대한 수요로 학원 역시 많은데, 주로 신시가지 아파트 중심으로 학원이 위치해 있다. 목동의 학원가는 교육열이 대단히 높고, 학생들을 일명 SKY(서울대, 고려대, 연세대)에 입학시키는 비율도 높다. 하지만 이 지역 학원가를 이용하는 학생들이 모두 목동 신시가지 아파트에 거주하는 건 아니다. 영등포, 양천구, 강서구에서도 넘어온다. 그래서 학원은 장거리를 통학하는 학생들을 위해 셔틀버스를 운영한다.

안양천을 중심으로 우측은 영등포, 좌측은 목동 학원가인데, 학원가를 둘러싼 주거 지역은 빌라로 이루어져 있다. 이 지역은 재개발에 대한 가능성이 있고, 목동 학원가를 이용하는 데도 편리하다. 이런 사전 정보를 바탕으로 물건을 검색하던 중, 역세권 근처에 빌라 하나가 눈에 띄었다. 등촌역에서 100미터 내에 있고, 목동 학원가까지 5킬로미터도 채 떨어지지 않은 곳이다. 일단 첫 번째 요소인 교통은 만

서울남부지방법원 대법원바로가기 법원안내 가로보기 세로보기 세로보기(2) 세로보기(3)

2014 타경 [redacted] (임의)	매각기일 : 2015-06-10 10:00~ (수)	경매6계 02-2192-1336

소재지	(07946) 서울특별시 양천구 [redacted] [도로명] 서울특별시 양천구 [redacted]				
용도	다세대(빌라)	채권자	대[redacted]	감정가	240,000,000원
대지권	30.68㎡ (9.28평)	채무자	이[redacted]	최저가	(80%) 192,000,000원
전용면적	69.42㎡ (21평)	소유자	이[redacted]	보증금	(10%)19,200,000원
사건접수	2014-04-21	매각대상	토지/건물일괄매각	청구금액	226,389,990원
입찰방법	기일입찰	배당종기일	2014-07-09	개시결정	2014-04-23

기일현황

회차	매각기일	최저매각금액	결과
신건	2015-05-12	240,000,000원	유찰
2차	2015-06-10	192,000,000원	매각
[redacted]/입찰6명/낙찰201,000,000원(84%) 2등 입찰가 : 200,550,000원			
	2015-06-17	매각결정기일	허가
	2015-07-29	대금지급기한 납부 (2015.07.03)	납부
	2015-07-31	배당기일	완료
배당종결된 사건입니다.			

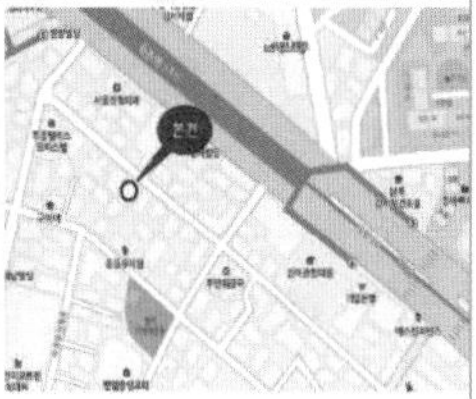

족스러웠다. 자전거로 10분이면 학원가에 갈 수 있어 두 번째 요소도 합격이었다. 주변에 시장이 있고, 염창공원과 한강도 1킬로미터 안에 있어서 이만하면 주거용 부동산으로 상급에 해당하는 조건을 갖추었다고 볼 수 있다. 물론 환금성도 높았다.

의심스러운 유치권과 잦은 전출입

하지만 두 가지 확인할 사항이 있었다. 하나는 유치권 신고이고, 다른 하나는 잦은 전출과 전입이었다. 첫 번째 유치권부터 살펴보자. 주거용 부동산에 유치권이 성립되기는 상당히 어렵다. 민법 320조는 유치권에 대해 '타인의 물건 또는 유가증권을 점유한 자는 그 물건이나 유가증권에 관하여 생긴 채권이 변제기에 있는 경우에는 변제를 받을 때까지 그 물건 또는 유가증권을 유치할 권리가 있다'라고 규정한다. 핵심은 견련성, 변제기, 점유다. 물론 그 밖의 판례에 따라 추가할 사항들이 몇 가지 있을 수 있다. 예컨대, 점유자는 채무자의 동의하에 점유해야 하며, 유치권 배제 특약이 없어야 한다는 점 등이다.

하지만 이 물건의 유치권을 살펴보니 민법 320조의 성립 요건 중 '점유' 항목을 충족하지 못했다. 이러한 사실은 현황조사서와 매각물건명세서를 통해 파악할 수 있었다. 또 유치권 신고자는 공사 업자가 아닌 임차인이었고, 임차인이 신고한 공사 대금은 1650만 원이었다. 이러한 것들을 파악하고 나머지는 현장에 직접 가서 확인하기로 했다.

임차인현황 ▸ 건물소멸기준 : 2011-04-18 | 배당종기일 : 2014-07-09 　 매각물건명세서 　 예상배당표

순위	성립일자	권리자	권리종류(점유부분)	보증금금액	신고	대항	참조용 예상배당여부 (최저가 기준)
1	전입 2011-05-02 확정 2008-01-22 배당 2014-07-04	이[redacted]	주거임차인 건물 전부	【보】 50,000,000원	○	없음	배당금 : 25,000,000원 미배당 : 25,000,000원 일부배당(미배당금 소멸예상)

- 이[redacted] : 2008.01.22. 전입, 2009.09.15. 전출, 2009.10.01. 전입, 2009.11.23. 전출, 2009.12.15. 전입, 2011.04.15. 전출, 2011.05.02. 전입

건물 등기 사항 ▸ 건물열람일 : 2014-05-08 　 등기사항증명서

구분	성립일자	권리종류	권리자	권리금액	상태	비고
갑1	1997-09-02	소유권	장[redacted]		이전	매매
갑2	2004-06-07	소유권	이[redacted]		이전	매매
을8	2011-04-18	(근)저당	대[redacted]	286,000,000원	소멸기준	(주택) 소액배당 7500 이하 2500 (상가) 소액배당 5000 이하 1500
갑9	2013-04-24	가압류	신용보증기금	50,000,000원	소멸	
갑10	2014-04-23	임의경매	대[redacted]	청구: 226,389,990원	소멸	2014타경[redacted](배당종결)

명세서 요약사항 ▸ 최선순위 설정일자 2011.04.18. 근저당권

소멸되지 않는 등기부권리	해당사항 없음
설정된 것으로 보는 지상권	해당사항 없음
주의사항 / 법원문건접수 요약	1. 통칭 [redacted], 공용면적 5.8㎡ 포함 2. 임차인 이[redacted]로 부터 개보수비용 16,500,000원에 대한 유치권 신고(2014.07.04.) 있으나 성립여부는 불분명함 2014-07-04 임차인 이[redacted] 유치권 신청 제출 확정일자가 전입일보다 빠를 경우 가족전입여부 확인 바랍니다.

사건	2014타경[redacted]부동산임의경매	매각물건번호	1 　 담임법관(사법보좌관) 김[redacted]
작성일자	2015.05.20	최선순위 설정일자	2011.04.18. 근저당권
부동산 및 감정평가액 최저매각가격의 표시	부동산표시목록 참조	배당요구종기	2014.07.09 /

부동산의 점유자와 점유의 권원, 점유할 수 있는 기간, 차임 또는 보증금에 관한 관계인의 진술 및 임차인이 있는 경우 배당요구 여부와 그 일자, 전입신고일자 또는 사업자등록신청일자와 확정일자의 유무와 그 일자

점유자의 성명	점유부분	정보출처 구분	점유의 권원	임대차 기간 (점유기간)	보증금	차임	전입신고일자, 사업자등록신청일자	확정일자	배당요구 여부 (배당요구일자)
이[redacted]		현황조사	주거 임차인				2011.05.02		
	건물 전부	권리신고	주거 임차인	2007.06.22.부터 현재까지	50,000,000원		2011.05.02.	2008.01.22.	2014.07.04

< 비고
이[redacted] : 2008.01.22. 전입, 2009.09.15. 전출, 2009.10.01. 전입, 2009.11.23. 전출, 2009.12.15. 전입, 2011.04.15. 전출, 2011.05.02. 전입

※ 최선순위 설정일자보다 대항요건을 먼저 갖춘 주택.상가건물 임차인의 임차보증금은 매수인에게 인수되는 경우가 발생할 수 있고, 대항력과 우선 변제권이 있는 주택.상가건물 임차인이 배당요구를 하였으나 보증금 전액에 관하여 배당을 받지 아니한 경우에는 배당받지 못한 잔액이 매수인에게 인수되게 됨을 주의하시기 바랍니다.

※ 등기된 부동산에 관한 권리 또는 가처분으로서 매각으로 그 효력이 소멸되지 아니하는 것

해당사항 없음

※ 매각에 따라 설정된 것으로 보는 지상권의 개요

해당사항 없음

※ 비고란

1. 통칭 [redacted], 공용면적 5.8㎡ 포함 2. 임차인 이[redacted]로 부터 개보수비용 16,500,000원에 대한 유치권 신고(2014.07.04.) 있으나 성립여부는 불분명함

또 다른 하나는 잦은 전입신고와 전출신고였다. 그 배경이 궁금했지만, 권리분석상 임차인은 낙찰자에게 보증금을 요구할 수 없었다. 왜냐하면 첫 전입신고 후에 전출을 함으로써 첫 전입신고의 효력을 잃었기 때문이다. 첫 전입신고 날짜는 2008년 1월 22일로 말소기준권리(또는 최선순위설정 일자)인 2011년 4월 18일보다 앞서기 때문에 대항력이 있지만, 전출을 하고 다시 전입을 했을 때는 이미 말소기준권리가 설정된(근저당) 후였기 때문에 대항력을 상실하게 된 것이다.

일차적으로 서류에서 볼 것은 모두 확인했으니, 이제 임장할 차례다. 임장할 때는 현장에 유치권에 대한 안내문이나 현수막이 걸렸는지도 확인해야 한다. 또 전용 21평에 1650만 원이라는 공사 금액이 어디에 쓰였는지도 알아야 한다. 분명 베란다 확장 공사를 했거나 새시를 교체했을 것이다. 이 두 곳에서 공사비가 가장 많이 발생하기 때문이다. 하지만 외관상 새시를 교체한 흔적은 없었다. 잦은 전입과 전출은 전입세대열람을 다시 떼 세대합가 여부를 확인하면 그 이유를 알 수 있다. 물론 빌라는 시세를 확인하는 것도 중요하다.

이 물건은 보존등기가 1994년으로 약 20년 정도 된 오래된 빌라다. A동과 B동으로 나뉘어져 있는 것을 모르고 무작정 올라가 문을 두드렸더니 한 할아버지가 현관문의 안전장치를 걸고 빼꼼히 얼굴을 내밀었다. 이때를 놓치지 않고 집 안을 재빨리 훑어보며 말을 건넸다.

경매통장 TIP

유치권이란?

민법 320조: 타인의 물건 또는 유가증권을 점유한 자는 그 물건이나 유가증권에 관해 생긴 채권이 변제기에 있는 경우에는 변제를 받을 때까지 그 물건 또는 유가증권을 유치할 권리가 있다.

① 견련성(해당 물건에 관한 채권이어야 함)
② 변제기(변제기에 도달해야 함)
③ 점유(경매기입등기 이전에 직간접적으로 점유해야 함)
④ 유치권배제특약 없음(원상 복구도 해당함)

참고로 유치권이 설정되어 있다면 금융권에 경락대출상품 이용 여부를 파악하고 입찰해야 한다. 금융권에서는 조금의 리스크에도 대출 불가를 할 수 있기 때문이다. 하지만 유치권자와 합의해 '유치권 포기각서'를 받아 금융권에 제출하면 리스크를 소멸시킬 수 있다. 금융권에서 물건에 대한 담보가치 비율을 산정해 경락대출을 해줄 수도 있으니, 입찰 전에 대출 한도를 파악하는 게 좋다.

세대합가란?

세대합가란 한 세대를 구성하는 가족 중 일부가 먼저 전입하고 나중에 다른 이가 새롭게 전입할 경우 처음 전입신고한 일자를 기준으로 대항력 발생이 유지되는 것이다. 다음의 예를 통해 살펴보자.

① A라는 가족 중 갑이 먼저 전입한다.
② 이후 근저당이 설정된다.
③ A의 가족 중 갑의 부인이 전입한다.
④ 갑이 전출한다.
⑤ 갑이 다시 전입한다.

갑의 대항력은 5번 시기에 발생하는 것이 아니라 1번 첫 전입신고에 유지된다. 이러한 배경이 있는 부동산이 경매로 진행될 때 5번 일자로 대항력을 계산해 선순위보증금이 없는 임차인으로 잘못 권리분석하면 안 된다. 1번으로 세대합가가 되면서 보증금을 물어줘야 하는 경우가 발생할 수 있기 때문이다. 그러므로 권리분석 시에 '전입세대열람'과 '매각물건명세서'를 꼼꼼히 확인해야 한다.

나	안녕하세요, 할아버지. 경매 때문에 여쭐 것이 있어서 왔는데요.
할아버지	뭐? 경매?
나	할아버지 댁이 경매 진행 중이에요. 보통은 경매에 넘어가고 뒤늦게 임장하는 사람에게 소식을 듣는 분들이 많아요. 놀라셨겠지만 지금이라도 대비를 하시는 게 좋을 것 같아요.
할아버지	무슨 소리야? 옆 동에 이름이 똑같은 빌라가 있는데, 혹시 거기 아니야? 우리 집이 왜 경매에 넘어가?
나	아, 잠시만요.

밖으로 나와 주소를 다시 확인했다. 아뿔싸, 빌라가 옆에도 있었다. 확인해본 결과 매각으로 나온 부동산은 할아버지가 사는 건물이 아니라 그 옆 동이었다. 임장하다 보면 이런 일이 자주 있다.

재차 주소를 확인하고, 마음을 가다듬고 해당 건물에 찾아가 문을 두드렸다. 내부에 사람이 있었고, 20대 여자로 추정되는 목소리가 문을 열지 않은 상태로 누구냐고 물었다. 임장하러 왔다고 하니 안에서 뭐라고 말을 하는데, 잘 들리지 않았다. 아랑곳하지 않고 유치권 신고와 잦은 전출입에 대해 물었다. 여전히 닫힌 문 안에서 귀찮다는 듯한 목소리가 들렸고, 소리가 작아 내용은 알아들을 수 없었다.

만나고 싶지 않은 것 같아 밖으로 나와 유치권에 대한 여러 가지를 확인했다. 유치권에 대한 흔적도 없고, 공시되어 있는 플랜카드나 현수막도 없고, 외부 새시는 20년 전 그대로인 것 같았다. 유치권에 대한 신고는 의미 없는 것으로 확인됐고, 잦은 전출입은 점유자에게 확인할 수 없었지만 이미 서류를 확인해본 바 인수해야 할 사항은 없었다. 주변에 시세를 알아보는 것으로 임장은 마무리 지었다.

하지만 여전히 궁금증은 해소되지 않았다. '도대체 왜 이런 집에 유치권 신고를 했을까? 전입과 전출 신고는 왜 이렇게 자주 한 거지?'

집주인의 부탁을 들어준 임차인

매각 당일 해당 물건은 총 여섯 명이 경합했다. 경매대에서 한 명씩 입찰자의 가격과 이름을 불렀다. 차순위자와 45만 원 차이로 낙찰이다. 단독 낙찰보다 경합 후 간소한 차이로 낙찰됐을 때의 기분은 경험해보지 않으면 모를 것이다.

늘 그렇듯 경매대에서 "차순위매수신고하실 분 있나요?"라고 물었다. 그때 누군가 손을 번쩍 들더니 차순위매수신고 의사를 밝혔다. 경매 입찰장에서 차순위신고를 하는 경우는 보기 드문 광경이다. 혹 처음 입찰에 참여하는 사람 중 차순위매수신고에 대한 개념을 잘 모르는 경우가 있어 경매대에서 다시 한 번 확인하고 취소시키는 경우가 있는데, 이번에는 매우 자신 있게 차순위매수신고를 하겠다고 한 것이다. 나는 속으로 '쓸데없는 짓을 하는군'이라고 생각하고 영수증을 받으려고 기다리는데, 차순위권자가 나를 흘겨보고 지나갔다. 내가 잔금을 치르면 그 사람에게는 아무런 권리가 없다. 나중에 알고 보니 그 사람은 해당 부동산의 임차인이었고, 우려했던 대로 차순위매수신고가 뭔지도 모르고 신청한 것이었다.

경매통장 TIP

차순위매수신고란?

"차순위매수신고하실 분 계십니까? 없으면 이 사건 종결하도록 하겠습니다."

법원 경매 입찰장에서 흔히 듣는 말이다. 여기서 차순위매수신고는 무엇일까? 최고가매수신고인은 물건에 입찰한 사람 중에 금액을 가장 높게 쓴 사람을 말하고(낙찰자), 최고가매수신고인의 낙찰 금액과 보증금을 뺀 금액 사이를 쓴 사람 중 신고한 사람을 차순위매수신고인이라고 한다.

예를 들어 10억짜리(보증금 1억) 물건에 1등이 9억, 2등이 7억 5000만 원을 썼다면, 2등은 차순위매수신고 자격을 얻을 수 있을까? 9억에서 보증금 1억을 빼면 8억이 되는데, 2등은 8억 이하 금액을 썼기 때문에 차순위매수신고 자격을 갖지 못한다. 반면 2등이 8억 1000만 원을 썼다면 차순위매수신고 자격이 주어지고, 신고하면 차순위매수신고인이 된다.

차순위매수신고를 하면 보증금은 최고가매수신고인의 잔금 완납 시까지 묶여 있게 되므로, 돈을 굴리는 투자자들에게는 좋지 못한 방법이기도 하다.

경매대에서 영수증을 받고 해당 물건지로 찾아가 현관문에 쪽지를 남기고 돌아왔다. 그날 저녁, 낯선 전화번호로 전화가 걸려왔다. 틀림없이 임차인이다. 간단하게 인사를 나누고, 직접 만나자는 약속을 잡았다. 처음 통화할 때는 장황하게 이야기를 풀지 않고 상대방의 목소리 톤, 말투 등으로 어떤 사람일지 유추하고, 약속을 잡는 선에서 마무리하는 것이 좋다.

약속 당일 매번 그랬듯 근처 마트에서 주스 한 박스를 사가지고 갔다. 임차인이 항상 먼저 꺼내는 주제는 정해져 있다. 그들의 요구 사항은 딱 두 가지다. 시간과 돈. 해당 물건지에서 최대한 살다가 나가고 싶다는 것과, 이사비를 달라는 것이다.

나	전출과 전입이 잦은 이유는 뭡니까?
임차인	전 소유주가 대출을 받아야 하니 전입을 좀 빼달라고 계속 부탁하길래 그렇게 해줬습니다.

은행에서 대출을 심사할 때 임차인이 살고 있거나 다른 빚이 있으면 대출받기가 어려워진다. 그래서 소유자가 임차인에게 협조해달라고 부탁한 것이다. 부동산에 대해 잘 모르는 임차인은 그 부탁을 들어주었고, 소유자는 은행에서 대출을 받았다. 결국 소유자가 이자를 납부하지 않아 은행이 경매를 신청했고, 그 피해를 고스란히 임차인

이 받게 된 것이다. 임차인은 전세보증금의 일부를 손해 보고 집에서 나와야 했다. 불행 중 다행으로 일부 보증금은 최우선변제금으로 배당받을 수 있었다.

임차인	이사비 1000만 원 주시면 나가겠습니다.
나	무슨 소리인지 모르겠는데요. 1000만 원이요?
임차인	화장실에 물이 샙니다. 화장실 인테리어로 500만 원이 들었고, 그 밖에도 이 집에 돈이 꽤 들어갔습니다. 영수증도 있으니 확인해보세요. 나는 그 돈을 받고 나가야겠습니다.
나	유치권으로 신고한 게 화장실 개보수 비용인가 보네요. 그런 이유로는 유치권 인정 안 된다는 거 아시죠? 한 달 안에 이사하시면 50만 원 드리겠습니다.
임차인	뭐라고요? 말이 안 통하네, 나가요!

첫 만남에서 원만하게 합의되는 경우는 거의 없다. 어쨌든 궁금했던 사항에 대한 배경은 알게 되었고, 임차인에게 유치권도 의미 없다고 알려줬으니 이 정도면 됐다. 이사비는 내 쪽에서 제시한 금액을 기준으로 임차인이 적정한 선에서 조정해 다시 이야기할 것이다. 명도 시 점유자와 연락이 끊기지 않는 것이 매우 중요한데, 이번 임차인과는 연락도 잘 됐고 미리 전화를 줄 때도 많았다.

한두 차례 통화 후 다시 약속을 잡았다. 이사비와 명도 시기에 대해 해결을 봐야 한다. 두 번째 만남에서 임차인은 이사비로 500만 원을 제시했다. 당연히 거절이다. 이번에도 버럭 화를 내며 나가라고 한다. 3일이 지나고 다시 연락이 왔다. 이것저것 알아봤는지 만나서 제대로 이야기하고 싶다고 했다.

세 번째 만남이다. 갈 때마다 음료수도 사고, 오토바이에 기름을 넣느라 소소하게 돈이 나갔다. '명도가 다 이렇지 뭐' 하는 생각이 들었다. 지금까지는 임차인이 화를 내며 흥분하는 탓에 퇴거하는 일에 대해서만 말했는데, 생각해둔 대안이 몇 가지 있었다. 하나는 곧바로 임차인에게 소유권을 이전하는 복등기, 다른 하나는 전세나 월세로 재계약하는 것이었다. 이게 모두 먹히지 않는다면 예정대로 임차인은 배당을 받고 집을 비우는 수밖에 없다. 만나자마자 임차인이 이사 비용에 대해 이야기를 꺼내려고 해서 내가 먼저 화제를 돌렸다.

나	선생님께서 이사하는 걸 많이 부담스러워하시고, 비용도 조율이 되지 않으니 이 집의 소유권을 이전받고 계속 거주하는 건 어떤가요? 아니면 월세로 재계약을 할 수도 있고요.
임차인	그게 가능한가요? 가능하다면 월세 말고 이 집의 소유권을 이전받고 싶은데요.

경매 통장 TIP

복등기란?

경매에서 복등기는 낙찰자가 잔금을 납부하고 바로 세입자에게 다시 매매해 소유권을 이전하는 것을 말한다. 즉, 낙찰자는 잔금일에 맞춰 제3자에게 소유권을 이전하는 중간 역할을 하는 것이다. 이는 적법한 행위이며, 일반 매매와 동일하게 취등록세와 법무비, 양도세 등을 지불해야 한다.

예를 들어 먼저 A가 낙찰을 받는다. 해당 부동산의 잔금 당일 A가 매수자 B에게 등기를 넘긴다. 결국 최종적으로 B가 등기권자가 된다. 쉽게 말해 하루에 등기를 두 번하는 것이라고 이해하면 된다.

낙찰받은 집을 다시 경매에 넘기다

임차인은 해당 부동산에 계속 살기를 원했고, 결국 복등기를 하기로 합의했다. 법무사에게 나머지 등기 처리를 부탁했다. 임차인의 배당금이 있으니 경락대출을 받고, 법원에서 받을 수 있는 배당금을 상계 처리해 잔금을 완납하면 된다.

그렇게 이 물건은 마무리하면 된다고 생각하고 있었는데, 얼마 지나지 않아 금융권에서 연락이 왔다. 임차인의 신용이 좋지 않고, 부채도 많았던 것이다. 제1금융권에서 퇴짜를 맞고, 간신히 제2금융권에서 대출이 가능한 곳을 찾았다. 그러고도 임차인이 부족한 돈을 끌어 모았지만 여력이 되지 않아, 결국 신용대출까지 받아 처리하게 되었다. 이 과정에서 발생한 비용과 내 보증금은 배당 기일에 맞춰 임차인에게 받기로 했다.

본의 아니게 임차인에게 내 돈을 빌려준 꼴이 됐다. 뭐든지 서류상 확실히 해놓는 것이 좋으므로 임차인에게 차용증을 만들자고 제안했다. 그는 배당기일에 받아서 줄 텐데, 굳이 그렇게까지 할 필요가 있냐면서 못마땅해했지만 결국 차용증을 써주었다. 내 돈이 묶여 있는 터라 꺼림칙했지만, 배당기일까지 기다리는 수밖에 없었다.

배당기일 당일, 이제는 집의 소유주가 될 전(前) 임차인과 법원에서 만났다. 배당을 받으려고 배당계에 앉아 순서를 기다리고 있었는데, 생각지도 못한 일이 벌어졌다. 경매신청 채권자인 ○○새마을금고에서 임차인의 배당금에 배당배제 신청을 한 것이다. 경매신청 채권자는 임차인의 잦은 전입과 전출을 근거로 소유주와 짜고 최우선변제 금액을 받기 위해 위장한 것이라 여겨 배당배제를 신청한 것이었다.

결국 그날 배당을 받지 못하고 돌아와야만 했다. 내 손안에 있는 것은 차용증 한 장뿐이었다. 혹시 떼먹거나 계속 미룬다면, 나는 그저 기다려야만 하는 입장이었다. 채권인 차용증은 회수 기간이 제법 길다. 하지만 물권은 더 빠르고 정확하다. 물권인 근저당은 채권보다 강하다. 강하다는 건 물권은 제3자에게 방해나 규제를 받지 않고 근저당권자로서 처분까지 가능하다는 뜻이다. 하지만 근저당을 설정하려면 소유자의 동의가 필요하다. 임차인이 들어줄지 알 수 없었다.

나	차용증을 쓰긴 했는데, 제가 많이 불안하네요.
임차인	상황이 이렇게 돼서 미안합니다.
나	근저당을 설정하는 거로 바꾸면 어떨까요?
임차인	네, 뭐 그렇게 하죠.

임차인은 아마 물권과 채권의 힘을 잘 모르는 것 같았다. 그렇다고 내가 굳이 나서서 그 둘의 차이를 일일이 설명할 필요는 없으므로, 바로 근저당을 설정했다. 차용증은 채권으로서 재판을 거쳐 집행권원을 얻고, 소유자의 재산을 찾으면 경매를 신청할 수 있다. 하지만 물권인 근저당은 재판을 통하지 않고 곧바로 경매에 넘길 수 있다. 채권과 물권은 채무를 얼마나 신속하게 확보할 수 있느냐의 차이다. 법무사에 문의했더니 근저당 설정비에 50만 원이 들었다. 이번에도 내가 발품을 팔아야 했다. 인터넷으로 양식을 다운받아 작성하고 설정까지 마치고 나니 조금이나마 안심이 됐다.

며칠 후 임차인에게 연락을 했다. 딱한 사정은 잘 알지만 돈이 모이면 조금씩이라도 상환해달라고 부탁했다. 그러자 임차인의 태도가 갑자기 180도 달라지는 게 아닌가. 줄 수 있는 여력이 안 되니 어쩔 수 없다는 식이었다. 몇 번이나 전화로 실랑이를 벌였지만 '지금은 돈이 없으니 배당배제소에서 승소하면 받아서 주겠다. 나는 진짜 임차인이기 때문에 배당금을 받을 수 있다. 재판이 끝나고 배당금을 수령하면 그때 갚겠다'는 말만 되풀이했다. 딱한 사정을 봐주는 것도 하루 이틀이지, 한 달이 넘도록 소식도 없고 계속 미뤄질 것 같아 조치를 취해야만 했다. 물권의 힘을 쓸 때가 온 것이다. 나는 근저당권자로서 바로 경매를 신청했다. 임차인은 살던 집이 두 번이나 경매에 넘어가는 처지가 되었다.

경매를 신청하면 사건번호가 부여되고, 곧바로 법원 경매계에서 현장조사인과 감정평가사를 해당 부동산에 보낸다. 소유자(전 임차인)는 곧바로 내게 전화를 해 "이게 무슨 짓이냐"며 항의했다. 무작정 기다릴 수도 없고, 변제할 의사도 보이지 않아 어쩔 수 없이 경매를 진행하게 되었다고 설명했다. 소유자는 당장 보증금을 입금할 테니 경매를 취하해달라고 했다. 그 뒤 세 시간 만에 돈이 입금됐다. 다음 날, 소유자와 법원에서 만나 경매 취소 신청서를 제출했다.

이 물건에는 변수가 여럿 있었다. 당시에는 경매 경험이 많지 않아, 매 순간이 넘어야 할 큰 산처럼 느껴졌다. 하지만 끝까지 포기하지 않았고, 어떤 일을 맞닥뜨리던 노력과 마음가짐이 중요하다는 걸 다시 한번 깨달았다. 해결 방법은 다양할 수 있다. 하지만 방법보다 더 중요한 것은 큰 산을 넘어서겠다는 마음가짐이 아닐까 싶다.

차곡차곡 돈이 쌓이는 경매 상식

헷갈리는 권리분석 완전 정복

경매에서 가장 중요한 것은 무엇일까? 바로 '권리분석'이다. 권리분석은 등기부등본과 임대차보호법을 토대로 '등기부등본을 잘 읽는 것'과 '임차인 보증금의 향방을 알아내는 것'이 핵심이다. 필자가 정리한 대로만 진행하면 경매에 나오는 물건의 70퍼센트 이상은 권리분석이 가능하다.

1. 권리분석 방법과 순서

① 등기부등본(갑구, 을구 비교)의 권리사항들을 시간순으로 일직선상에 기록한다.

등기부등본은 표제부, 갑구, 을구로 구분되어 있다. 일직선을 그리고 갑구와 을구를 시간순으로 그 위에 체크한다. 보통 사설 사이트에서 물건을 검색하면 이러한 작업이 이미 되어 있다.

② 말소기준권리를 찾는다.

말소기준권리는 소멸기준, 최선순위설정 일자와 같은 말이다. 현장에서는 말소기준권리라 하고, 사설 사이트에서는 소멸기준이라 표기하며, 매각물건명세서에는 최선순위설정 일자라고 표기한다.

시간순으로 나열한 권리들 중에 (근)저당, (가)압류, 담보가등기, 강제경매기입등기, 전세권(부동산전체설정, 경매신청 또는 배당요구)이라는 단어를 찾는다. 이것이 말소기준권리다.

③ 임차인 보증금과 말소기준권리일자를 비교한다.

부동산의 종류에 따라 임차인의 종류도 달라진다. 주거용 부동산의 임차인을 보호하기 위해 만든 특별법으로 주택임대차보호법이 있고, 상업용 부동산의 임차인을 보호하기 위해 만든 특별법으로 상가임대차보호법이 있다.

위 단계에서 말소기준권리를 찾았다면, 임차인의 전입신고일과 비교해 보자. 말소기준권리 날짜보다 임차인의 전입신고 날짜가 빠르다면 임차인의 보증금을 인수해야 하고(보증금을 낙찰자가 물어줘야 함), 말소기준권리보다 늦다면 소멸된다(보증금을 낙찰자가 물어주지 않아도 됨).

[예시]
채권자: 갑(근저당 5000만 원 / 2015년 1월 1일)
채권자: 을(근저당 4000만 원 / 2015년 2월 1일)
임차인: 홍길동(보증금 3000만 원 / 전입신고일 2014년 1월 1일)

Q: 말소기준권리는 무엇인가?
A: 2015년 1월 1일에 설정된 갑의 근저당

Q: 홍길동의 보증금은 인수인가, 소멸인가(확정일자와 배당요구 사항은 차치하고 인수와 소멸만 다룰 경우)?

A: 입찰자는 홍길동의 3000만 원을 인수해야 한다. 또 홍길동의 전입신고일이 2014년 1월 1일로 말소기준권리보다 앞서므로 시세 대비 3000만 원 이하로 유찰되었을 때 입찰에 참여해야 한다.

2. 등기부등본의 말소기준권리 단어 정리

① (근)저당

등기부등본에 가장 많이 나오는 단어 중 하나다. 근저당은 집을 구입할 때, 은행에서 부동산을 담보로 대출해주고 설정하는 권리다. 보통 근저당을 설정할 때는 빌려준 금액 그대로 적지 않는다. 예를 들어 1억 원을 빌려주었다면, 등기부등본에 1억 원이 아니라 1억 2000만 원에서 1억 3000만 원 정도로 표시된다. 원금을 그대로 적지 않는 이유는 미래에 발생할 위험에 대비하기 위해서다. 1억 원을 빌린 홍길동은 매달 이자를 납부해야 한다. 이자를 납부하지 않으면 은행은 구두로 재촉하거나 독촉장을 보내는데, 그럼에도 불구하고 이자를 납부하지 않으면 은행은 경매를 신청한다. 이때 은행은 경매신청채권자로서 경매 비용을 지불해야 하고, 원금에 대한 이자를 받지 못해 여러모로 손실을 입는다. 이를 보전하고자 대출 원금보다 금액을 높게 설정하는 것이다.

② (가)압류

채무자의 재산을 묶어두는 것이다. 압류와 가압류는 성질이 조금 다른데, 국가나 시, 군, 구청 등 지자체에서 세금 등 확실히 부과된 금액이 있어 이것을 기반으로 재산을 묶어두는 행위를 압류라고 한다. 가압류는 사업을 하다가 망하거나 돈을 빌렸을 때, 채무자의 재산을 후에 강제 처분할 목적으로 임시 확보하는 것을 말한다.

압류는 강제적이고 청구된 금액을 그대로 상환하면 되지만, 가압류는 채권자와 채무자의 환경에 따라 청구 금액을 조율할 수도 있다.

③ 담보가등기

등기부등본에 표기된 '가등기'의 종류는 두 가지다. 보존가등기와 담보가등기로 등본에는 '보존'과 '담보'라는 단어가 빠져 있다. 이를 구별하려면 법원에서 발급해주는 서류 중 '문건접수/열람'을 확인해야 한다. 이때 '채권계산서 제출'이라는 말이 있으면 이는 담보가등기로서 금전 확보에 목적이 있다는 뜻이다. 반면 가등기로 기록되어 있지만 어떠한 서류도 발견되지 않는다면 이는 보존가등기로 좀 더 세밀하게 살펴볼 필요가 있다.

담보가등기란 부동산을 담보한 등기라는 뜻이다. 쉽게 말하면 채권자가 채무자에게 돈을 빌려줄 때, 부동산을 담보로 하여 돈을 빌려준 것이다. 근저당과 다를 것 없어 보이지만 배당 시 자동배당 대상인지 신고 여부 대상인지가 다르다. 근저당은 배당 신청을 하지 않아도 되지만, 담보가등기는 채권계산서를 제출해야만 배당에 참여할 수 있다.

④ 강제경매기입등기

채권자와 채무자 간에 금전 거래가 있었다는 뜻이다. 채무자가 채무 이행을 못 하면 채권자는 법원에 이의 신청을 하고 판결을 받는다. 이 판결을 근거로 채무자의 재산(부동산이 있다고 가정했을 때) 중 부동산을 매각해 달라고 법원에 신청하게 되는데, 이것이 바로 강제경매기입등기다. 경매에서 흔히 볼 수 있는 것으로, 전세입자의 보증금반환청구소로 인한 강제경매기입등기가 이에 해당한다.

⑤ 전세권

임차인이 집을 얻으면 임대인에게 보증금을 준다. 이때 임차인이 보증금을 지키기 위한 방법은 두 가지다. 하나는 임차권(전입신고와 확정일자를 받는 것)을 확보하는 것이고, 다른 하나는 물권인 전세권을 설정하는 것이다. 전입신고와 확정일자는 계약서에 받는 것이고, 전세권은 등기부등본에 기재된다.

[집합건물] 경기도 부천시 [redacted] 고유번호 1211-2004-008944

순위번호	등 기 목 적	접 수	등 기 원 인	권 리 자 및 기 타 사 항
8	7번근저당권설정등기말소	2015년12월11일 제168893호	2015년12월11일 해지	
9	전세권설정	2015년12월11일 제169101호	2015년10월29일 설정계약	전세금 금100,000,000원 범 위 건물의 전부 존속기간 2016년 12월 10일까지 전세권자 박[redacted] 730506-******* 경기도 부천시 [redacted]
9-1				9번 등기는 건물만에 관한 것임 2015년12월11일 부기

전세권을 등기부등본에 기재하려면 임대인의 동의와 서류가 필요한데, 대부분의 임대인은 전세권 설정을 꺼린다. 그래서 일반 임대인보다는 회사 같은 기업에서 전세권을 설정하는 경우가 많다. 임차인으로서 대항력을 주장하려면 전입신고와 점유라는 부분이 반드시 있어야 하는데, 해당 부동산에 계약자 본인(회사 대표)이 아닌 다른 이가 거주해도 그 권리를 인정받을 수 있다. 계약자가 회사이지만 직원들의 기숙사로 쓸 목적으로 임차해도 점유 부분이 인정되는 것이다. 이러한 이유로 회사가 임대차계약을 할 때 전세권을 설정하는 경우가 많다.

참고로 전세권은 경매에서 말소기준권리가 되려면 두 가지 조건을 갖춰야 하는데, 하나는 부동산에 대한 전체 설정이고, 다른 하나는 경매를 신청하거나 배당요구를 하는 것이다.

3. 임대차보호법

1981년 임대차보호법이 제정되기 전에는 살고 있는 부동산이 경매로 다른 소유주에게 넘어가면, 임차인들은 배당금을 받지 못하고 거리로 쫓겨났다. 전 재산을 잃고 목숨을 끊는 사례도 많았다. 이렇게 피해를 당하는 임차인들을 보호하기 위해 만들어진 법이 임대차보호법이다. 한마디로 임차인들이 배당받을 수 있도록 법으로 보호해주는 것이다.

하지만 임대차보호법의 보호를 받으려면 임차인들도 최소한의 노력을 해야 한다. 주거 건물일 경우 전입신고와 확정일자를 받고, 배당요구종기일까지 배당요구를 해야 한다. 상가 건물은 사업자등록과 확정일자를 받고, 마찬가지로 배당요구종기일까지 배당요구를 해야 한다. 전입신고, 사업자등록, 확정일자를 모두 처리해도 배당요구 신청을 하지 않는다면 배당에 참여하지 못한다.

06

인천 도림동 다세대 주택 & 동탄 아파트

집이 아닌 도시 전체를 봐라

집과 사람은 절대 분리해서 생각할 수 없다. 집이라는 공간은 여러 스토리를 지니고 있다. 아이가 태어나고, 그 아이가 자라 청년이 되고, 가족을 이루고, 노부부가 삶을 마감한다. 사람마다 각기 다른 인생을 살듯, 집도 나름의 얼굴을 하고 있다. 부동산 경매를 하다 보면 온갖 종류의 집을 보게 되는데, 지금도 기억에 남는 집들이 있다. 이번 장에서는 극과 극이었던 두 집을 소개한다. 하나는 '위험한 집'이고 다른 하나는 '성스러운 집'이다.

부동산이라고 하면 하나의 '집'으로만 생각하는데, 경매를 하려면 집, 건물, 마을, 도시로 개념을 확장해나가야 한다. 내 집만 보지 말고 도시의 분위기와 환경을 살펴야 한다는 뜻이다. 내 집이 위치한 도시에 악재가 생겨 집값이 떨어질 수도 있고, 반대로 호재가 생겨 시세가 오를 수도 있다. 막연히 호재만을 기다리기에는 부동산 시장에서 거래되는 돈의 규모가 매우 크다. 그러므로 사전에 도시의 정보를 미리 파악하고, 자기만의 기준을 세워 투자에 임해야 한다.

간혹 떠도는 정보를 믿고 '묻지마 투자'를 하는 사람들이 있다. 실제로 안양시 비산사거리 주변으로 10년 전부터 지하철역이 들어온다는 소문이 돌았다. 그 정보만 믿고 무리하게 대출을 받아 건물을 산 사람들 중 일부는 크게 손해를 입었다. 경매의 1차 목표는 현재 가치만으로도 충분히 수익을 내는 것이다. 장기적으로 시세가 올라 추가 수익을 내는 건 2차 목표라 할 수 있다. 이 두 가지 목표를 모두 이룰 수 있는 지역을 찾아 경매로 물건을 취득한다면 금상첨화다.

하지만 이번에 소개할 부동산은 이차적인 수익을 얻기에는 무리가 있는 물건이었다. 도시의 관점에서 보면 낙찰받은 곳은 '항아리 지역'이었다. 항아리 지역이란 다른 도시와 멀찌감치 떨어져 있고, 단독으로 형성된 곳이어서 외부와 단절된 곳이다. 즉, 자급자족이 가능한 도시다. 상업용으로 쓰이는 상가라면 입지가 괜찮지만, 주거용으로 살기에 항아리 지역은 좋은 편이 아니다. 당시 입찰할 때만 해도 나는 도시 전체를 조망하지 못하고, 집과 건물이라는 작은 개념에 매몰되어 있었다.

도시개발 구역을 주목하라

낙찰받은 인천 도림동의 부동산은 토지구획정리사업지구 내에 있었다. '토지구획정리사업'이란 구 토지를 반듯하게 정리하면서 공공시설 자리를 확보하고, 도로를 만드는 도시개발사업 중 환지방식으로 시행되는 개발사업의 일종이다. 과거에는 환경을 고려하지 않고, 장기적인 계획 없이 너도나도 건축 승인을 받아 무작위로 건물을 세울 수가 있었다. 그것들을 바로잡기 위해 도로를 정비하고, 블록을 새롭게 정리하는 과정이라고 생각하면 된다.

수도권에 기반을 둔 경매 초보자들에게 인천은 소액으로 투자할 수 있는 좋은 지역 중 하나다. 인천 지역에서도 빌라는 다른 지역에 비해 상대적으로 저렴하고 매물도 많아 경매 감각을 키우기에 좋다. 또한 서울로 가는 교통도 발달했고, 앞으로 개발 계획도 많다. 이런 조건들에 비해 아직까지 평가절하된 면이 없지 않은데, 앞으로는 부동산 가격이 상승할 거라고 기대한다.

이런 판단을 근거로 인천 곳곳을 임장하던 중 조용한 동네를 발견했는데, 바로 도림동이었다. 당시 나는 질보다는 양으로 승부하던 때였다. 오토바이 바퀴가 헐 정도로 다녔으니 말이다. 그렇게 보러 다닌 물건들의 사건번호와 시세, 특징을 핸드폰과 메모지에 적어두었는데, 종종 내용이 뒤바뀌는 경우가 있었다. 그게 화근이 될 줄은 꿈에도 몰랐다.

여덟 명이 경합했고, 결국 내가 낙찰을 받았다. 다른 때와 달리 전혀 기쁘지 않았다. 시세를 잘못 파악해 낙찰가가 2등과 무려 1650만 원이나 차이가 났다. 아찔했다. 이대로 가만히 있을 수는 없었다. 방법을 고민하던 중 문득 생각난 것이 '매각불허가 신청'이었다. 매각불허가는 민사집행법 121조의 사유에 해당할 경우, 매각기일 7일 이내에 신청을 해야 한다. 만약 이 기간이 지난 후에 불허가 신청을 하려면 법원 경매계에 매각허가에 대한 이의신청을 해야 하는데, 이를 '항고'라고 한다. 이때 낙찰가의 10퍼센트를 보증금으로 내야 하는데, 항고가 기각되면 이 보증금은 몰수된다. 내가 할 수 있는 최선은

인천지방법원 대법원바로가기 법원안내 가로보기 세로보기 세로보기(2) 세로보기(3)

2014 타경 [redacted] (임의)	매각기일 : 2015-06-24 10:00~ (수)	경매2계 032-860-1602

소재지	(21645) 인천광역시 [redacted] [도로명] 인천광역시 [redacted]				
용도	다세대(빌라)	채권자	청[redacted]	감정가	164,000,000원
대지권	42.712㎡ (12.92평)	채무자	동[redacted]	최저가	(70%) 114,800,000원
전용면적	70.68㎡ (21.38평)	소유자	동[redacted]	보증금	(10%)11,480,000원
사건접수	2014-09-26	매각대상	토지/건물일괄매각	청구금액	172,217,415원
입찰방법	기일입찰	배당종기일	2014-12-02	개시결정	2014-09-29

일현황

회차	매각기일	최저매각금액	결과
신건	2015-05-21	164,000,000원	유찰
2차	2015-06-24	114,800,000원	매각
이[redacted]/입찰8명/낙찰148,000,000원(90%) 2등 입찰가 : 131,500,000원			
	2015-07-01	매각결정기일	허가
	2015-07-31	대금지급기한 납부 (2015.07.31)	납부
	2015-08-31	배당기일	완료
배당종결된 사건입니다.			

7일 이내에 매각불허가 사유를 찾는 것뿐이다.

민사집행법 121조를 읽고 또 읽었다. 아무리 생각해도 마땅한 방법이 떠오르지 않아 해당 물건지에 찾아갔다. 공인중개소 사장님께 사정을 말하기도 하고, 폐지 줍는 할머니를 붙잡고 이것저것 묻기도 했다. '지금처럼 꼼꼼하게 임장했으면 이런 일은 없었을 텐데' 하는 아쉬움이 밀려왔다. 그렇게 해당 부동산 주변을 돌고 또 돌았다. 뜻이 있는 자에게 길이 열린다고 했던가. 임장할 때는 미처 발견하지 못한 결정적 사유를 알아냈다.

이 집은 SBS 「그것이 알고 싶다」 '위험한 가족' 편에 방송된 집이었다. 대체 무슨 일이 있었던 걸까? 이 집에 살고 있던 가족은 할머니에서 손주까지 3대에 걸친 보험 사기단으로, 보험금을 타기 위해 여러 불법을 저질렀다. 차에 온 가족을 태우고 고의적으로 사고를 내고, 부모가 3층에서 딸아이를 떨어뜨려 불구로 만들기도 했다. 상상할 수 없는 잔인한 방법으로 보험금을 수령해오던 것이다.

이런 사연을 가진 집에 누가 들어오고 싶겠는가. 충분히 불허가를 받아낼 수 있을 것 같았고, 평소처럼 직접 매각불허가 신청서를 작성했다. 방송된 영상은 USB에 담아 별첨으로 제출했다. 그런데 서류를 제출한 지 30분도 안 돼서 법원에서 연락이 왔다.

경매계장 불허가신청서의 사유로 불허가를 내드리긴 어렵습니다.

나	네? 신청서를 제출한 지 얼마나 됐다고, 벌써 판사님께 올라갔나요?
경매계장	안 된답니다.
나	어떻게 제출하자마자 바로 연락이 와요? 자세히 확인해주세요.
경매계장	글쎄, 안 된답니다.

일주일 동안 공들여 작성했는데, 불과 몇 분 만에 결정이 나다니 너무 허탈했다. 하지만 안 되는 걸 되게 할 수는 없는 일. 원래 절차대로 잔금을 치르고, 명도를 준비해야만 했다. 다행히 임차인이 재계약을 원했고, 경락자금대출도 좋은 조건으로 받을 수 있었다. 거의 무피

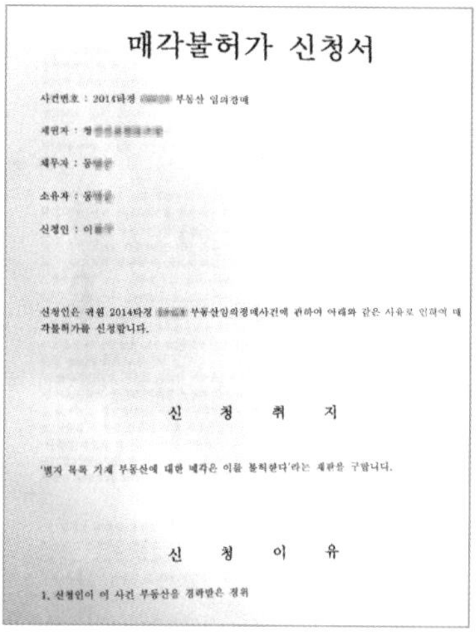
매각불허가 신청서

사건번호 : 2014타경 [illegible] 부동산 임의경매

채권자 : 청[illegible]

채무자 : 동[illegible]

소유자 : 동[illegible]

신청인 : 이[illegible]

신청인은 귀원 2014타경 [illegible] 부동산임의경매사건에 관하여 아래와 같은 사유로 인하여 매각불허가를 신청합니다.

신 청 취 지

'별지 목록 기재 부동산에 대한 매각은 이를 불허한다'라는 재판을 구합니다.

신 청 이 유

1. 신청인이 이 사건 부동산을 경락받은 경위

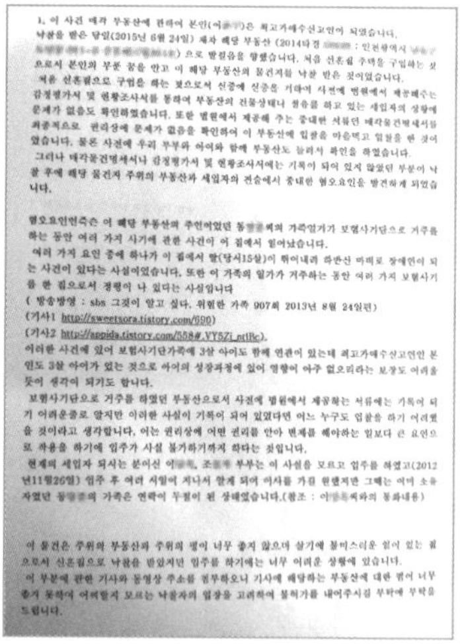
1. 이 사건 매각 부동산에 관하여 본인(이[illegible])은 최고가매수신고인이 되었습니다.
낙찰을 받은 당일(2015년 6월 24일) 재차 해당 부동산 (2014타경 [illegible] : 인천광역시 [illegible])으로 발걸음을 향했습니다. 처음 신혼집 주택을 구입하는 것으로서 본인의 부푼 꿈을 안고 이 해당 부동산의 물건지를 낙찰 받은 것이었습니다.
처음 신혼집으로 구입을 하는 것으로서 신중에 신중을 기하여 사전에 법원에서 제공해주는 감정평가서 및 현황조사서를 통하여 부동산의 건물상태나 점유를 하고 있는 세입자의 상황에 문제가 없음도 확인하였습니다. 또한 법원에서 제공해 주는 중대한 서류인 매각물건명세서를 최종적으로 권리상에 문제가 없음을 확인하여 이 부동산에 입찰을 마음먹고 입찰을 한 것이었습니다. 물론 사전에 우리 부부와 아이와 함께 부동산도 들러서 확인을 하였습니다.
그러나 매각물건명세서나 감정평가서 및 현황조사서에는 기록이 되어 있지 않았던 부분이 낙찰 후에 해당 물건지 주위의 부동산과 세입자의 진술에서 중대한 혐오요인을 발견하게 되었습니다.

혐오요인인즉슨 이 해당 부동산의 주인이었던 동[illegible]씨의 가족일가가 보험사기단으로 거주를 하는 동안 여러 가지 사기에 관한 사건이 이 집에서 일어났습니다.
여러 가지 요인 중에 하나가 이 집에서 딸(당시15살)이 뛰어내려 하반신 마비로 장애인이 되는 사건이 있다는 사실이었습니다. 또한 이 가족의 일가가 거주하는 동안 여러 가지 보험사기를 한 집으로서 정평이 나 있다는 사실입니다
(방송방영 : sbs 그것이 알고 싶다. 위험한 가족 907회 2013년 8월 24일편)
(기사1 http://sweetsora.tistory.com/690)
(기사2 http://appida.tistory.com/558#.VY5Zi_ntlRc).
이러한 사건에 있어 보험사기단가족에 3살 아이도 함께 연관이 있는데 최고가매수신고인인 본인도 3살 아이가 있는 것으로 아이의 성장과정에 있어 영향이 아주 없으리라는 보장도 어려울 듯이 생각이 되기도 합니다.
보험사기단으로 거주를 하였던 부동산으로서 사전에 법원에서 제공하는 서류에는 기록이 되기 어려운줄로 알지만 이러한 사실이 기록이 되어 있었다면 어느 누구도 입찰을 하기 어려웠을 것이라고 생각합니다. 이는 권리상에 어떤 권리를 안아 변제를 해야하는 일보다 큰 요인으로 작용을 하기에 입주가 사실 불가하기까지 하다는 것입니다.
현재의 세입자 되시는 분이신 이[illegible], 조[illegible] 부부는 이 사실을 모르고 입주를 하였고(2012년11월26일) 입주 후 여러 사일이 지나서 알게 되어 이사를 가려 했었지만 그때는 이미 소유자였던 동[illegible]의 가족은 연락이 두절이 된 상태였습니다.(참조 : 이[illegible]씨와의 통화내용)

이 물건은 주위와 부동산과 주위의 평이 너무 좋지 않으며 살기에 불미스러운 일이 있는 집으로서 신혼집으로 낙찰을 받았지만 입주를 하기에는 너무 어려운 상황에 있습니다.
이 부분에 관한 기사와 동영상 주소를 첨부하오니 기사에 해당하는 부동산에 대한 평이 너무 좋지 못하여 어찌할지 모르는 낙찰자의 입장을 고려하여 불허가를 내어주시길 부탁에 부탁을 드립니다.

투자나 다름없었다.

비록 매각불허가 신청이 받아들여지지는 않았지만, 신청서를 작성하면서 배운 것들이 분명 있었다. 수익도 입찰가가 높아 손실을 볼 거라 예상했지만, 임차인의 재계약으로 다행히 약간의 수익을 얻을 수 있었다. 얼마 전 임차인은 이사를 갔고, 다시 새로운 사람과 임차계약을 맺었다.

강남과의 접근성은 언제나 옳다

위례신도시, 판교, 제1동탄, 제2동탄 지역을 분양할 때 광고지에 대문짝만하게 들어가는 문구가 있다. 바로 '강남과의 접근성 ○○분'이다.

우리나라 부동산의 중심은 강남이라는 말에 반론할 사람은 없을 것이다. 강남과의 접근성이 좋을수록 시세에 지대한 영향을 미친다. 동탄은 강남까지 약 30킬로미터 떨어져 있다. 차를 이용하면 30분이면 갈 수 있는 거리다. 게다가 대중교통도 인프라도 잘 갖추어져 있다. 동탄역 SRT가 생겨 강남 수서까지 15분이면 갈 수 있다.

또 신도시의 특징인 깨끗하고 말끔한 아파트들이 숲처럼 우거져 있다. 도심에서 떨어져 있어 쾌적하고, 공기도 맑다. 상업시설이 아파트를 둘러싸고 있어 생활에 불편함이 없고, 주변에 삼성그룹에 다니는 사람들이 많이 거주하고 있어서 문화 수준도 중상위에 해당한다. 여러 조건들이 잘 갖추어진 주거 지역이라고 할 수 있다.

동탄은 제1동탄과 제2동탄으로 나뉘는데, 내가 낙찰받은 물건은 제1동탄에 있었다. 동탄에 사는 친구에게서 동네 자랑을 얼마나 많이 들었는지 모른다. 그런데 임장을 가보니 그 말이 과장이 아니었다. 파리 한 마리 얼씬하지도 못할 만큼 깨끗하고, 살기에 좋은 환경이었다.

경매에 나온 물건은 22층 중 12층으로 방이 세 개, 화장실 두 개에 거실도 널찍하고 남동향이었다. 보존등기일(건물이 태어난 날짜)이 2007년으로, 당시 8년밖에 안 된 건물이었다. 아파트의 보존등기일이 10년 미만이면 거의 하자가 없다고 보면 된다. 단지 내부의 동선

수원지방법원 대법원바로가기 법원안내 가로보기 세로보기 세로보기(2) 세로보기(3)

2013 타경 [redacted] (임의)	매각기일 : 2015-05-29 10:30~ (금)	경매5계 031-210-1265

소재지	(18446) 경기도 화성시 [redacted] [도로명] 경기도 화성시 [redacted]				
용도	아파트	채권자	한[redacted]	감정가	320,000,000원
대지권	53.761㎡ (16.26평)	채무자	최[redacted]	최저가	(70%) 224,000,000원
전용면적	84.691㎡ (25.62평)	소유자	최[redacted]	보증금	(10%)22,400,000원
사건접수	2013-08-28	매각대상	토지/건물일괄매각	청구금액	194,402,348원
입찰방법	기일입찰	배당종기일	2013-11-25	개시결정	2013-08-29

기일현황

회차	매각기일	최저매각금액	결과
신건	2015-04-23	320,000,000원	유찰
2차	2015-05-29	224,000,000원	매각
[redacted]/입찰14명/낙찰304,000,100원(95%) 2등 입찰가 : 300,770,000원			
	2015-06-05	매각결정기일	허가
	2015-07-17	대금지급기한 납부 (2015.07.17)	납부
	2015-08-12	배당기일	완료
배당종결된 사건입니다.			

과 놀이터도 잘 되어 있었다. 공인중개사를 통해 시세는 3억 3000만 원 정도이고, 시장에서도 빨리 거래된다는 정보를 얻을 수 있었다. 주변 시세와 낙찰 사례를 참고해 최종 입찰가를 산정했다.

내가 입찰한 물건은 투자용으로 매우 좋은 물건이었다. 그래서인지 열네 명이나 경합을 했고, 차순위자와 300만 원 차이로 낙찰을 받았다. 근소한 차이였고, 그래서 더 기뻤다. 평소 안면이 있는 딜러들이 잘 받았다고 칭찬해줄 정도였다. 뿌듯한 마음으로 해당 물건지에 갔고, 평소처럼 메모를 남기고 돌아왔다.

그날 바로 소유자에게 전화가 왔다. 목소리가 친절하고 상냥했다. 다음 날 해당 물건지에서 만난 소유자의 첫인상은 전화 통화할 때와 같았다. 문이 열리자 소유자가 합장하며 내게 인사를 했다. 집 안의 분위기는 조용했고, 상태도 깔끔했다. 도배와 장판을 하지 않아도 될 만큼 깨끗했다. 집에서 특이한 냄새가 났는데, 바로 '향'이었다. 안방을 열어보니 부처님상이 세 개나 있었다. 소유자는 바로 스님이었다.

소유자 제가 제주도로 이사를 갈 건데, 부처님을 모시고 가려면 배를 알아봐야 해요. 언제까지 나가면 되나요?

나 배편을 알아보시고 빠른 시일 내에 명도해주시면, 사례비를 조금 드리겠습니다.

소유자 네, 그럼 알아보고 연락드릴게요.

명도일은 한 달 이내로 잡혔고, 나는 이사비를 드리겠다고 했다. 이렇게 공손한 소유자는 처음이다. 명도 당일, 먼저 관리사무소에 가서 미납된 요금은 없는지 확인했는데, 소유자가 이미 다 정리한 상태였다. 스님과는 의례적인 인사 몇 마디를 나누었고, 조금의 사례비를 챙겨드렸다. 오히려 내게 감사하다고 인사하며 앞으로 잘되기를 기도해주겠다고 했다. 이 글을 쓰면서도 제주도에 계실 스님이 생각난다. 잘 계셨으면 좋겠다.

명도를 수월하게 마친 후 청소를 시작했다. 평수가 큰 편이라 힘들었지만, 금방 돈을 벌 수 있을 것 같아 기분이 좋았다. 단지 앞 상가는 절반 이상이 공인중개소였다. 임장할 때 마음에 들었던 곳이 있어 그곳 사장님께 매물을 내놓았다. 그런데 얼마 지나지 않아 '메르스'가 유행했고, 그 여파로 거래량이 뚝 떨어져 기대했던 것보다 오랜 시간을 기다려야만 했다. 세 달 정도 지나 메르스가 잦아들 무렵, 매수인이 나타나 적당한 금액에 매도할 수 있었다.

경매통장 TIP

법인 설립의 장단점

동탄 부동산은 소유자 명의가 '㈜정오'로 법인이었다. 단타로 투자하기 위해 법인을 만든 것이다. 개인일 경우 단타로 투자하면(일 년 이내에 매입과 매도가 이뤄지면) 양도세를 내야 하지만, 법인이면 양도세가 아닌 법인세가 적용된다. 양도세와 법인세의 차이는 매우 크다. 예를 들어 단타 투자로 1000만 원의 차익이 난 경우, 개인은 주거용의 경우 중과세에 해당해 44퍼센트를 세금으로 내야 하지만, 법인은 10퍼센트의 부가세만 내면 된다. 즉, 개인은 440만 원, 법인은 100만 원을 납부해야 한다(일 년 동안의 기본 공제 및 필요비, 유익비는 계산하지 않음).

하지만 위의 사항만 생각해서 법인을 만든다면 나중에 생각보다 신경 써야 할 사항들이 많다는 것에 놀랄 수 있다. 먼저 법인의 장단점과 시스템을 파악하고 본인의 상황에 적합한지를 따져서 결정해야 할 것이다.

차곡차곡 돈이 쌓이는 경매 상식

기일입찰표는 두 번, 세 번 확인하자

기일입찰표란 '나는 얼마에 이 물건을 입찰합니다'라고 적은 서류다. 경매 초보일수록 이 기일입찰표를 쓸 때 특히 주의해야 한다. 나는 지금도 입찰할 때마다 기일입찰표의 금액란을 두 번, 세 번 재차 확인한다. 열심히 조사한 결과가 이 서류 한 장에 기록되고, 보증금의 운명이 달려 있는 만큼 신중히 작성해야 한다. 기일입찰표를 잘못 작성해 보증금을 몰수당하는 경우가 종종 있는데, 작성 시 다음을 반드시 체크해야 한다.

- 입찰가격에 '0'을 하나 더 붙이거나 덜 붙이진 않았나.
- 대리 입찰을 할 때, 위임장과 인감증명서를 챙겼는가.
- 보증금란과 입찰가격란을 반대로 쓰진 않았는가.
- 사건번호와 물건번호는 잘 기입했는가.
- 입찰보증금은 10퍼센트가 맞는가.

기일입찰표 작성 팁

입찰금액은 '0'으로 딱 떨어지는 숫자보다 뒷자리를 조금 올려 쓰는 것이 좋다. 예를 들어 3억 원에 입찰한다면 3억 1234원으로 쓰는 것이다. 한번은 최고가매수신고인이 동일한 금액을 써내 당사자 두 명이 따로 경쟁한 적이 있다. 한 사람은 14만 원을 올려 적었고, 다른 사람은 200만 원을 올려 적어 최종 낙찰받았다. 그 자리에서 무려 200만 원이나 높은 금액에 매입하게 된 것이다. 끝자리만 조금 올려 적었더라면 하는 아쉬움이 들었다.

위에서 당부한 다섯 가지 주의 사항을 보고 '에이, 누가 저렇게 쉬운 걸 틀리나' 생각할 수 있지만, 실수는 누구나 한다.

춘천지방법원 강릉지원 | 대법원바로가기 | 법원안내 | 가로보기 | 세로보기 | 세로보기(2) | 세로보기(3)

2014 타경 [redacted] (임의)		매각기일 : 2016-06-09 14:00~ (목)		경매3계 033-640-1133	
소재지	(25498) 강원도 강릉시 [redacted] [도로명] 강원도 강릉시 [redacted]				
용도	상가	채권자	주[redacted]	감정가	341,345,760원
토지면적	372㎡ (112.53평)	채무자	조[redacted]	최저가	(49%) 167,259,000원
건물면적	188.88㎡ (57.14평)	소유자	엄[redacted] 外	보증금	(20%)33,452,000원
제시외		매각대상	토지/건물일괄매각	청구금액	175,155,056원
입찰방법	기일입찰	배당종기일	2015-01-20	개시결정	2014-10-20

기일현황 (간략보기)

회차	매각기일	최저매각금액	결과
신건	2015-04-06	341,345,760원	유찰
2차	2015-05-11	238,942,000원	유찰
3차	2015-06-22	167,259,000원	매각
낙찰360,777,000원(106%)			
	2015-06-29	매각결정기일	허가
	2015-08-05	대금지급기한	미납
3차	2015-10-19	167,259,000원	매각
최[redacted]/입찰4명/낙찰371,777,000원(109%)			
	2015-10-26	매각결정기일	허가
	2015-12-02	대금지급기한	미납
3차	2015-12-28	167,259,000원	매각
임[redacted]/입찰3명/낙찰3,338,000,000원(978%)			
	2016-01-04	매각결정기일	허가

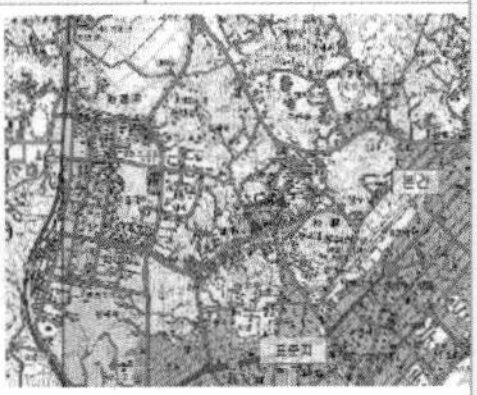

앞의 표를 보면 세 번째 매각 시 입찰하고자 하는 금액에 '0'을 하나 더 붙였다. 너무 안타까운 상황이다. 이런 우를 범하지 않도록 아무리 급해도 기일입찰표를 재차 확인해야 한다. 마지막까지 입찰금액란을 꼼꼼히 확인하자.

나는 항상 입찰금액 뒷자리에 100원을 붙인다. 혹시나 하는 마음에 기대를 거는 것인데, 기대가 현실이 되기도 한다. 100원 차이로 낙찰을 받은 것이다! 그때 느낀 희열은 경험해보지 않으면 모를 것이다.

경매 투자자 중에는 입찰가격 맨 끝자리를 '9'로 적는 사람도 있다. 숫자가 뭐든 본인이 정한 기준대로 끝자리 금액을 적으면 된다. 중요한 건 한 끗 차이의 기적이 언제든 일어날 수도 있다는 것이다. 단돈 100원도 무시하지 말자.

수원지방법원 안양지원 대법원바로가기 법원안내 | 가로보기 | 세로보기 | 세로보기(2) | 세로보기(3)

2016 타경 [redacted] (강제)	매각기일 : 2016-10-18 10:30~ (화)	경매1계 031) 8086-1281

소재지	(14113) 경기도 안양시 [redacted] [도로명] 경기도 안양시 [redacted]				
용도	아파트	채권자	김[redacted]	감정가	302,000,000원
대지권	44.1357㎡ (13.35평)	채무자	이[redacted]	최저가	(100%) 302,000,000원
전용면적	84.79㎡ (25.65평)	소유자	이[redacted]	보증금	(10%)30,200,000원
사건접수	2016-06-10	매각대상	토지/건물일괄매각	청구금액	92,000,000원
입찰방법	기일입찰	배당종기일	2016-08-31	개시결정	2016-06-22

기일현황

회차	매각기일	최저매각금액	결과
신건	2016-09-06	302,000,000원	변경
신건	2016-10-18	302,000,000원	매각
김유한/입찰6명/낙찰312,000,100원(103%) 2등 입찰가 : 312,000,000원			
	2016-10-25	매각결정기일	허가
	2016-11-24	대금지급기한 납부 (2016.11.16)	납부
	2016-12-07	배당기일	완료
배당종결된 사건입니다.			

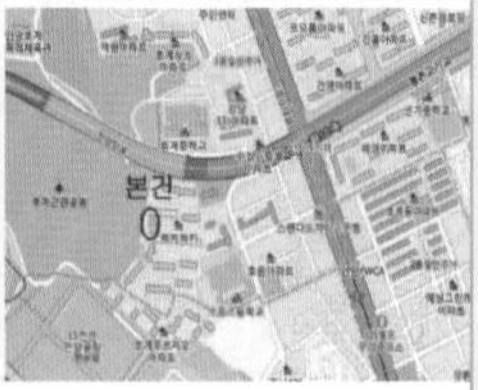

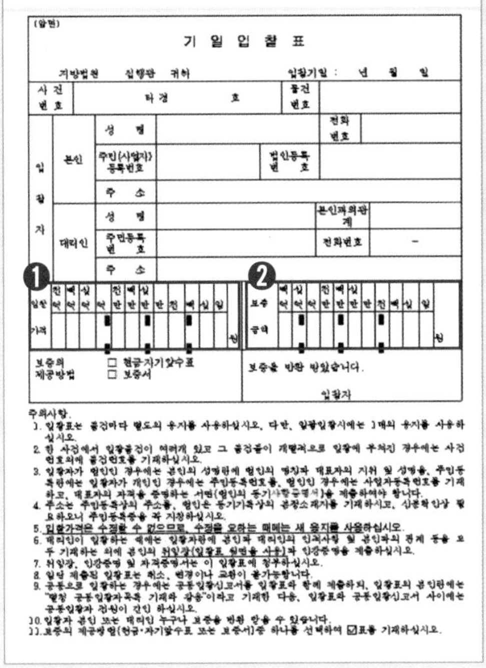

(앞면)

기 일 입 찰 표

지방법원 집행관 귀하 입찰기일 : 년 월 일

사건번호	타경 호			물건번호	
입찰자	본인	성명		전화번호	
		주민(사업자)등록번호		법인등록번호	
		주소			
	대리인	성명		본인과의관계	
		주민등록번호		전화번호	-
		주소			

❶ 입찰가격: 천억 백억 십억 억 천만 백만 십만 만 천 백 십 일 원

❷ 보증금액: 백억 십억 억 천만 백만 십만 만 천 백 십 일 원

보증의 제공방법 □ 현금·자기앞수표 □ 보증서	보증을 반환 받았습니다. 입찰자

주의사항.
1. 입찰표는 물건마다 별도의 용지를 사용하십시오. 다만, 일괄입찰시에는 1매의 용지를 사용하십시오.
2. 한 사건에서 입찰물건이 여러개 있고 그 물건들이 개별적으로 입찰에 부쳐진 경우에는 사건번호외에 물건번호를 기재하십시오.
3. 입찰자가 법인인 경우에는 본인의 성명란에 법인의 명칭과 대표자의 지위 및 성명을, 주민등록란에는 입찰자가 개인인 경우에는 주민등록번호를, 법인인 경우에는 사업자등록번호를 기재하고, 대표자의 자격을 증명하는 서면(법인의 등기사항증명서)을 제출하여야 합니다.
4. 주소는 주민등록상의 주소를, 법인은 등기기록상의 본점소재지를 기재하시고, 신분확인상 필요하오니 주민등록증을 꼭 지참하십시오.
5. 입찰가격은 수정할 수 없으므로, 수정을 요하는 때에는 새 용지를 사용하십시오.
6. 대리인이 입찰하는 때에는 입찰자란에 본인과 대리인의 인적사항 및 본인과의 관계 등을 모두 기재하는 외에 본인의 위임장(입찰표 뒷면을 사용)과 인감증명을 제출하십시오.
7. 위임장, 인감증명 및 자격증명서는 이 입찰표에 첨부하십시오.
8. 일단 제출된 입찰표는 취소, 변경이나 교환이 불가능합니다.
9. 공동으로 입찰하는 경우에는 공동입찰신고서를 입찰표와 함께 제출하되, 입찰표의 본인란에는 "별첨 공동입찰자목록 기재와 같음"이라고 기재한 다음, 입찰표와 공동입찰신고서 사이에는 공동입찰자 전원이 간인 하십시오.
10. 입찰자 본인 또는 대리인 누구나 보증을 반환 받을 수 있습니다.
11. 보증의 제공방법(현금·자기앞수표 또는 보증서)중 하나를 선택하여 ☑표를 기재하십시오.

1번이 내가 입찰할 금액이고, 2번이 최저가의 10퍼센트(법원마다 다르지만 보증금이 20~30퍼센트인 물건도 있다) 금액이다. 예를 들어 최저가가 8000만 원이고, 9000만 원에 입찰하고 싶다면 1번에 9000만 원을, 2번에 최저가의 10퍼센트인 800만 원을 적으면 된다. 보증금 800만 원은 수표 한 장으로 준비해 와야 법원에서 진행이 원활하다. 최저가는 '입찰자가 입찰할 수 있는 최저 금액'을 뜻한다. 기준은 감정가다. 신건인 경우는 최저가가 감정가이고, 한 번 유찰될 때마다 보통 20퍼센트씩(법원마다 다른데 30퍼센트인 곳도 있다) 이전 경매 최저가에서 감소한다.

07

포항시 남구 대잠동 땅
발에 불이 나도록 밟다

이쯤에서 건물과 떼려야 뗄 수 없는 땅 이야기를 해야 할 것 같다. 토지 관련 특수물건 중 그 유명한 '법정지상권'이다. 토지 위에 건축물은 등기상 두 가지로 구분되는데, 집합건물과 단독건물이다. 집합건물은 땅과 건물을 하나로 보기 때문에 등기부등본도 하나로 되어 있고, 단독건물은 토지와 건물이 나뉘어져 있어 등기부등본도 두 개로 되어 있다. 집합건물은 소유자가 한 명이고, 단독건물은 토지와 건물의 소유자가 다를 수 있다.

단독건물의 소유자가 다를 경우 다툼이 있을 수 있다. 예를 들어 토지 주인의 허락 없이 빈 땅에 몰래 건물을 짓고 사용하거나, 주인에게 구두로 동의를 얻어 땅 위에 건물을 세웠는데 토주가 건물주가 아닌 제3자에게 땅을 매도해 새로운 토주가 건물주를 상대로 철거를 요구할 수도 있다. 이러한 다툼을 해결하기 위한 법률이 법정지상권인데, 민법 366조에 기초한 것과 대법원 판례가 적용되는 관습법으로 나뉜다.

경매통장 TIP

법정지상권의 구분

① 민법 366조에 의한 법정지상권

저당물의 경매로 인해 토지와 그 지상 건물의 소유자가 다를 경우, 토지 소유자는 건물 소유자에 대해 지상권을 설정한 것으로 본다. 단, 지료는 당사자의 청구에 의하여 법원이 정한다. 부가적으로 설명하면 아래와 같다.

- 저당권 설정 당시 지상 건물이 있어야 한다.
- 저당권 설정 당시 지상 건물과 토지 소유자의 명의가 동일해야 한다.
- 토지와 건물 둘 다 혹은 하나의 저당권 실행으로 소유자의 명의가 변경된다.

② 관습법에 의한 법정지상권

토지와 건물이 동일한 소유자에 속했다가 매각, 강제경매, 공매, 기타의 원인으로 인해 양자의 소유자가 달라질 때, 특히 그 건물을 철거한다는 조건이나 특약이 없을 때 건물 소유자가 토지 소유자에게 건물의 존속을 위해 취득하는 지상권을 말한다.

- 토지와 건물 소유자가 같다.
- 매각, 경매, 공매 등의 이유로 명의자가 변경된다.

앞서 권리분석의 순서로 등기부등본을 확인하고, 말소기준권리를 찾고, 임차인 보증금의 향방을 찾아야 한다고 말했다. 이와 같은 맥락에서 법정지상권을 정리하면 우선 채무설정일을 찾고, 다음으로 설정일 당시 건물과 땅의 명의자가 동일한지 확인해야 한다.

어려워 보일 수 있지만 큰 틀은 여기서 벗어나지 않는다. 특수물건이라 하면 고수들이나 하는 것이라고 여겨 심리적으로 벽을 쌓는 사람들이 있는데, 그 벽을 조금이라도 허물고자 간단하게 개념을 정리했다. 부디 겁먹지 말고 뼈대를 세운 후 하나씩 익혀나간다면, 특수물건 권리분석도 보통 물건처럼 다룰 수 있게 될 것이다.

법정지상권이 얽힌 땅은 심사숙고하라

일반 물건들에 대한 경험이 쌓이면서 점점 특수물건(유치권, 지분, 법정지상권 등)에도 관심이 가기 시작했다. 그러던 중 추천받은 것이 바로 포항의 법정지상권 물건이었다. 포항은 군대에 있을 때 말고는 가본 적이 없었다. 전역하고 다시는 포항 땅은 밟지 않겠다고 했는데, 이렇게 인연이 될 줄은 꿈에도 몰랐다.

이 물건은 건물과 토지에 공동담보를 설정한 후 건물이 멸실되었다가 다시 신축하고 토지만 경매로 나온 것이었다. 대법원 판례에는

경 매 통 장 TIP

공동담보에 의한 법정지상권 성립 유무

① 토지 위에 건물이 있을 때, 그 토지와 건물에 모두 담보가 설정된 경우.
② 철거 등으로 건물이 멸실되면 건물에 설정된 담보는 상실된다.
③ 토지의 소유가 넘어가면 법정지상권은 성립되지 않는다.

적용되었지만 법정지상권은 성립하지 않는 물건이었다. 토지의 평수도 적당하고, 주변은 조용하고 깨끗했으며, 뒤쪽으로는 낮은 산이 있어 지리적으로도 괜찮았다.

대구지방법원 포항지원 대법원바로가기 법원안내 가로보기 세로보기 세로보기(2) 세로보기(3)

2014 타경 (임의)	매각기일 : 2015-04-06 10:00~ (월)	경매1계 054-250-3217

소재지	(37662) 경상북도 포항시 [도로명] 경상북도 포항시				
용도	대지	채권자	우	감정가	150,360,000원
토지면적	179m² (54.15평)	채무자	장	최저가	(100%) 150,360,000원
건물면적		소유자	박	보증금	(10%)15,036,000원
제시외	제외 : 53.04m² (16.04평)	매각대상	토지만매각	청구금액	200,000,000원
입찰방법	기일입찰	배당종기일	2015-01-23	개시결정	2014-11-12

기일현황

회차	매각기일	최저매각금액	결과
신건	2015-04-06	150,360,000원	매각
김유한/입찰6명/낙찰180,020,000원(120%) 2등 입찰가 : 177,110,000원			
	2015-04-13	매각결정기일	허가
	2015-05-08	대금지급기한 납부 (2015.05.08)	납부
	2015-06-11	배당기일	완료
배당종결된 사건입니다.			

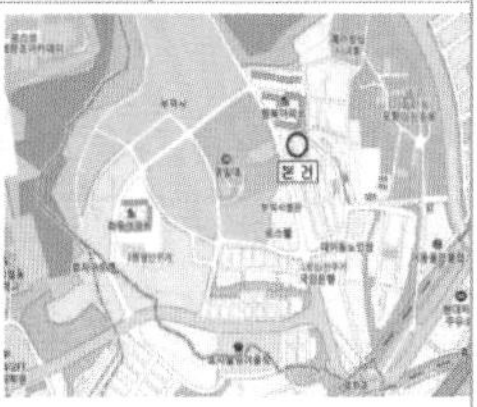

입찰하기 전부터 기분이 벅찼다. 좋은 물건을 발견할 때마다 항상 그랬다. 꼭 나만 이런 좋은 물건을 발견한 것 같은 느낌이 들었기 때문이다. 입찰하기 전날 서류들을 확인하느라 한 시간밖에 못 잤지만, 포항까지 운전해서 가는 길이 전혀 힘들지 않았다. 서류에서 확인하지 못한 부분은 포항 가는 길에 전화로 알아봤다. 포항시 건축과와 건축설계소에 신축 가능 여부 등을 물었고, 가능하다는 답변을 받았다.

전역 후 10년 만에 밟는 포항 땅이었다. 은행에서 돈을 바꾸고 법원으로 향했다. 대구지방법원 포항지원이었는데, 지방에 있는 법원치고는 규모가 제법 컸다. 분주한 마음을 다잡고 기일입찰표를 재차 확인한 후 접수했다. 드디어 개찰 시간, 내 물건이 호명되었고 입찰에 참여한 사람들이 경매장 앞에 모였다. 총 여섯 명이었는데, 2등과 220만 원 차이로 낙찰이었다. 차순위자가 나를 흘겨봤지만 개의치 않았다. '맘껏 째려봐라. 그렇게 본다고 낙찰 영수증이 닳는 것도 아닌데.'

경매대에서 영수증을 받고 나왔다. 법원 밖 흡연실에서 남자 두 명이 담배를 피우며 내게 손짓을 했는데, 그중 한 사람은 차순위자였다.

차순위자 안녕하세요. 그쪽이 낙찰받은 물건 차순위권자입니다. 그 물건 내가 사고 싶은데, 넘기는 거 어때요? 사례금을 드리겠습니다.

나 생각해보겠습니다.

차순위자 그러지 말고, 지금 돈 줄 테니 넘기세요.

나 명함 한 장 주세요. 생각해보고 연락드리겠습니다.

차순위자 식사 같이 하시죠. 맛있는 거 사드릴게요.

나 됐습니다. 명함 주시면 생각해보고 연락드릴게요.

차순위자 잠깐 커피라도 한잔 마시는 건 어때요?

나 (이쯤 되자 어떻게 나올지 궁금해서) 그럼, 그러시죠.

카페로 자리를 옮겨 이야기를 들어봤지만, 차순위자가 하는 말은 내 예상과 별로 다를 것이 없었다. 자기는 부동산 업자이며, 포항까지 오가려면 신경 쓸 일도 많고 수익도 많이 안 남을 테니 자기한테 넘기고 다른 물건을 찾아보라고 했다. 나이까지 들먹이면서 어린 사람 운운하며 은근히 압박을 줬다. 그럼에도 불구하고 내가 요지부동이자, 차순위자가 이틀 뒤에 다시 연락을 주겠다고 하면서 자리는 마무리되었다.

건물주를 만나러 해당 물건지로 가 벨을 눌렀다. 건물주는 본인도 입찰에 참여해서 내 얼굴을 기억하고 있다며, 내게 집 안으로 들어오라고 했다. 건물주와는 간단히 이야기를 나누고, 연락처를 주고받은 후 헤어졌다. 서울로 돌아오는 길, 기분이 좋았지만 얼굴은 벌겋게 달아올라 있었다. 전날 한 시간밖에 잠을 못 잔 데다 서울에서 포항까지 왕복 운전에, 차순위자와 건물주 두 사람을 상대하느라 쌓인 피로가 뒤늦게 밀려왔다.

이틀 뒤 차순위권자에게 연락이 왔고, 나는 매도할 생각이 없다고 분명하게 말했다. 사례금을 받고 끝낼 수도 있었지만 그렇게 하지 않았다. 혹시 나중에 문제가 생겨 소송을 하거나 힘든 일을 겪게 되더라도, 모든 과정을 또 해보고 싶었다. 고생도 해봐야 실력이 는다는 걸 알기 때문이다. 어렵겠지만 내 손으로 직접 해결하고 싶었다.

은행은 안전한 물건에만 대출해준다

서울과 포항이라는 거리를 감안해 건물주와는 전화로 협상을 시작했다. 건물주는 내게 낙찰받은 토지를 팔거나 건물을 사라고 했다. 나는 앞으로의 진행 과정을 설명해줬고, 일주일 동안 생각한 후에 다시 연락을 하기로 했다.

하지만 다시 연락을 했을 때, 건물주는 일단 잔금을 납부하고 이야기하자고 했다. 내가 잔금을 납부하면 소유권이 내게 이전되고, 그러면 건물주가 감안할 부분이 더 많아질 거라고 설명했지만 건물주는 초지일관이었다. 무조건 잔금을 납부하고 다시 이야기하자면서 일방적으로 전화를 끊어버렸다. 더 이상 협상은 무리라고 판단했고, 잔금 납부를 위해 경락대출을 알아보기 시작했다.

그러던 중 생각지도 못한 난관에 부딪혔다. 경락대출 시 주거용 물건은 부동산 담보 비율로 70~80퍼센트가 나온다. 나는 적어도 낙찰액의 70퍼센트는 대출이 될 것이라고 믿고 있었다. 그런데 딜러를 통해 대출 한도와 금리 등의 조건을 받았을 때 당황하지 않을 수 없었다. 법정지상권 물건은 대출이 안 된다는 것이었다. 금융권은 안전한 물건에만 대출을 해주기 때문에 토지 위에 건물이 있는 경우 대출이 어렵다는 것이다.

여기저기 알아봤지만 대출이 안 된다는 답변뿐이었다. 보증금으로 낸 1500만 원을 날릴 수도 있다는 생각에 속이 타들어갔다. 아무리 돈을 끌어모아도 대출 없이 잔금을 납부하기에는 힘든 상황이었기 때문이다. 서울, 경기, 인천은 물론이고 포항에 있는 딜러들에게까지 연락을 해 법무비가 들어가도 괜찮으니 대출을 좀 알아봐달라고 부탁했다. 이때 알게 된 사실인데 건물주의 건물포기각서를 제출하면 대출을 해주는 곳도 있었다. 하지만 건물주와는 협상 자체가 안 되는 상황인 데다, 대체 어떤 건물주가 포기각서를 써주겠는가.

급기야 내가 직접 금융권을 설득해보자고 생각했다. 그들의 염려를 불식시키기 위해 법정지상권이 성립하지 않는 이유를 정리해 서류를 넣었지만, 돌아온 답변은 마찬가지였다.

발에 땀이 나도록 알아본 결과 드디어 대출이 가능한 곳을 찾았는데, 대출 액수는 절반이었다. 금리도 높았고 법무 비용도 더 많이 들었지만, 내 코가 석 자이므로 가릴 것이 없었다. 법무사의 연락을 받고 자서할 날을 기다리고 있는데, 당일 오전에 전화가 왔다. 금융권 승인이 나지 않은 것이다. 산 넘어 산이었다. 책상에 앉아 머리를 싸매고 있는데, 다른 법무사 사무실에서 전화가 왔다. 승인이 났으니 자서하러 사무실로 오라는 것이었다.

한가한 시간대였는지 내게 전화를 한 사무장님은 텔레비전으로 야구를 보고 있었다. '나는 이렇게 절박한데, 저 사람은 참 한가로워 보인다'고 생각했지만, 어쨌든 나를 구원해줄 사람이었다. 인사를 드리고, 자서하기 위해 필요한 서류를 드렸다. 이것저것 확인하더니 왜 이렇게 복잡한 물건을 받았냐고 물어보셨다. 자기도 젊을 때는 혈기 왕성하게 뛰어다녔다며 기특하다는 듯 나를 바라봤다. 사무장님은 사무실에 있던 경매 법률 관련 책 세 권과 그 외의 책 몇 권을 더 챙겨주셨다. 책 한 권이 700~800페이지에 달하는 두꺼운 책들이었다.

사무실을 나올 때는 해가 뉘엿뉘엿 지고 있었다. 한시름 놓았다고 안심하며 기진맥진한 상태로 집에 돌아왔다. 다소 높은 금리와 법무비를 지불했지만 무사히 잔금을 치를 수 있었다. 나의 이런 고충을 건물주가 알기는 할까? 이제부터 건물주와 재협상에 들어가야 한다.

철거 전 건물주와 극적으로 합의하다

잔금도 치렀으니 재협상을 위해 건물주에게 연락했다.

나	잔금을 납부해서 제가 소유자가 됐습니다. 이제 선생님이 제 땅을 사거나, 제가 건물을 사는 방법이 있습니다.
건물주	나는 돈이 없어서 땅을 못 사요. 건물은 얼마에 살 건데요?
나	먼저 건물 철거 소송을 하느라 들어간 비용을 제게 주셔야 합니다. 그리고 실제로 건물을 철거하는 데 들어가는 비용을 드리겠습니다.
건물주	말도 안 되는 소리 하지 말아요!
나	이제부터 잘 생각해서 대응하셔야 할 겁니다. 제가 할 말은 다 했고, 일주일 안으로 연락이 없으면 제 나름대로 진행하겠습니다.
건물주	나름대로 뭐요? 뭘 할 건데요?
나	생각해보고 일주일 안에 연락주세요. 이만 끊겠습니다.

기다렸지만 건물주에게 연락은 오지 않았다. 더 이상의 협상은 없다. 책에서 이럴 때 소송을 해 철거 판결문을 받고 협상했다는 사례를 본 적이 있었다. 하지만 사례와 결과만 있을 뿐 과정이 나와 있는

책은 보지 못했다. 문제 해결 방향은 찾았는데, 앞으로 어떻게 진행해야 할지 앞이 캄캄했다. 예전에 했던 부당이득반환청구소와는 급이나 성격, 내용이 달라도 너무 달랐다.

민사사건에 관한 소송은 혼자 진행하기 어려워 일단 변호사 사무실 몇 군데를 돌았는데, 선임비가 너무 비쌌다. 변호사들은 대부분 "이거 쉽지 않겠는데요?"라며 수임료를 올리고 기간을 늘리려고 했다. 믿고 맡길 수 있는 사람을 찾기 위해 수십 개의 사무실을 방문했다. 이때까지만 해도 변호사라면 모든 법에 능통할 거라 생각했는데, 상담을 받으면서 변호사들도 각자 전문 분야가 있다는 걸 알게 되었다.

사람이 죽으라는 법은 없다고, 그렇게 고생하던 중 소장을 작성해 주겠다는 지인을 만날 수 있었다. 소장을 접수하고 얼마 후 법원에서 조정기일통지서를 받을 수 있었다. 조정기일 전날, 내 인생의 두 번째 재판을 앞두고 있자니 초조하고 떨렸다. 어떤 말을 할지 머릿속으로 그려봤다. 그런데 조정기일 새벽, 출산을 코앞에 둔 아내의 배가 아파오기 시작했다. 나는 서둘러 병원에 갔고, 곧 아기가 나올 거라는 말을 들었다. 아침 9시에 법원에 전화를 걸었다.

나	오늘 아내가 출산을 해서, 조정 참석이 어려울 것 같습니다.
법원 직원	그건 개인 사정이라서요. 상대방에게 연락해서 조정기일을 연기하세요.

나 상대방과 접전 중인데, 제가 어떻게 양해를 구하나요?

법원 직원 아무튼 두 분이 알아서 하셔야 해요.

결국 나는 조정에 참석하지 못했다. 나중에 알게 된 사실인데 원고가 조정에 참석하지 않으면 조정할 의사가 없다는 것으로 간주되어, 상대방에게 압박감을 주는 효과가 있었다. 그 후 한 달 정도가 지나 변론기일이 잡혔고, 나는 참석했으나 상대방은 오지 않았다. 판사가 묻는 질문에 간단히 답변하고 재판은 마무리되었다. 결국 원고 승소 판결을 받았다.

판결문까지 받았으니 이제는 철거가 가능하다. 철거하기 전, 마지막이라고 생각하고 건물주에게 전화를 했다. 마지막 협상을 제안했고, 만날 약속을 잡고 포항으로 내려갔다. 대체 몇 번을 왔다 갔다 하는지 모르겠다.

나 마지막 협상입니다. 어떻게 하시겠습니까?

건물주 저도 알고 있습니다. 땅을 매입하겠습니다.

오랫동안 짊어지고 있던 짐을 내려놓는 기분이었다. 건물주의 그 한마디가 너무나 감격스러웠다. 이 말을 듣기 위해 그토록 오래 고군분투한 건가 싶었다. 짜릿한 전율마저 느껴졌다. 이런 맛에 경매를 하는가 싶었다.

이번 경험은 법정지상권이라는 물건에 대해, 그리고 소송과 법원의 문화와 분위기에 대해 많은 것을 공부한 케이스였다. 끝이 좋으면 다 좋다고 했던가. 그동안 골머리를 썩었던 것은 다 잊고, 경험으로 쌓인 내공과 수익에 만족하며 기분 좋게 마무리할 수 있었다.

차곡차곡 돈이 쌓이는 경매 상식

경락자금대출을 레버리지하라

경매의 여러 장점 중 하나는 바로 경락자금대출이다. 일반 매매의 담보대출보다 금리나 한도 면에서 장점이 많다. 그러므로 경락자금대출의 시스템을 알고 활용하면 좀 더 유리한 고지에서 시작할 수 있다. 일반 매매보다 돈을 굴릴 수 있는 폭이 더 넓기 때문이다.

아직도 많은 사람이 대출을 부정적으로 여긴다. 나 또한 그랬다. 빚은 되도록 없는 것이 좋다고 생각했다. 하지만 경매에 뛰어들고 알게 된 부자들의 공통점은 대출금을 잘 활용한다는 것이었다. 그들은 대출금을 자신의 자금과 함께 굴리고 있었다.

그렇다고 무조건 대출을 받으라는 말은 아니다. 하지만 대출이라는 레버리지를 이용하면 내가 가진 자금만으로 입찰할 수 없는 물건도 내 것으로 만들 수 있다. 예를 들면 부동산에서 나오는 수익률이 10퍼센트라고 가정했을 때, 1000만 원짜리 부동산의 수익은 100만 원이다. 같은 원리로 1억 원짜리 부동산은 1000만 원이 된다. 즉, 대출을 지렛대 삼아 잘 활용한다면 더 많은 수익을 올릴 수 있다.

1. 경락자금대출의 한도 파악

각각의 물건마다 대출이 어느 정도 나오는지, 시장에서 통용되는 가이드 라인이 있다. 하지만 이를 참조하되 절대적 기준으로 삼으면 안 된다. 해당 물건의 상황이나 주의 문구('주의 요함'이라고 표시된 권리 내역이나 항목이 있으면 한도가 매우 낮아지기도 한다)에 따라 대출 한도가 정해지기도 하고, 개인의 부채나 신용도에 따라 한도와 금리가 달라지기 때문이다. 경매를 시작했다면 자신의 금융 상태를 체크해볼 필요가 있다.

☐	서울중앙 2016-[redacted]		서울특별시 종로구 [redacted] [토지 133.7평] [건물 82.5평] [관련사건,공동담보]	주택	2,971,414,375 2,377,132,000	2018-01-03 (입찰 6일전)	유찰 1회 (80%)	1874
☐	서울중앙 2016-[redacted]		서울특별시 강남구 [redacted] [토지 207.2평] [건물매각제외,토지거래허가구역,관련사건]	전	643,900,000 515,120,000	2018-01-03 (입찰 6일전)	유찰 1회 (80%)	880
☐	서울중앙 2016-[redacted]		서울특별시 강남구 [redacted] [대지권 5.9평] [전용 12.9평] [지분매각,관련사건]	아파트	660,000,000 660,000,000	2018-01-03 (입찰 6일전)	재진행 (100%)	811
☐	서울중앙 2016-[redacted] 물번[2]		서울특별시 동작구 [redacted] [대지권 11.8평] [전용 22.3평] [유치권,선순위가처분,관련사건]	다세대 (빌라)	263,000,000 168,320,000	2018-01-03 (입찰 6일전)	유찰 2회 (64%)	730
☐	서울중앙 2016-[redacted] 물번[3]		서울특별시 동작구 [redacted] [대지권 11.8평] [전용 22.3평] [유치권,관련사건]	다세대 (빌라)	279,000,000 178,560,000	2018-01-03 (입찰 6일전)	유찰 2회 (64%)	715
☐	서울중앙 2017-[redacted]		서울특별시 종로구 [redacted] [대지권 6.9평] [전용 18.1평] [관련사건]	다세대 (빌라)	246,000,000 196,800,000	2018-01-03 (입찰 6일전)	유찰 1회 (80%)	571
☐	서울중앙 2017-[redacted]		서울특별시 관악구 [redacted] [대지권 5.2평] [전용 18.9평] [지분매각,대지권미등기,대항력있는임차인]	다세대 (빌라)	154,000,000 154,000,000	2018-01-03 (입찰 6일전)	신건 (100%)	94
☐	서울중앙 2017-[redacted]		서울특별시 종로구 [redacted] [토지 1평] [개발행위허가제한구역,관련사건]	대지	10,098,000 6,462,000	2018-01-03 (입찰 6일전)	유찰 2회 (64%)	309

2. 물건 종류에 따른 경락자금대출 한도

앞서 말했듯 경락자금대출의 한도는 개인의 신용도와 부채 상황에 따라 다르지만, 통상적으로 다음과 같다.

- 아파트, 빌라: 70%(낙찰 금액과 감정가 중에서 낮은 것이 기준이 된다)
- 주택: 50% – 세대수(가구 수)
- 상가(점포): 80~90%
- 상가(근린상가, 근린생활시설로 건물이 통째로 경매에 나온 경우): 60~80%
- 공장: 70~80%
- 토지: 70~80%
- 자동차: 대출 불가
- 특수물건(유치권, 법정지상권, 지분 등): 기본적으로는 대출이 불가능하다. 경매정보지의 물건검색대에 빨간 글씨로 기록된 것이 있는데, 이런 것은 대출이 안 된다고 생각하고 잔금 계획을 세워야 한다. 선순위 임차인이 있는 경우도 마찬가지다. 자금 계획을 세우지 못하고 특수물건을 낙찰받을 때도 있을 것이다. 만약 유치권이 있는 물건이라면 '유치권 포기각서'를 금융권에 제출하면 대출이 가능할 수 있다. 특수물건을 전문으로 하는 금융권이 더러 있지만, 특수물건에 얽힌 문제를 확실히 해결할 수 있다는 판단이 내려졌을 때만 50~60%의 대출이 나오기도 한다.

3. 경락자금대출을 이용하기 위해 갖춰야 할 것

① 신용도

경매인들에게 신용도 관리는 매우 중요하다. 관리에 소홀해서 신용도가 떨어지면, 금리가 올라가거나 대출 한도가 줄어든다. 최악의 경우 대출이 되지 않으니, 평상시에 관리를 잘 해두어야 한다.

신용도를 관리하는 방법으로는 다섯 가지가 있다. 첫째, 카드 사용료, 세금 등 어떤 경우라도 연체해서는 안 된다. 둘째, 현금보다는 신용카드로 결제하고, 신용카드 결제일보다 앞서 결제하면 좋다. 셋째, 주거래 은행을 하나 정해서 집중적으로 거래한다. 넷째, 신용카드는 필요한 카드 한두 개만 남기고 나머지는 없앤다. 다섯째, 신용카드 현금서비스는 받지 않는다. 만약 제2금융권과 대부업계에서 대출을 받았다면 신용도는 떨어진다. 이때 본인의 신용 등급이 궁금하면 '올크레딧'이나 '마이크레딧' 같은 신용평가회사에서 등급을 조회할 수 있다. 이렇게 자신의 신용 등급을 확인하면서 꾸준히 관리하자.

② 자산(부채) 관리

필요 없는 대출금은 바로 상환하는 것이 좋다. 여러 은행에 소액의 대출이 있으면 주거래 은행에서 대출을 받아 소액 대출금을 상환하는 것이 관리하기도 편하고, 금융 실적에도 더 좋다. 또한 제2금융권이나 대부업계에서 대출받은 실적이 있으면 금융권에서 마이너스 요인으로 작용하니 염두해야 한다.

③ 소득증빙자료

대출을 받으려면 금융권에 소득증빙자료를 제출해야 한다. 금융권에서는 신청자가 이자와 원금을 상환할 능력이 있는지 확인해야 돈을 빌려주기 때문이다. 소득증빙자료로 입증하지 못할 때는 간혹 신용카드 사용 한도를 근거로 입증하기도 한다. 소득이 얼마나 꾸준히 잡히느냐가 중요한 기준이므로, 투자자들은 이 부분을 염두에 두고 입찰해야 한다. 한도와 금리만 알아보고 덜컥 입찰했다가 나중에 소득증빙자료를 제출하지 못해 대출을 못 받을 수도 있으니 유의하자.

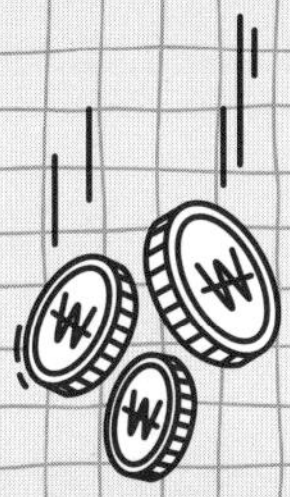

CHAPTER 3

어려울수록 경쟁은 낮고 수익은 높다

08

안양 첫 번째 아파트
학군이 좋으면 기본은 한다

경험이 쌓이다 보니 주변에서 부동산에 대해 문의하는 사람들이 많아졌다. 이사 갈 집을 찾아달라고 부탁하기도 하고, 아예 컨설팅을 의뢰하기도 한다. 이번 장에서 소개할 집은 친구의 부탁으로 알아보다가 매각기일에 내가 낙찰받게 된 곳이다. 예정에 없던 낙찰이었지만, 물건 자체만으로 충분히 매력이 있어서 수익으로 연결할 수 있었다.

친구는 이사할 집으로 다가구를 선호했는데, 경매로 저렴하게 낙찰받고 싶어 했다. 친구의 부탁을 들었을 무렵 나는 안양시 관양동의 다가구 주택을 낙찰받았고, 또 좋은 물건이 있으면 입찰하려고 준비중이었다. 나는 투자 목적이었지만, 거주 목적으로 집을 찾던 친구의 사정이 더 급했기에 열심히 알아봐주었다.

그러던 중 매우 좋은 위치에 다가구 한 채가 나왔다. 내가 낙찰받아 소유하고 있는 집에서 500미터, 인덕원역에서 약 200미터 떨어져 있었고, 세 개 층에 예전에 지어진 건물이라 주차장은 따로 없었다. 나는 신축 가능 여부와 리모델링에 들어가는 시간과 견적을 확인했다. 따져본 결과 수익률도 좋고, 친구의 요구 사항과도 잘 맞았다. 친구는 역세권에, 세 채의 집 중 본인과 처제가 한 채씩 거주하고, 남은 한 가구는 세를 주고 싶어 했다.

이제 입찰가를 산정해야 한다. 매번 그렇지만 입찰가를 정하는 건 매우 신중한 일이다. 더구나 주거용 집합건물처럼 비교적 가격이 평준화되어 있는 곳이 아닌 개발 가능성을 지닌 부동산은 얼마의 가치를 부여하느냐에 따라 입찰가가 천차만별이기 때문이다. 이 물건은 신건이었지만 조건이 좋아 사람들이 꽤 입찰에 참여할 거라고 예상했고, 우리는 감정가에 3000만 원을 더해서 입찰했다.

두근거리는 가슴을 안고 결과를 기다렸다. 결과는 패찰이었다. 1등의 가격은 5억 1000만 원이었다. 우리와 3000만 원이나 차이가 났다. 경매는 낙찰이 아니면 아무 의미가 없다. 패찰을 여러 번 겪었지만, 이번 물건은 특히 더 아쉬웠다. 안타까운 건 친구도 마찬가지였다. 하지만 여기서 포기할 수는 없는 일. 한동안 시장에 좋은 조건의 다가구 주택은 나올 것 같지 않아, 아파트로 방향을 전환해 찾아보기로 했다.

재매각 물건에 지레 겁먹지 말자

안양법원 관할 지역은 의왕, 과천, 안양, 군포 이렇게 네 곳이다. 이 중에서 안양의 평촌은 경기도 내에서도 학군이 좋기로 유명하다. 친구도 자녀가 있어서 장기적으로 주거하기에 괜찮을 것 같아 이 지역을 추천했고, 괜찮은 물건이 경매로 나와 입찰하게 되었다.

이 물건은 직전 입찰 때 두 명이 경합하다가 불허가돼 다시 진행된 물건이었다. 불허가 혹은 미납으로 인한 재매각 물건은 대부분의 입찰자가 꺼리는데, 그 사유가 무엇인지 몰라 심리적으로 불안하기 때문이다. 이번 물건 전에 용인 수지에서 재매각으로 나온 아파트를 단독 입찰했을 때 최저가에서 1000만 원이나 높여서 쓴 경험이 떠올랐다. 이번 물건은 미납 사유로 사람들이 몰리지 않을 테니, 감정가에서 100만 원만 높여서 입찰하자고 친구에게 제안했다.

그런데 입찰 당일, 법원으로 출발하기 전에 친구에게 연락이 왔다. 개인적인 사정으로 입찰이 어렵다는 것이다. 친구는 포기했지만 좋은 물건을 놓치기 아까워 나는 직접 입찰에 참여하기로 결심하고 법원으로 향했다. 입찰 결과는 단독 낙찰이었다. 계획대로 100만 원을 높인 금액을 제출했고, 아무도 입찰에 참여하지 않아 단독으로 낙찰되었다.

낙찰을 받고 일주일 후에 경매계장님을 찾아갔다. 낙찰 후 일주일이 지나면 매각허가가 나오고 이때부터는 이해관계인으로서 관련 서류를 열람할 수 있다. 점유자는 대리인으로 변호사를 선임한 상태(파산관재인)였다. 변호사 사무실에 전화해 점유에 관해 이야기를 나눴고, 결국 개문을 해도 좋다는 답변을 받았다. 그리고 서류를 주고받았는데, 내 쪽에서는 개문을 해 점유를 취한다는 내용이었고, 변호사 쪽에서는 짐을 폐기 처분하는 데 이의를 제기하지 않겠다는 내용이었다. 그렇게 조율하고 곧바로 개문에 들어갔다. 관리사무소장님과 증인 두 명이 참여한 가운데 개문하는 과정은 영상으로 찍고, 집 안에 짐들은 사진으로 남겼다. 짐을 모두 폐기 처분한 후 곧바로 인테리어

수원지방법원 안양지원 대법원바로가기 법원안내 가로보기 세로보기 세로보기(2) 세로보기(3)

2014 타경 [redacted] (임의)	매각기일 : 2016-09-27 10:30~ (화)	경매3계 031-8086-1283

소재지	(14100) 경기도 안양시 [redacted] [도로명] 경기도 안양시 [redacted]				
용도	아파트	채권자	국[redacted]	감정가	376,000,000원
대지권	46.12㎡ (13.95평)	채무자	우[redacted]	최저가	(100%) 376,000,000원
전용면적	84.51㎡ (25.56평)	소유자	김[redacted]	보증금	(10%)37,600,000원
사건접수	2014-06-12	매각대상	토지/건물일괄매각	청구금액	376,300,000원
입찰방법	기일입찰	배당종기일	2015-03-30	개시결정	2015-01-12

기일현황 간략보기

회차	매각기일	최저매각금액	결과
신건	2016-01-12	376,000,000원	매각
원[redacted]/입찰2명/낙찰385,377,000원(102%) 2등 입찰가 : 384,500,000원			
	2016-01-19	매각결정기일	불허가
신건	2016-09-27	376,000,000원	매각
김유환/입찰1명/낙찰377,000,100원(100%)			
	2016-10-04	매각결정기일	허가
	2016-11-11	대금지급기한 납부 (2016.11.11)	납부
	2016-12-07	배당기일	완료
배당종결된 사건입니다.			

를 했다. 낙찰을 받고 일주일 만에 인테리어 공사가 시작된 것이다.

경매에서 잔금을 납부한다는 것은, 즉 소유자가 된다는 말이다. 위의 과정은 소유자가 된 후에 해야 하지만, 점유자나 이전 소유자와 합의하면 도중에 개문을 할 수 있다. 그러고 나서 인테리어를 하거나 매매를 하면 된다. 이때 반드시 소유자 및 점유자의 동의를 받아야 하는데, 동의서를 작성하는 것이 가장 확실하고 안전한 방법이다. 낙찰받자마자 무턱대고 개문하는 행동은 삼가야 한다. 자칫 주거침입죄나 절도죄로 형사 처벌을 받을 수도 있기 때문이다.

09

안양 두 번째 아파트 100원 차이로 낙찰받다

처음 부동산 경매에 뛰어들었을 때는 막막했고, 실수도 잦았다. 하지만 물건을 하나씩 진행할수록 그만큼 내공이 쌓였다. 주변에서 부동산에 대해 문의하는 사람들이 생기면서 작은 커뮤니티를 형성하게 되었다. 이후 강의를 나가고, 또 이렇게 책도 쓰게 되었다. 책을 쓰는 현재 진행하는 물건이 열 개 정도인데, 그중 여섯 건이 내 물건이고 나머지는 수강생과 지인의 것으로 명도와 인테리어 및 매매하는 것을 돕고 있다.

온라인 카페에는 내 물건뿐 아니라 회원들의 낙찰 사례를 시시각각 올려 공유하고 있다. 내 방식이 거창하거나 정답은 아니지만, 숨김없이 친절하게 설명해주고 있어 경매에 거부감이 있었던 사람들도 쉽게 접근할 수 있었다고 고마워한다. 나는 입문자들에게 간접 경험과 실전 지식을 알려주고, 함께 임장을 다니면서 물건을 처리하고 해결 방법을 고민한다. 내가 입찰할 때나 여러 사람이 관심을 가진 물건이 있으면 법원에도 함께 가기도 한다. 그렇게 형성된 커뮤니티는 날이 갈수록 더 활발히 운영되고 있다.

앞서 말한 평촌 아파트를 낙찰받고 얼마 지나지 않아 같은 지역에 괜찮은 아파트가 또 나왔다. 이 물건을 입찰할 때도 법원 입찰 경험이 없는 수강생 몇 명과 함께 가게 되었다. 안양법원은 11시 40분까지 서류 입찰을 받기 때문에 그 전에 미리 만나서 경매 절차와 경매계에서 지켜야 하는 규칙, 서류 작성법 등을 알려주었다. 11시 50분에 개찰이 시작됐고, 개찰 도중에 화장실에 갔던 수강생들이 돌아와 내게 물었다.

수강생	낙찰됐어요?
나	네, 내가 입찰한 물건이 100원 차이로 낙찰됐어요.
수강생	우와, 정말요? 축하드려요!

이렇게 장난을 치고 있는데, 그때 내 물건이 호명됐다. 입찰한 사람들 여섯 명이 경매대 앞으로 나갔다. 그제야 내가 농담했다는 사실을 안 수강생들은 떨리는 마음으로 결과를 기다렸다.

법원마다 개찰하는 방식이 다른데, 안양법원은 최저가부터 차례로 부르지 않고 서류가 접수된 순서대로 부른다. 나는 네 번째였다.

진행관 3억 1200만 100원!

내 입찰금액이 불리자 한 아저씨의 얼굴이 붉으락푸르락했다. '내 금액이 조금 더 높은가 보다' 생각하고 있는데, 곧 또 다른 입찰금액이 불렸다. "3억 1200만 원!" 얼굴이 붉게 달아오른 그 아저씨의 입찰금액이었다. 경매를 하면서 단돈 100원 차이로 낙찰받은 적은 처음이었다. 100원 차이인 것도 놀라웠는데, 직전에 수강생들에게 건

수원지방법원 안양지원 대법원바로가기 법원안내 가로보기 세로보기 세로보기(2) 세로보기(3)

2016 타경 [redacted] (강제)		매각기일 : 2016-10-18 10:30~ (화)		경매1계 031) 8086-1281	
소재지	(14113) 경기도 안양시 [redacted] [도로명] 경기도 안양시 [redacted]				
용도	아파트	채권자	김[redacted]	감정가	302,000,000원
대지권	44.1357㎡ (13.35평)	채무자	이[redacted]	최저가	(100%) 302,000,000원
전용면적	84.79㎡ (25.65평)	소유자	이[redacted]	보증금	(10%)30,200,000원
사건접수	2016-06-10	매각대상	토지/건물일괄매각	청구금액	92,000,000원
입찰방법	기일입찰	배당종기일	2016-08-31	개시결정	2016-06-22

기일현황

회차	매각기일	최저매각금액	결과
신건	2016-09-06	302,000,000원	변경
신건	2016-10-18	302,000,000원	매각
김유한/입찰6명/낙찰312,000,100원(103%) 2등 입찰가 : 312,000,000원			
	2016-10-25	매각결정기일	허가
	2016-11-24	대금지급기한 납부 (2016.11.16)	납부
	2016-12-07	배당기일	완료
배당종결된 사건입니다.			

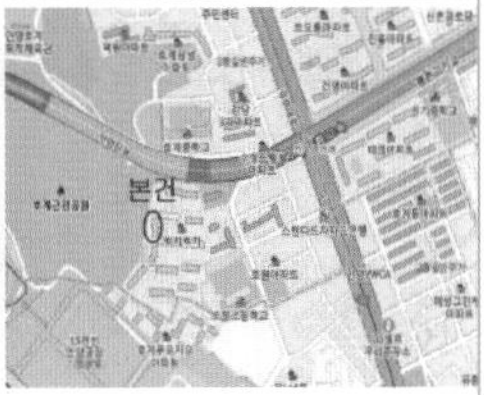

넨 농담이 현실이 되었다는 사실이 더 놀라웠다.

소유자의 신분은 반드시 확인하자

100원 차이로 낙찰받은 흔치 않은 물건이었지만, 되돌아보면 고생한 기억이 훤하다. 인간적인 감정이 개입한 나머지 명도의 원칙을 지키지 않았고, 결국 수익률이 감소한 것이다. 다시 한번 강조하지만, 명도 원칙은 반드시 지켜야 한다. 명도비는 점유자의 점유가 완전히 해제되고, 공과금 정산이 다 된 후 주어야 한다. 또 명도확인서, 인감증명서는 점유자의 퇴거를 확인한 후 키와 비밀번호를 받고 나서 줘야 한다. 해당 부동산에 점유자의 짐이 모두 빠진 것을 확인하고 돈과 서류를 전달해야 한다는 사실을 꼭 기억하자.

낙찰을 받고 여느 때와 같이 현관문에 메모를 남기고 돌아왔다. '안녕하세요, 낙찰자입니다. 물건에 대해 이야기를 나누고 싶으니 메모 보시면 연락주세요.' 대개 이렇게 메모를 남기면 당일 저녁, 늦어도 하루 이틀 안에는 연락이 온다. 이틀이 지나도 연락이 오지 않으면 매각허가 이후 문건을 열람해 점유자의 연락처를 알아내야 한다.

다음 날, 집주인이라는 사람에게 전화가 왔다. 해당 물건에서 보자고 제안했더니 말을 빙빙 돌리면서 피하기만 했다. 결국 일주일 후에 다시 연락을 주겠다는 말만 듣고 전화가 끊겼다. 본인이 진짜 소유자면 그 집에서 보지 못할 이유가 없었다. 느낌이 이상했지만, 앞으로의 순탄한 명도를 위해 더 이상 재촉하지 않았다.

하지만 일주일이 지나도 연락이 오지 않았다. 문자도 남기고 전화도 해봤지만, 연락이 닿지 않았다. 그로부터 다시 일주일이 지나서야 연락이 왔는데, 소유자는 개인적인 일이 있었다며 핑계를 댔다. 나는 빨리 잔금을 내고 강제집행을 신청하기로 마음먹었다.

잔금을 납부하고 한 달 반이 지나 계고장을 붙이기 위해 법원에서 전화가 왔다. 계고장을 붙이려면 증인 두 명이 필요한데, 수강생 중 지원자가 있어서 함께 갔다. 집행관과 미리 불러놓은 열쇠공과 함께 낙찰받은 물건으로 갔다. 집행관이 벨을 눌렀고, 다행히 집 안에는 사람이 있었다. 열쇠공이 강제로 문을 열면 10만 원을 줘야 하는데, 안에서 사람이 나와 직접 계고장을 받아갔기 때문에 출장비 3만 원만 주고 돌려보냈다.

계고장을 전달했음에도 불구하고 2주라는 긴 시간이 지나서야 소유자의 아들이라는 사람에게 전화가 왔다. 소유자 아들은 협상을 원하는 눈치였는데, 나는 미납된 관리비를 내고 바로 명도해줄 것을 당부하고 일방적으로 전화를 끊었다. 강제집행을 앞둔 시점에 소유자가 바라는 건 조금이라도 더 거주하는 것과 이사비밖에 없기 때문이다. 하지만 그런 것들을 협의하기에는 너무 늦었다.

그러고 나서 일주일 후에 또 문자가 왔다. 아직 강제집행일이 결정되기 전이었다. 소유자의 아들은 자신의 인테리어 기술을 내세우며 협상을 제안해왔다. 나는 서로의 조건만 맞으면 협의할 수 있는 사안이라 생각했고, 또 짐이 얼마나 있는지도 확인할 겸 곧장 물건지로 갔다. 집 안에는 발을 디딜 틈도 없이 짐이 가득했는데, 쓸 만한 물건은 거의 없었고 모두 처분해야 할 것 같았다. 나는 수많은 짐 사이에 앉아 소유자의 아들에게 그간의 자초지종을 들었다.

작은 방에는 할머니 한 분이 있었는데 그분이 진짜 소유자였고, 낙찰받고 처음 통화한 사람은 소유자가 아니고 이 집에 개입된 사기꾼이라고 했다. 그때 두 가지 생각이 들었다. 다음부터는 반드시 명의자 확인을 철저히 해야겠다는 것과, 거동이 불편한 할머니를 보면서 강제집행을 해야 하나 말아야 하나 고민이 됐다. 또 다른 방에서는 할머니의 손자로 보이는 고등학생이 이러한 상황도 모른 채 열심히 게임을 하고 있었다.

강제집행을 하면 짐의 양에 따라 비용이 결정되는데, 만만치 않을 것 같았다. 또 거동이 불편한 할머니와 딱한 집안 사정을 고려해 협상을 해보자는 마음이 들었다.

소유자의 아들 우리가 나가면 어차피 이 집에 인테리어를 해야 하지 않습니까? 내가 인테리어 업자인데, 내게 맡기면 어때요? 그 비용을 이사비로 주면 감사하겠습니다. 그리고 집도 알아봐야 하니, 시간을 좀 주세요.

나 (마침 해당 물건지 옆에 낙찰받은 또 다른 물건이 있었다) 그럼 그렇게 하시지요. 이사할 집은 가능한 빨리 구하고 날짜가 정해지면 알려주세요. 인테리어는 제가 낙찰받은 다른 집이 있으니 그곳에 해주시고요.

소유자의 아들 아, 감사합니다. 열심히 해보겠습니다!

앞에서 말했듯이 당시 나는 여섯 개의 물건을 진행하고 있었는데, 그중 하나인 인테리어를 하고 있던 아파트로 소유자의 아들을 데려갔다. 인테리어는 절반 정도 진행된 상태였는데, 내가 직접 할 수 없는 시공 부분은 어차피 사람을 써야만 했다. 소유자 아들에게 나머지 절반에 대한 시공 계획을 들었고, 그에게 맡기기로 최종 결정했다. 이 모든 일이 강제집행을 앞두고 일어났는데, 점유자와의 첫 거래이기도 했다.

소유자와의 거래는 금물이다

내가 예상했던 것보다 시공이 더디게 진행되었다. 지금이라도 다른 사람을 써야 하는 게 아닌가 했지만, 이를 이어받아 마무리 지을 업자를 구하는 것도 만만치 않았다. 그 집은 나와 가족이 살 집으로 마련한 곳이었고, 어떻게든 이사 날짜 이전에 시공을 마무리해야만 했다. 소유자의 아들을 수차례 재촉했지만, 그때마다 열심히 하고 있다는 말만 돌아왔다.

결정적인 실수는 이사 날이 코앞으로 다가올 때까지 상태를 직접 체크하지 않았다는 것이다. 밤을 새워서라도 이사 당일까지는 마무리해놓겠다는 말을 철석같이 믿었던 게 잘못이었다.

이사 당일 아침, 짐을 싸고 있는데 전화가 왔다. 시공이 마무리되지 않았으니 이사 날짜를 다시 잡으라는 것이었다. 속이 뒤집힐 말이었다. 이사를 취소할 수는 없어, 일단 짐을 싸고 그 집으로 향했다. 타일은 미처 깔지도 않았고, 그나마 시공된 곳은 마감이 제대로 되지 않았으며, 미처 손도 대지 못한 곳이 많았다. 소유자 아들의 말을 믿었던 내 실수였다.

'100원 차이로 낙찰받은 부동산인데, 명도가 이렇게 힘들 줄이야.'

결국 시공되지 않은 부분은 살면서 차차 하기로 했고, 낙찰받은 부동산은 강제집행을 진행하기로 마음을 고쳐먹었다. 곧바로 법원에 강제집행 속행을 신청하고, 집행관실에 연락해 최대한 빨리 날짜를 잡아달라고 요청했다. 접수 다음 날, 법원에서 전화가 왔다.

법원 담당자 요청하신 대로 바로 날을 잡았으니, 내일 해당 물건 1층에서 봅시다.

나 네, 감사합니다.

강제집행 당일, 나와 증인 두 명과 법원에서 노무자 열다섯 명이 왔다. 5톤 트럭이 아파트 앞에 대기하고 있고, 열쇠공도 와 있었다. 드디어 집행관이 도착했다. 낙찰자 본인 확인과 증인 두 사람의 신분증을 확인하고 사인을 받은 뒤 바로 해당 물건지로 올라갔다. 집행관이 집 안에 사람이 없는 걸 확인하자 열쇠공이 문을 따기 시작했다. 법원에서 나오는 열쇠공은 이 일을 업으로 하기 때문에 작업하는 데 몇 분을 채 넘기지 않는다. 하지만 20분을 넘게 애를 먹고 있는 걸 보니, 소유자가 다른 시건 장치도 해놓은 모양이었다.

열쇠공이 개문 작업에 한창인데, 갑자기 엘리베이터가 열렸다. 현장을 목격한 소유자 아들이 우리를 향해 미친 듯이 욕을 퍼붓기 시작했다. 나도 지지 않고 맞받아쳤고, 보다 못한 집행관이 중재하기에 이르렀다. 결국 소유자 아들이 직접 문을 열었고, 나와 집행관이 함께 집 안으로 들어갔다. 서로 감정이 격해진 상태에서 마주하게 되었다.

집 안을 둘러보니 처음 방문했을 때보다 짐이 많이 빠져 있었다. 필요한 짐들은 이미 옮겨 놓은 모양이었다. 이런 상황에 일을 더 진행하면 나만 손해를 볼 것 같았다. 감정을 가라앉히고 이성적으로 판단해야 한다. 지금까지 들어간 비용이 엄청나다. 하지만 강제집행을 하고 짐들을 보관창고에 넣고 처분하려면 또 비용이 들어간다. 계산기를 두들겨보니 포기각서를 받고 짐을 처분하는 것이 시간적, 금전적으로 더 나았다. 나는 마지못해 하는 것처럼 그 자리에서 물건 포기각서를 받았다. 그렇게 지옥 같았던 명도를 마무리 지었다.

100원 차이로 낙찰받은 기쁨은 잠시였고, 명도하기까지 정말 힘든 시간을 보내야만 했다. 하지만 배운 것도 많았다. 새로운 것을 배웠다기보다는 이미 알고 있던 내용을 깊게 되새기는 시간이었다. '점유자와는 절대 다른 거래를 하지 말 것, 명의자라고 주장하는 사람의 신원은 반드시 확인할 것, 소유자와 협상하되 민사집행법의 범위를 벗어나지 않을 것.'

안양 세 번째 아파트 드디어 내 집이 생겼다

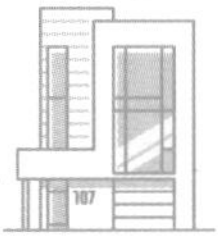

경험이 쌓일수록 낙찰에 대한 감은 저절로 높아진다. 경매 물건만 봐도 기간은 얼마나 걸릴지, 비용은 얼마가 들지 전체 계획이 머릿속에 그려진다. 서류상 분석해야 하는 것들도 금세 파악이 된다. 일반물건이란 권리상 인수할 것이 특별히 없는 물건을 말하는데, 낙찰을 받고 명도하고, 간단히 인테리어를 해서 일반 매매 시장에 내놓게 된다.

반면 특수물건은 인수해야 할 권리나 금액이 있는 물건을 말한다. 이러한 구분은 시장에서 통용되는 개념일 뿐, 절대적인 기준이 있는 것은 아니다. 누군가에게 법정지상권(일반적으로 특수물건의 일종으로 본다)은 일반물건에 해당할 수도 있기 때문이다. 중요한 것은 자기가 잘 할 수 있는 분야를 찾아서 꾸준히 입찰해보는 것이다.

평촌 생활권에 정착하다

경매를 하면서 여러 종류의 물건을 다뤄보고 싶었는데, 이때 당시만 해도 평촌 생활권에 해당하는 아파트를 주시하고 있었다. 이 지역에 경매로 나오는 아파트는 모조리 낙찰받고 싶을 정도였다. 그런 생각으로 물건을 검색하던 중 범계역 바로 앞에 나온 물건을 하나 발견했다. 신건 감정가가 나쁘지 않았지만, 유찰을 기다렸다. 해당 물건은 로열층에, 앞뒤 베란다가 있는 b타입 아파트였다.

입찰 당일 수강생 몇 명과 함께 법원으로 향했다. 이날 세 개의 물건에 입찰했는데, 두 개는 금액을 낮게 써서 패찰 확률이 높았고, 나

수원지방법원 안양지원 | 대법원바로가기 | 법원안내 | 가로보기 | 세로보기 | 세로보기(2) | 세로보기(3)

2016 타경 [redacted] (강제)	매각기일 : 2016-12-27 10:30~ (화)	경매1계 031) 8086-1281

소재지	(14075) 경기도 안양시 [redacted] [도로명] 경기도 안양시 [redacted]				
용도	아파트	채권자	김[redacted]	감정가	380,000,000원
대지권	35.376㎡ (10.7평)	채무자	김[redacted]	최저가	(80%) 304,000,000원
전용면적	56.7㎡ (17.15평)	소유자	김[redacted]	보증금	(10%)30,400,000원
사건접수	2016-04-25	매각대상	토지/건물일괄매각	청구금액	133,000,000원
입찰방법	기일입찰	배당종기일	2016-07-04	개시결정	2016-04-26

기일현황

회차	매각기일	최저매각금액	결과
신건	2016-11-22	380,000,000원	유찰
2차	2016-12-27	304,000,000원	매각
김유환/입찰14명/낙찰363,000,100원(96%) 2등 입찰가 : 361,900,000원			
	2017-01-03	매각결정기일	허가
	2017-02-13	대금지급기한 납부 (2017.02.13)	납부
	2017-03-08	배당기일	완료
배당종결된 사건입니다.			

머지 하나는 타율을 높여 금액을 썼기 때문에 낙찰을 기대해볼 만했다. 내 예상대로 두 개의 물건은 패찰이었고, 마지막 물건은 차순위자와 110만 원 차이로 낙찰이었다.

수강생들과 법원 근처에서 점심을 먹고 해당 물건지로 향했다. 나는 관리사무소부터 찾아갔다. 대부분의 관리소장님들은 우리 같은 사람을 친절하게 맞아주지 않는다. 이미 수많은 예비 입찰자가 찾아와 이것저것 물어보고 갔을 테고, 때문에 낯선 사람이 찾아오면 경계하고 퉁명스럽게 대할 수밖에 없다. 나는 당당하게 관리실 안쪽에 있는 소파에 앉았다. 낯선 사람의 당당한 태도에 흠칫 놀란 소장님은 내게 누구냐고 묻지도 않았다. 나는 몇 동 몇 호를 낙찰받은 사람이라고 먼저 내 소개를 했다. 그제야 소장님의 의심스러운 눈빛이 궁금증으로 바뀌었다.

나 안녕하세요, 소장님. 커피나 물 한잔 마실 수 있을까요?

관리소장님 (대답 없이 물끄러미 쳐다본다) …….

나 경매에 나온 물건 제가 낙찰받았어요.

관리소장님 아, 젊은 사람이 받았구만. 그거 때문에 얼마나 귀찮았는지 몰라. 이제 더 이상 사람들 안 오는 거지?

나 네, 이제 다른 사람들은 안 와요. 그나저나 소장님, 경매 물건 미납 관리비가 얼마라고 하셨죠?

관리소장님	(미납 관리비 내역서를 보여주며) 이거 한번 살펴봐.
나	이거 전용과 공용으로 나뉜 거죠?
관리소장님	그거 공용만 있는 거야.
나	어, 왜요?
관리소장님	거기 사람 안 살아.
나	무슨 일 있었어요?
관리소장님	거기 일 년 전쯤인가 나갔어. 그래서 공용만 청구한 거야.
나	그럼 집 안에 짐도 없어요?
관리소장님	응, 아마 없을걸.
나	아, 그렇군요. 감사합니다.

소장님과 한 시간 정도 대화하면서 주요 사항들을 파악할 수 있었다. 일 년 동안 미납된 관리비는 공용 부분만 있다는 것과 사람이 살지 않는다는 것. 소장님께 인사를 드리고 해당 물건지로 갔다. 벨을 눌렀지만 고장이 났는지 소리가 나지 않았다. 문을 두드려도 기척이 없었다. 우유 투입구를 살짝 열어 집 안을 살폈다. 짐도 없고 깨끗했다. 혹시나 하는 마음에 손잡이를 돌렸는데, 역시 도어록이 먹통이다. 이웃 주민들과 소장님의 증언, 여러 정황을 토대로 봤을 때 사람이 살지 않는 게 분명했다. 나는 개문을 하기로 결심했다.

그날 바로 열쇠공에게 연락해 다음 날 방문 약속을 잡았다. 소장님께 부탁해 개문 시 동행해줄 경비원 두 명도 섭외했다. 나와 수강생 두 명의 입회하에 개문을 하고 집 안으로 들어갔다. 역시 아무도 없었고, 집은 깨끗했다. 환기가 안 돼 냄새가 나고 먼지가 조금 쌓여 있는 정도였다.

이 집은 가족과 함께 살 목적으로 내가 직접 인테리어를 했다. 서두에 말했듯이 짧은 기간 동안 이사를 여러 번 다녔던 터라, 이제는 한 곳에 정착하고 싶은 마음도 있었다. 낙찰받고 인테리어를 마칠 때까지 한 달 보름 정도가 걸렸다. 100원 차이로 낙찰받은 집의 소유자의 아들이 중간에 개입하면서 난항을 겪긴 했지만, 결과적으로는 만족한다. 우리 가족은 지금도 이 집에서 행복하게 잘 살고 있다.

11

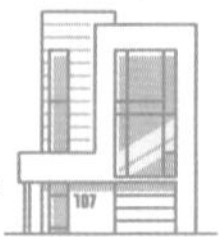

안양시 관양동 주택
경매 시장에도 온갖 작업이 존재한다

아파트 경매는 권리분석, 임차인 보증금과 미납 관리비, 시세 확인이 기본이다. 하지만 주택 경매는 몇 가지를 더 확인해야 한다. 주택 경매 시 반드시 확인해야 할 사항들을 항목별로 정리했다.

첫째, 건축 행위가 가능한지 알아봐야 한다. 아파트와 빌라는 고려 대상이 아니지만 주택의 건축 행위 가능 여부는 매우 중요한 부분이다. 먼저 도로와 맞닿아 있는지 확인하자. 도로와 접하는 부분이 없으면(맹지) 건축이 불가능하기 때문이다.

둘째, 평당가를 체크해야 한다. 주택은 시간이 지나면 건물 가치는 떨어지고, 땅의 가치는 높아진다. 그래서 연식이 오래된 주택은 평당가로 매매한다. 건물의 가치가 이미 떨어졌기 때문에 가격에서 제외

하는 것이다. 또 땅의 모양은 어떤지(정사각형, 도로에 접한 직사각형이 좋다), 평수는 얼마인지, 입지는 좋은지 등을 따져 평당가를 체크하자.

셋째, 리모델링 콘셉트를 생각해야 한다. 건축 행위가 가능해도 기존 건물을 부수고 다시 지으면 비용이 만만치 않게 들어간다. 이때 차선책으로 리모델링을 선택할 수 있는데, 미리 그 규모와 콘셉트를 정하고 시작해야 불필요한 손실을 막을 수 있다. 참고로 단독주택의 건물 외벽 시공비는 200만 원 선이고, 건물 내부만 리모델링하는 아파트와 빌라는 100만 원 선에서 이뤄진다(신축은 400만~600만 원 정도다).

넷째, 권리분석이다. 단독주택(다가구)은 집합건물이 아닌 단독건물이다. 집합건물 표제부에는 건물과 토지 등기가 같이 있다. 하지만 주택은 토지와 건물의 등기부등본이 따로 있다. 단독주택을 권리분석할 때는 건물등기부등본에서 말소기준권리를 찾고, 임차인의 전입일자가 먼저인지 나중인지를 파악하는 것이 기본이다. 주택의 경우 등기상 채권자들과 임차인들의 배당금을 각각 절반씩 나누어 배당하므로 계산 시 주의해야 한다.

다섯째, 임차인들에 대한 명도 전략이다. 임차인이 많을수록, 그들끼리 단결할수록 명도에 대한 저항도가 높아지고, 기간이 길어지면서 추가 비용이 많이 든다. 명도에는 전략이 필요한데, 배당금을 전액 수령하는 사람부터 접근하는 것이 좋다. 혹 전액 배당자가 없으면 그 다음으로 배당금을 많이 받는 사람과 협상을 하면 좋다. 그들이 배당금을 받으려면 낙찰자의 명도확인서와 인감증명서가 필요하므로 협조할 수밖에 없기 때문이다. 이런 사람들을 먼저 명도하면 끝까지 버티려고 했던 사람들도 자연스럽게 넘어오게 된다.

마지막으로, 대출 한도를 확인해야 한다. 주택은 대출 한도가 높지 않다. 보통 주택은 감정가의 50퍼센트에서 세대수 또는 가구 수를 차감한다. 이를 '방빼기'라고 하는데, 그 지역의 최우선변제금을 제하고 대출이 나온다.

예를 들어 2017년 1월 1일을 기준으로 서울 소재 10억 원짜리 건물에 세 가구가 있다고 하자. 대출금은 얼마나 나올까? 10억 원의 50퍼센트는 5억 원이고, 서울 소재 최우선변제금이 2016년 3월 31일 이후 3400만 원이므로 3400만 원 × 3(가구 수) = 1억 200만 원이다. 대출금에서 세 가구에 대한 최우선변제금을 빼면 5억 원 - 1억 200만 원 = 3억 9800만 원이 나온다. 주택은 담보 비율이 높지 않기 때문에 반드시 자금 계획과 대출 한도를 파악하고 입찰해야 한다.

집이 무너지고 있다고?

눈치챘겠지만 이번에 소개할 물건은 주택이다. 바로 안양시 관양동에 있는 주택인데, 관양동은 안양 지역에서 꾸준히 시세가 상승하고 있고, 평촌의 학원가와 공업 지역과도 근접해 있어 입지가 좋다. 특히 관양동의 빌라, 주택 지역은 항상 수요와 공급이 원활하게 돌아가고 있는데, 이번 물건에도 많은 사람이 관심을 보였다. 입찰 전날에는 개인과 경매 학원 등 열다섯 팀이 소유주와 접촉을 했다고 한다. 엄청난 인기였다.

나는 한 차례 유찰되고 난 다음 임장을 몇 번 갔었고, 두 번째 유찰되고 나서는 본격적으로 알아보러 다녔다. 첫 번째 유찰되었을 때만 해도 가격이 괜찮다고 생각했는데(권리분석이나 임차인과의 관계를 고려하지 않고 시세만 보고), 두 번째도 유찰되고 세 번째 입찰에 참여하게 된 것이다. 두 번의 유찰과 임장 때 알아본 것들을 토대로 입찰가를

수원지방법원 안양지원 대법원바로가기 법원안내 가로보기 세로보기 세로보기(2) 세로보기(3)

2015 타경 [illegible] (임의)		매각기일 : 2016-03-29 10:30~ (화)		경매3계 031-8086-1283	
소재지	(13946) 경기도 안양시 [illegible] [도로명] 경기도 안양시 [illegible]				
용도	주택	채권자	김[illegible]	감정가	369,703,900원
토지면적	121.6㎡ (36.78평)	채무자	이[illegible]	최저가	(64%) 236,610,000원
건물면적	166.46㎡ (50.35평)	소유자	이[illegible]	보증금	(10%)23,661,000원
제시외	11㎡ (3.33평)	매각대상	토지/건물일괄매각	청구금액	60,000,000원
입찰방법	기일입찰	배당종기일	2015-10-12	개시결정	2015-07-22

기일현황 간략보기

회차	매각기일	최저매각금액	결과
신건	2016-01-12	369,703,900원	유찰
2차	2016-02-23	295,763,000원	유찰
3차	2016-03-29	236,610,000원	매각
김[illegible]/입찰1명/낙찰240,000,100원(65%)			
	2016-04-05	매각결정기일	허가
	2016-05-12	대금지급기한 납부 (2016.05.03)	납부
	2016-06-08	배당기일	완료
배당종결된 사건입니다.			

산정했다.

입찰 결과는 단독 낙찰이었다. 최저가에서 아주 약간 올렸는데, 최저가를 써도 될 뻔했다. 경매대에서 영수증 발급을 기다리는데, 이해관계인이라는 사람이 내게 서류 한 장을 건넸다. 1층 임차인의 동생이라고 했다.

임차인 동생 1층에 사는 이 아무개 씨는 진짜 임차인인 거 아시죠?

나 누구세요? 이 서류는 왜 주시는 거죠?

임차인 동생 저는 이 아무개 씨 동생이고요, 언니는 회사에 가서 법원에 못 왔어요. 저도 내용은 잘 모르는데, 이 서류를 전달해달라고 해서요.

나 법원에 왜 신고 안 하셨어요?

임차인 동생 그건 저도 잘 모르겠어요.

임차인 중에서 문제가 될 여지가 있는 사람은 1층 임차인이었다. 말소기준권리보다 전입신고가 빠른 선순위 임차인이기 때문이다. 전입신고를 했고, 점유를 하고 있다면 보증금을 보호받을 수 있었다. 단, 진성 임차인일 경우에만 가능하다.

임차인현황 ▸ 건물소멸기준 : 2012-02-01 | 배당종기일 : 2015-10-12 | 매각물건명세서 | 예상배당표

순위	성립일자	권리자	권리종류(점유부분)	보증금금액	신고	대항	참조용 예상배당여부 (최저가기준)
1	전입 1998-12-11 확정 없음 배당 없음	이[redacted]	주거임차인 [redacted]	【보】 18,000,000원 【월】 80,000원	X	없음	[redacted]주민등록등 본상배우자
2	전입 1998-12-11 확정 1998-12-11 배당 2015-10-08	차[redacted]	주거임차인 [redacted]	【보】 15,000,000원 【월】 80,000원	O	있음	배당금 : 15,000,000원 전액배당으로 소멸예상
3	전입 2011-02-09 확정 없음 배당 없음	이[redacted]	주거임차인 미상	【보】 미상	X	있음	현황조사 권리내역
4	전입 2012-02-17 확정 2011-09-14 배당 2015-10-05	정[redacted]	주거임차인 [redacted]	【보】 100,000,000원	O	없음	배당금 : 3,030,700원 미배당 : 96,969,300원 일부배당(미배당금 소멸예상)
5	전입 2012-11-08 확정 없음 배당 없음	조[redacted]	주거임차인 미상	【보】 미상	X	없음	현황조사 권리내역
6	전입 2013-07-16 확정 2013-07-16 배당 2015-10-12	차[redacted]	주거임차인 [redacted]	【보】 70,000,000원	O	없음	미배당 : 70,000,000원 미배당금 소멸예상
7	전입 2014-02-10 확정 없음 배당 없음	이[redacted]	주거임차인 미상	【보】 미상	X	없음	현황조사 권리내역
8	전입 2014-02-10 확정 없음 배당 없음	차[redacted]	주거임차인 미상	【보】 미상	X	없음	현황조사 권리내역
9	전입 2014-02-10 확정 없음 배당 없음	황[redacted]	주거임차인 미상	【보】 미상	X	없음	현황조사 권리내역
10	전입 2014-02-10 확정 없음 배당 없음	황[redacted]	주거임차인 미상	【보】 미상	X	없음	현황조사 권리내역
11	전입 2015-01-26 확정 없음 배당 없음	신[redacted]	주거임차인 미상	【보】 미상	X	없음	현황조사 권리내역
12	전입 2015-09-30 확정 2015-09-30 배당 2015-10-07	김[redacted]	주거임차인 방2칸(지하2호)	【보】 10,000,000원 【월】 150,000원	O	없음	경매기입등기이후전입 내용보기
				- 보증금합계 : 195,000,000원 - 월세합계 : 230,000원			

+ 압류의 법정기일이 빠른경우 또는 교부청구(당해세)로 대항력있는 임차인의 경우 전액배당 안될시 인수금액 발생할수있음.

임차인 동생이 준 서류는 임대차 계약서 사본이었다. 흐릿한 글씨로 임대차 금액과 명의자가 적혀 있었다. 영수증을 받고 법원에서 나와 점심을 먹으면서 서류를 좀 더 꼼꼼히 살펴보았다. 공인중개사가 중개하지 않은 임대차 계약서 사본이었다. 글씨는 알아보기 어려웠고, 임대인의 명의와 임차인의 명의가 비슷했으며, 연배도 비슷했다.

나는 서류를 복사해 법원에 제출했다. 임대차 계약서를 낙찰자가 제출하는 걸 보고 계장님이 의아한 눈빛으로 바라봤다.

낙찰을 받았으니 좀 더 자세한 상황 파악을 위해 물건지로 갔다. 소유자가 앞마당에서 담배를 피우고 있었다. 내가 말을 건네자 마치 기다렸다는 사람처럼 말들을 쏟아냈다.

소유자 지금 이 집이 무너지고 있어. 작년인가, 앞집이 신축 공사를 하면서 수도 탱크가 터졌는데, 그게 우리 집 지반을 전부 적셨어. 그래서 집이 가라앉으면서 기울어지고, 기둥도 무너져서 잠잘 때마다 우두둑 소리가 나 겁이 난다니까. 요즘 들어 더 심해진 거 같아. 그러니 취소하는 게 좋을 거야.

임장을 여러 번 왔지만 소유자를 직접 만난 건 처음이었다. 나중에 안 사실인데, 소유자는 임장을 온 사람들에게 집이 무너지고 있고, 모든 세대에 누수가 되고 있으며, 한 집에 여러 세대가 전입을 한 곳도 있고, 임차인 중에는 수감 중인 사람도 있다면서 누군가 낙찰을 받으면 자기는 바로 집을 나가고 싶다고 말해왔다.

나는 주변 상가 사람들과 임차인 중 한 사람에게 이러한 상황을 들어 이미 알고 있었는데, 집이 무너지고 있다는 건 금시초문이었다. 정말 기가 막힐 노릇이었다. 소유자의 말이 진실인지 아닌지 확인할 필요가 있었다.

소유자와 함께 집 안팎을 구석구석 둘러봤다. 하지만 임장 때 파악했던 것과 큰 차이점을 발견하지 못했다. 집이 무너지고 있는 걸 무슨 수로 알 수 있단 말인가. 이 집이 무너지면 내 돈도 함께 사라질 텐데, 그러면 정말 큰일이었다. 더는 뾰족한 수가 없어 집으로 돌아올 수밖에 없었다. 머릿속에서는 집이 폭삭 주저앉는 장면이 계속 떠올랐다. 매각불허가 신청만이 유일한 해결 방법이었다.

액상화 현상의 진실

매각허가 결정기일 전에 서류를 접수해야 하는데, 마음이 조급했다. 보증금 2400만 원이 걸린 문제였다. 예전 도림동 빌라에서 본 쓴맛을 기억하며 민사집행법 121조를 다시 들춰봤다. 121조에 의하면 '부동산이 현저히 훼손된 경우' 매각불허가가 가능하다. 도림동 때는 감정에 호소했다면, 이번에는 정확한 사유가 있었다.

그런데 집이 무너지고 있다는 것은 어떻게 증명해야 하나. 건물안전진단을 하는 사설 업체가 있다는 것을 알게 되었는데, 점검 비용이 만만치 않았다. 게다가 불허가신청은 일주일까지 가능한데(연기 신청을 할 수도 있다), 건물안전진단은 보름 정도가 걸렸다.

더 좋은 방법을 고민하던 중 시, 군, 구청에서도 안전진단을 한다는 정보를 입수했다. 곧바로 안양시청 건축과에 전화를 했다. 건축과에서는 안전진단을 하지 않는다고, 부동산에 관해 자문해주는 자문회가 있으니 그쪽에 문의하라며 전화번호를 가르쳐줬다.

나 제가 낙찰받은 집의 안전진단을 받고 싶은데, 어떻게 진행하면 되나요? 진단서는 언제 나오나요?

시청 직원 자문위원이 돌아가면서 움직이는데, 이분들이 지역을 특정하진 않습니다. 접수된 순서대로 진행이 될 거예요.

나 지금 접수하면 얼마나 기다려야 하나요?

시청 직원 다음 주는 넘겨야 합니다.

나 진단 후 진단서는 언제 나오나요?

시청 직원 2~3일 정도 걸립니다.

나 제가 진단 서류를 급하게 내야 하는데, 일정 조율이 안 될까요?

시청 직원 그건 좀 어려워요. 업무가 많이 밀려 있거든요.

나 자문위원이 움직이는 거리와 동선이 있을 텐데, 파악 좀 해줄 수 있을까요? 제가 그분을 하루 종일 모시고 다니면서 제 물건에 잠깐 들러달라고 부탁드릴게요. 그분들 업무에 절대 차질이 없도록 하겠습니다.

이렇게 사정을 했더니 시청 직원이 자문위원의 동선을 알려줬고, 결국 약속을 잡을 수 있었다. 나는 자문해주는 교수님께 건물이 액상화 현상(건물의 지지판이 물로 인해 물렁해지면서 점점 가라앉는 현상)으로 위험한 상태라고 설명했다. 교수님은 건물을 두루 살펴보면서 메모지에 무언가를 열심히 기록했다. 교수님의 말에 의하면 내가 이야기한 것처럼 심각한 상태는 아니고, 건물 상태만 봐서는 무너지고 있다는 걸 파악하기 어렵다고 했다. 이제 진단서가 나오기를 기다리는 수밖에 없었다.

바로 다음 날, 진단서가 나왔다. 진단서와 건물 사진, 사전에 작성한 자료들을 첨부해서 50장 분량의 서류를 만들었다. 제법 완벽했다. 매각불허가가 받아들여질 거라는 희망을 안고 안양법원에 제출했다.

사흘 정도 지나 법원에서 전화가 왔다. 결론은 이미 이러한 요인이

경매통장 TIP

액상화 현상이란?

땅이 진동이나 지진으로 인해 액체화되는 현상이다. 쉽게 말해 고체인 땅이 진동이나 지진으로 액체가 되는 현상을 말한다. 교수님의 말에 의하면 이 주택은 지진 같은 물리적 힘 때문에 무너지고 있는 게 아니므로, 액상화 현상이라고 보기 어렵다.

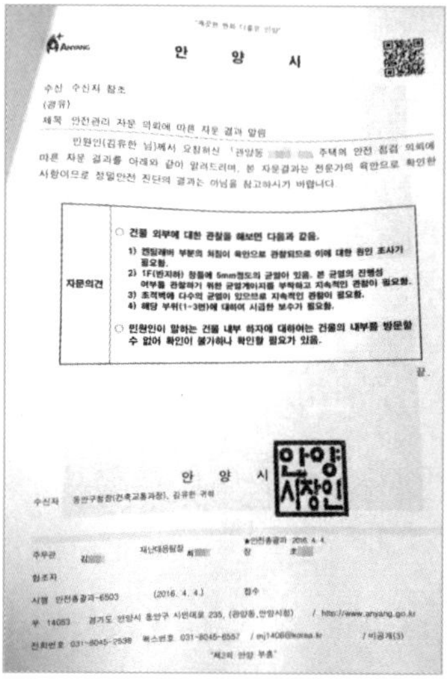
안 양 시

수신 수신자 참조
(경유)
제목 안전관리 자문 의뢰에 따른 자문 결과 알림

민원인(김유한 님)께서 요청하신 「관양동 주택의 안전 점검」 의뢰에 따른 자문 결과를 아래와 같이 알려드리며, 본 자문결과는 전문가의 육안으로 확인한 사항이므로 정밀안전 진단의 결과는 아님을 참고하시기 바랍니다.

자문의견	○ 건물 외부에 대한 관찰을 해보면 다음과 같음. 1) 캔틸레버 부분의 처짐이 육안으로 관찰되므로 이에 대한 원인 조사가 필요함. 2) 1F(반지하) 창틀에 5mm정도의 균열이 있음. 본 균열의 진행성 여부를 관찰하기 위한 균열게이지를 부착하고 지속적인 관찰이 필요함. 3) 조적벽에 다수의 균열이 있으므로 지속적인 관찰이 필요함. 4) 해당 부위(1~3번)에 대하여 시급한 보수가 필요함. ○ 민원인이 말하는 건물 내부 하자에 대하여는 건물의 내부를 방문할 수 없어 확인이 불가하나 확인할 필요가 있음.

끝.

안 양 시 안양시장인

수신자 동안구청장(건축교통과장), 김유한 귀하

시행 안전총괄과-6503 (2016. 4. 4.) 접수
우 14083 경기도 안양시 동안구 시민대로 235, (관양동,안양시청) / http://www.anyang.go.kr
전화번호 031-8045-2538 팩스번호 031-8045-6557 / 비공개(3)

모두 반영되어 감정이 이뤄진 것이기 때문에 기각 처리한다는 것이었다. 나는 이 건물은 감정 자체가 안 되는 상태이고, 감가상각의 대상이 아니라고 주장했지만 돌아오는 대답은 같았다. 열심히 뛰어다닌 결과는 기각이었다.

'건물은 무너지고 있는데, 잔금을 치르고 소유권을 가져와야 하나.' 이런 고민을 하던 중 문뜩 소유자의 말만 듣고 일련의 일들을 벌였다는 생각이 들었다. 정말 무너지고 있는지 아닌지는 모를 일이었다. 나는 원점에서부터 다시 시작하기로 했다. 건물 무너짐 현상은 잠시 보류하고, 명도와 소유권 이전을 마친 후 다시 건물을 살펴보기로 했다.

업체와 소유주의 계획에 걸려들다

부동산 상태에 대해서는 차치하고, 가장 먼저 풀어야 할 숙제는 명도

였다. 예전 강서구 도시형 생활주택을 명도할 때 임차인들끼리 단체 카톡방을 만들어 정보를 주고받은 일이 떠올랐다. 임차인들은 낙찰자들에 대한 정보와 이사비는 얼마나 받았는지 등을 공유했다. 이런 단체 채팅방은 갑자기 만들어진 것이어서 한두 사람이 명도되어 채팅방을 나가면 결속력이 금세 떨어진다. 이렇듯 단체 명도는 결속하려는 심리가 있기 때문에 개인을 명도할 때보다 더 신중해야 한다.

나는 물건지에 다시 찾아갔다. 소유자는 불허가신청이 기각됐다는 것을 이미 알고 있었다. 그뿐만 아니라 내게 본인이 아는 경매 전문가를 소개하면서 그 사람과 통화하면 다시 불허가를 받을 수 있다고 했다. '이미 기각되었는데, 불허가가 가능하다고?' 느낌이 조금 이상했다. 소유자가 적극적으로 나서서 불허가신청을 받아내려고 했기 때문이다. 의구심이 들었지만 일단 소유자가 소개해준 사람을 만나보기로 했다.

경매 전문가라는 사람의 사무실에는 낯이 익은 한 사람이 더 있었다. '누구였더라. 아! 법원에서 이 아무개 씨의 동생이라던 그 사람이잖아.' 나는 업체가 개입되었다는 걸 직감했다. 여기서 말하는 업체는 컨설팅 회사다. 회사 대표라는 사람에 의하면 이 물건은 소유자가 낙찰받을 작정으로 업체에 의뢰했고, 업체에서는 계속 유찰시켜 채권을 정리하고 4차에 입찰하기로 계획을 세운 상태였다. 유찰시키기 위해 임장 오는 사람들에게 집이 무너지고 있다고 거짓말을 한 것이었다. 그런데 내가 중간에 낙찰을 받으면서 업체와 소유주의 계획이 틀어진 것이다.

이제야 모든 의문이 풀렸다. 컨설팅 업체는 자신들이 선순위 임차인에 대한 서류를 가지고 있으니, 해결하고 싶으면 비용을 내라고 했다. 나는 선순위 임차인이 진짜가 아니라고 확신했다. 내가 할 일은 컨설팅 업체가 갖고 있는 물증을 확보하는 것이었다.

먼저 법원에 선순위 임차인이라고 주장하는 사람의 가족관계증명서를 신청했다. 그리고 선순위 임차인을 직접 만나 무엇을 원하는지 물었다. 임차인은 자기는 진성 임차인이기 때문에 보증금을 다 받아야 나갈 수 있다고 했다. '당연히 그렇겠지.' 나는 그 후로 한동안 임차인에게 연락하지 않았다. 그리고 남은 임차인들의 명도를 하나씩 처리해나갔다.

임차인들의 정보를 서류로 파악하고 한 가구씩 차례로 만났다. 한 집에 세 가구가 전입신고한 곳이 있었는데, 그들 중 진성 임차인을 만나 합의를 봤다. 진성 임차인의 짐과 다른 사람들의 짐을 모두 명도하는 조건으로 합의를 마칠 수 있었다. 다른 한 호수는 재계약을 원했지만 시세가 맞지 않아 그대로 명도를 진행했다. 남은 건 소유주와 진성을 주장하는 가장 임차인이었다. 협상이든 집행이든 해결을 봐야 했다.

가장 임차인의 물증을 확보하다

명도를 진행하면서 동시에 가장 임차인을 상대로 인도명령을 신청했다. 법원의 답변을 기다리는 한편, 가장 임차인에게 내용증명을 보냈다. '당신의 보증금 요구는 합당하지 않다. 당신은 진성 임차인이 아니라 가장 임차인이기 때문이다. 계속 거짓으로 요구한다면 민사사건뿐 아니라 형사사건을 진행할 것이다.'

법원에서는 해당 호수 임차인의 대항력이 없다는 것을 소명하라는 보정서를 보내왔다. 이미 가족관계증명서는 법원에서 발급받았고, 더 확실한 물증을 찾기 위해 백방으로 노력한 결과 결정적인 사유를 발견했다(여기서 그 사유를 밝히지 못하는 점은 양해 바란다). 법원에 사유를 제출하자 인도명령문이 인용되었고, 강제집행까지 신청할 수 있었다. 계고장을 붙이자마자 임차인이 만나자고 연락을 해왔고, 완강하게 버텼던 임차인의 명도를 시작으로 다른 호수의 명도도 차근차근 마무리할 수 있었다.

이 물건을 해결하면서 가장 아쉬운 건 경매 시장에 온갖 '작업'들이 존재한다는 것과, 그로 인해 많은 예비 입찰자가 정당하게 경매에 참여하지 못한다는 것이다. 나는 다행히 이러한 상황에 잘 대처해 수익을 냈지만, 입문자들에게는 큰 난관이 될 수도 있다.

우여곡절이 많았던 명도가 끝나고, 인테리어 단계로 넘어갔다. 경매의 특성상 부동산 내부를 샅샅이 살펴보고 입찰하기 어려우므로 처음에 예상했던 금액보다 더 많은 비용이 들 수 있다. 또 집 자체가 부실하거나 매우 더러우면 어디서부터 손을 대야 할지 막막할 수도 있다.

이 물건은 내부는 물론 건물의 외관까지 리모델링을 해야 하는 상태였는데, 세입자가 나가면서 남겨 놓은 짐들은 내가 직접 처분했고, 리모델링 업체는 따로 알아봤다. 처음에는 리모델링의 각 단계별로 견적서를 받았는데, 오히려 비효율적일 것 같아 모든 과정을 한꺼번에 맡기기로 했다. 수많은 인테리어 업체와 미팅하는 데만 3주가 걸렸고, 수십 개의 견적서를 받았다. 업체를 선정할 때는 해당 건물을 잘 이해하고 있고, 완성된 건물의 콘셉트를 정확히 설명해주는 곳이 좋다.

명도 후 업체를 알아보는 기간까지 포함해 리모델링이 완성되기까지 약 4개월이 걸렸고, 마무리 이후 무사히 새 임차인을 들일 수 있었다.

경매통장 TIP

효율적인 리모델링의 순서

① 짐 처분 ② 철거 ③ 새시 ④ 배관
⑤ 목공 ⑥ 타일 ⑦ 주방가구 ⑧ 도배, 장판
⑨ 페인트, 필름, 조명 ⑩ 폐기물 처분 ⑪ 입주 청소

리모델링은 업체가 다 해준다?

흔히 리모델링을 할 때 많은 돈을 쓰면 그만큼 자재와 마감재도 좋은 것을 쓸 거라고 생각하지만 반드시 그런 건 아니다. 아무리 돈을 많이 들여도 의뢰자가 자재, 마감재, 공사 단계와 방법 등을 모르면 현장에서 덤터기를 쓸 수 있다. 견적서에 공사비가 1만 원으로 책정되어 있는데 5000원짜리 자재로 시공해도 딱히 알 방법이 없는 것이다. 그러므로 의뢰자는 건축에 대한 최소한의 지식과 정보를 갖고 업체와 긴밀하게 소통해야 한다.

물론 전문가가 아니므로 속속들이 알기 어렵고, 간혹 감리를 맡기면 되지 않느냐고 묻는 사람도 있다. 하지만 당사자가 원가와 인건비 등에 대한 기본적인 계산도 못 한다면 곤란하다.

나는 인테리어와 리모델링을 할 때 단계별로 업자를 쓴 적도 있고, 공사 전체를 맡겨본 적도 있다. 단계별로 업자를 쓰면 비용을 절감할 수 있다. 이때는 본인이 전체 시공 과정에 대해 알고 있어야 하며, 각각의 업자들에게 연락을 돌려 일정을 조율해야 하는 번거로움이 있다. 가장 큰 단점은 업자들의 책임감이 전체 과정을 진행할 때보다 떨어진다는 점이다. 반대로 한 업체에 공사 전체를 맡기면 의뢰자가 일정을 조율하거나 시공 단계별로 신경 쓸 일이 별로 없다는 장점이 있다. 하지만 그만큼 비용이 높아지기 때문에 수익률이 감소할 수 있으니 이러한 점을 고려해 업체를 선정해야 한다.

차곡차곡 돈이 쌓이는 경매 상식

꼼꼼함이 운을 이긴다!
단계별 비용 지출

경매 물건을 낙찰받기 위해서는 권리분석과 물건분석이 필수인 것처럼 낙찰을 받은 다음에는 단계별로 어떤 일을 해야 하고, 얼마가 들어가는지 파악해야 한다. 단계별 지출 항목과 세금 등을 정리해보자. 정확한 수익률을 계산하기 위해서 반드시 알아야 할 것들이다.

1. 보증금

입찰 당일, 입찰할 물건의 최저 매각가의 10퍼센트를 '수표'로 준비한다. 경매에 막 입문한 사람들 중에 현금으로 준비해오는 경우가 있는데, 법원의 경매 진행을 더디게 할 수 있으니 되도록 수표 한 장으로 가져가는 것이 좋다. 본인이 입찰하고자 하는 물건뿐만 아니라 수많은 물건이 한꺼번에 진행되기 때문에 다른 입찰자들에게 피해를 줄 수 있다는 점을 기억하자.

참고로 재매각 물건은 법원마다 보증금 액수가 최저 매각가의 20~30퍼센트로 다르다. 그러므로 미리 확인해야 한다.

낙찰이 되면 법원은 보증금을 가지고 가고, 낙찰자에게 영수증을 발행해준다. 패찰하면 보증금 봉투를 그대로 되돌려준다.

2. 취등록세

낙찰받고 잔금을 치를 때 내는 세금으로, 부동산에 부과되는 가장 기본적인 세금이다. 법무사무실에서 주는 견적서의 세부 사항은 두 개로 구분되어 있는데, 하나는 공과금이고 다른 하나는 보수액이다. 그중 공과금 칸의 가장 윗부분에 있는 것이 취등록세다.

취등록세는 주거용은 1퍼센트, 상가와 토지는 4퍼센트에서 책정된다. 주거용은 6억 원과 9억 원을 기준으로 1, 2, 3퍼센트로 나뉜다. 참고로 농특세(농어촌특별세)는 85제곱미터를 기준으로 세금이 부과된다.

3. 법무비

경락대출로 잔금을 납부할 때 법무사를 통해 대출이 실행된다. 법무사사무실에서 잔금 처리와 등기 업무를 해주는데, 그 수고비라고 생각하면 된다. 법무비는 크게 공과금과 보수료로 나뉘는데, 공과금은 해당 부동산의 세금이고, 보수료가 바로 수고비에 해당한다.

보수료가 너무 비싸면 조정할 수 있다. 보수료는 항목별로 비용이 청구

되지만, 실제로 각각의 항목을 따져 보수료를 조정하지는 않는다. 전체를 합한 금액에서 얼마를 조금 깎아달라고 요청하는 것이 좋다.

경매를 꾸준히 계속하려면 법무비를 과하게 깎으려고 하기보다는, 여러 법무사를 알아보고 자기와 잘 맞는 곳을 선택해 꾸준히 거래하는 것이 좋다. 비용이 조금 더 발생하더라도 사람이 곧 재산임을 잊지 말자.

4. 명도비(이사비)

소유자나 배당을 못 받는 임차인에게 명도비 책정은 불가피하다. 법적으로 정해져 있는 건 아니지만 명도 시 점유자가 먼저 이사비 이야기를 꺼내기 때문이다. 이럴 때는 미리 산정해둔 명도 비용 범위 안에서 점유자와 협상하면 된다. 물론 이사비를 주지 않아도 되는데, 점유자가 끝까지 버티면 오히려 손해를 볼 수 있다. 점유자가 버티는 기간만큼 대출이자가 나가고, 임대나 매매를 통한 수익 창출이 늦어지기 때문이다. 이때는 적당한 선에서 명도비를 주고, 빨리 해결하는 편이 낫다.

하지만 배당을 받는 임차인에게는 명도비를 주지 않을 수도 있다. 빨리 명도하고 싶다면 얼마의 이사비를 챙겨주면 되고, 임차인이 배당기일까지 살다가 나가겠다고 하면 그렇게 하되 명도비는 줄 수 없다고 말하면 된다. 배당금을 받는 임차인에게 명도비를 줄지 말지는 각자가 판단해야 한다.

5. 미납 관리비

입찰 전 권리분석과 물건분석은 철저히 했는데, 미납된 관리비는 미처 파악하지 못했을 수 있다. 미납된 게 없으면 다행이지만 자칫 관리비 폭탄을 맞을 수도 있으니 조심해야 한다. 특히 상가를 입찰할 때는 꼭 확인해야 한다.

관리비는 공용과 전용으로 나뉘는데, 낙찰자는 공용만 내면 된다. 큰 아파트 단지나 경매를 여러 번 겪은 곳의 관리소장님은 공용만 내도 된다는 사실을 알고 있다. 하지만 작은 규모의 상가나 경매를 처음 접하는 곳에서는 무조건 전액을 내라고 요구하기도 한다. 그런 분들과는 말이 통할 때까지 인내심을 갖고 대화하는 것이 좋다. 무조건 못 내겠다고 우기기보다는 공용과 전용으로 나누어달라고 하거나, 새로운 임차인의 보증금을 받아 다달이 얼마씩 분납하는 것으로 협의하면 된다. 참고로 3년 동안 미납된 관리비만 승계되고, 그 이후에 미납된 것은 승계되지 않는다.

관리사무소도 사람이 맡아서 하는 일이므로 얼마나 친근하게 다가가느냐에 따라 비용이 절감된다. 나는 무려 150만 원에 달하는 미납 관리비를 승계하지 않은 적도 있다.

6. 인테리어비

인테리어는 범위에 따라 비용이 천차만별이기 때문에 가격을 규정하기 어렵다. 직접 인테리어를 하면 그만큼 돈이 절약되고, 업체를 이용하더라도 본인이 어떻게 하느냐에 따라 비용 절감이 가능하다. 인테리어 항목은 앞서 설명했고, 아파트 전체를 리모델링하려면 평당 100만 원 정도를 잡으면 된다.

7. 공실 기간 이자

잔금을 납부해도 점유자가 있는 부동산을 바로 인도받기란 어렵다. 일반적으로 잔금을 내고, 점유자가 나가고, 새로운 임차인을 들이거나 매도하기까지 시간이 제법 걸린다.

잔금을 납부한 날은 곧 경락대출이 실행된 날로, 매달 해당 일에 이자를 납부해야 한다. 그런데 임대를 하거나 매도하기까지 기간이 길어질수록 이자를 납부하는 횟수와 금액은 점점 늘어난다. 수익률을 계산할 때 이러한 부분도 염두에 두어야 한다.

8. 중도상환수수료

낙찰자가 대출금을 빌릴 때, 은행에서는 중도상환 조건을 내건다. 쉽게 말해 낙찰자에게 이자를 계속 받을 줄 알고 대출금을 빌려주었는데, 조기 상환을 하면 은행에서는 애초 예상했던 이득이 발생하지 않으므로 그에 따른 대가로 중도상환수수료를 요구하는 것이다.

보통 중도상환수수료는 대출금의 1~2퍼센트다. 예를 들어 1억 원을 빌렸고, 1년 이내에 상환할 경우 1퍼센트의 수수료를 내야 하는 조건으로 계약했다면, 1억 원의 1퍼센트인 100만 원을 수수료로 납부하면 된다. 이는 적은 금액이 아니므로 대출을 받을 때 중도상환 조건을 반드시 확인하자.

9. 공인중개 수수료

명도를 하고 인테리어와 청소까지 마쳤다면 공인중개소에 매물을 등록한다. 매수인 또는 임차인과 계약이 되면 공인중개 수수료를 내야 하는데, 이때 중개수수료 요율표에 따르면 된다. 하지만 요율표로 계산한 최대 금액을 기준으로 약간의 조율이 가능하다. 요율표로 계산한 금액이 50만 원이라면, 30만~40만 원까지도 조절할 수 있다.

또 공인중개사는 일반과세와 간이과세로 나뉘는데, 일반과세 사업자일 경우 중개수수료 요율의 10퍼센트를 더 내야 한다. 하지만 대부분의 공인중개사는 간이과세업자다.

공인중개사를 통하지 않고 직접 거래할 수도 있다. 직접 거래를 하려면 아래의 방법을 참고하자.

- 온라인: 네이버 카페 '피터팬의 좋은 방 구하기', 직방, 다방 등 부동산 어플 활용하기.
- 오프라인: 벼룩시장, 교차로 등 거래 정보지에 매물 내놓기, 전봇대에 매물 정보 붙이기, 팸플릿을 만들어 사람들에게 나눠주기.

10. 양도세

부동산을 매각하고 생긴 차익에 대한 세금이다. 취득 후 1년 이내에 매도하면 주거용일 경우 44퍼센트, 상가와 토지는 55퍼센트를 내야 한다. 단타 매도는 투기로 여겨 중과세를 부과하기 때문이다. 하지만 1년이 지나면 일반과세에 해당하는데, 이는 매도 구간마다 세금이 다르다. 번 만큼 세금으로 낸다고 생각하면 된다.

양도세는 두 가지 공제 항목이 있는데, 1년에 한 번 250만 원을 공제해주는 기본공제와 장기 보유자에게 해당하는 특별공제가 있다. 특별공제액은 기간에 따라 달라진다.

참고로 같은 해에 양도차익과 양도차손이 발생했다면, 양도차익으로 인한 세금은 차손만큼 금액이 인정된다. 이를 이용해 절세를 할 수도 있으니, 양도할 때 손실이 생겨도 반드시 신고해야 한다. 양도소득세 계산법은 아래와 같다. 양도세를 포함한 모든 세금 관련 문의는 국번 없이 126(국세청)을 통해서도 할 수 있다.

*** (양도가액 – 취득가액 – 장기보유특별공제 – 기본공제) × 양도세율 = 양도소득세**

12

서울대입구역 & 용인 수지 상가
상가는 상권분석이 답이다

상가에서 중요한 것은 상권이다. 상권분석을 할 때는 가장 먼저 입지를 봐야 하고, 그다음 용도와 주변 상가들과의 상생 여부를 파악해야 한다. 입지를 파악할 때는 유동인구가 얼마나 되는지, 유동인구가 머물 수 있는 상권인지 확인해야 한다. 만약 먹자골목에 음식점을 내고 싶은데 그 옆에 디저트를 파는 점포가 있다면 '상생 상권'으로 분석해도 좋다.

내가 낙찰받은 상가는 서울대입구역에 위치한 곳으로 서울대 학생들이 통학하는 길목이며, 상가 바로 앞이 버스정류장이었다. 그리고 해당 층에 병원과 사무실이 있었다. 비록 후면 상가지만 사무실로 사용하기에 적합했다.

임장할 때 내부를 들여다봤는데, 쓰지 않는 짐들이 매우 많은 것 같았다. 입구에 전단지가 어지럽게 널려 있고, 먼지도 많이 쌓여 있는 걸 보니 꽤 오랫동안 사용하지 않은 것 같았다. 관리사무소에 확인해 보니 1년 6개월 정도 공실이었고, 인계할 관리비는 없었다.

현장 분위기가 입찰가를 바꾼다

권리분석 결과 인수할 것이 없고, 임대가도 좋았으며, 위치도 괜찮았다. 낙찰을 받고 싶었다. 입찰가를 산정하고 서울중앙법원에 갔다. 연휴 직후여서인지 평소보다 법원이 썰렁했다. 평소 친분이 있던 딜러에게 내가 입찰하려는 물건의 대출 한도와 금리를 문의한 사람이 한 명도 없었다는 말을 들었다. 입찰장에 사람도 거의 없고, 문의하는 사람도 없었다면 입찰가를 다시 고민해봐야 한다.

나는 입찰장을 둘러보았다. '내 물건에 들어올 만한 사람이 누가 있을까?' 나는 그 자리에서 입찰가를 수정했다. 원래 입찰하고자 했던 금액에서 1500만 원을 낮췄는데, 최저매각가에서 100만 원 정도를 높인 금액이었다. 개찰 결과 단독 낙찰이었다.

서울중앙지방법원 대법원바로가기 법원안내 가로보기 세로보기 세로보기(2) 세로보기(3)

2014 타경 [illegible] (임의)	물번2 [배당종결]	매각기일 : 2015-09-30 10:00~ (수)	경매21계 02-530-1822

소재지	(08788) 서울특별시 관악구 [illegible] [도로명] 서울특별시 관악구 [illegible]				
용도	아파트상가	채권자	양수인 [illegible]	감정가	480,000,000원
대지권	17.736㎡ (5.37평)	채무자	진[illegible]	최저가	(80%) 384,000,000원
전용면적	93.93㎡ (28.41평)	소유자	진[illegible]	보증금	(10%)38,400,000원
사건접수	2014-02-28	매각대상	토지/건물일괄매각	청구금액	1,560,000,000원
입찰방법	기일입찰	배당종기일	2014-05-14	개시결정	2014-03-03

기일현황 간략보기

회차	매각기일	최저매각금액	결과
신건	2015-07-14	480,000,000원	유찰
	2015-08-18	384,000,000원	변경
2차	2015-09-30	384,000,000원	매각
김유한/입찰1명/낙찰385,100,000원(80%)			
	2015-10-07	매각결정기일	허가
	2015-11-10	대금지급기한 납부 (2015.11.03)	납부
	2015-12-17	배당기일	완료
배당종결된 사건입니다.			

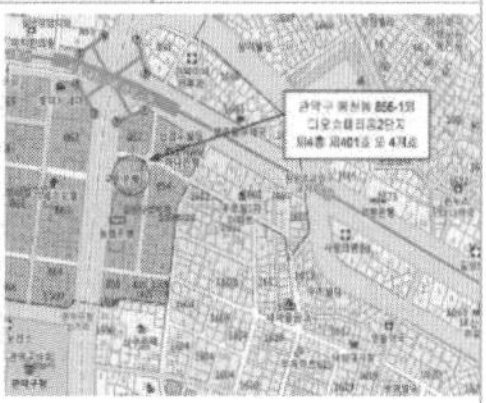

임장 시 해당 물건지에 임차인이 없었기 때문에 연락처를 알 수 없었다. 낙찰을 받고 일주일 후 서류를 열람해 임차인 번호를 알아냈다. 임차인은 낙찰자가 나타나기를 기다렸다며 먼저 만나자고 제안했다. 다음 날, 상가에서 임차인과 만났다. 임장할 때는 문이 잠겨 있어서 들어가보지 못했는데, 예상했던 것보다 훨씬 많은 짐이 쌓여 있었다.

임차인	젊어 보이시는데, 이런 거 하는 사람인가 봐요?
나	네, 저는 경매를 전문으로 하는 사람입니다.
임차인	아, 제가 치기공 의자와 책상, 통풍구 등을 만드느라 돈이 꽤 들었는데, 보통 이럴 경우 이사비는 얼마나 주시나요?
나	제게 이곳 인테리어 비용을 지불할 의무는 없습니다. 강제집행으로 점유를 이전받으면 두 달 정도가 걸리고, 여기에 있는 장비들 모두 비싸 보이는데 처분하면 강제집행에 들어가는 돈을 충당할 수 있어요. 보통 이럴 때는 이사비로 100만 원 정도 드립니다. 그만큼이라도 받으시는 게 좋을 겁니다.
임차인	(머뭇거리기만 할 뿐 말이 없다) …….
나	그럼, 내일 다시 연락드리겠습니다.

다음 날 임차인에게 연락이 왔고, 근처 카페에서 만나 2차 협상을 시작했다.

임차인 주변에 좀 알아보니 100만 원은 말도 안 된다고 하네요. 상가는 500만 원 정도 받을 수 있다던데요?

나 어디서 그런 말을 들었는지 모르겠지만, 그들이 당사자만큼 이 상황을 잘 알지도 못하고 또 책임을 지지도 않죠. 이 문제는 선생님과 제가 해결해야 할 일입니다. 그럼 이사비로 150만 원을 드리겠습니다. 이 정도 금액을 드린 적은 한 번도 없었습니다. 많이 드리는 거예요.

임차인 액수가 너무 적네요. 명도 못 합니다. 돈만 받으면 바로 치우고 나간다니까요?

나 그렇게 일방적으로 주장하시면 조율도 안 되고 시간 낭비에 서로 감정만 상할 뿐입니다. 좀 더 합리적으로 생각해보시죠. 제가 이사비를 줘야 할 의무는 없습니다.

임차인 그럼 400만 원 주시죠.

나 제게 돈을 맡겨둔 것처럼 말씀하시는데, 계속 이러시면 강제집행하는 쪽으로 생각하겠습니다.

임차인 나, 참. 그렇게 하쇼 그럼!

결국 인도명령문이 임차인에게 송달되었고, 결정문을 받은 임차인에게 다시 이야기하자며 연락이 왔다.

임차인 서류 잘 받았습니다. 이런 거로 자꾸 이야기하기 싫은데, 300만 원만 주시죠. 더 이상 말 안 하겠습니다.

나 250만 원으로 하시죠. 단, 조건이 있습니다. 지금 바로 부동산에 내놓을 테니 예비 임차인이 오면 문을 열고 내부를 보여주세요.

임차인 그러지 말고 300만 원으로 하죠.

나 더는 안 됩니다.

실랑이가 계속됐지만 결국엔 내가 제시한 이사비로 합의를 봤다. 짐을 빼는 데 일주일의 시간을 줬고, 바로 명도하기로 했다. 일주일 후 약속한 명도일에 물건지에 갔다. 아직 남아 있는 짐들이 있었다. 임차인은 폐기 처분하는 데만 돈이 꽤 들었다며 남는 게 없다고 푸념했다. 남은 짐들은 내가 처리하기로 하고, 열쇠를 건네받은 후 약속한 명도비를 임차인에게 주었다.

단기 임대로 공실을 만회하다

명도를 마치고 관리소장님께 물건 찾는 사람이 있으면 연결해달라고 부탁을 드렸다. 그러고 일주일도 채 되지 않아 소장님께 예비 임차인의 전화번호를 받게 되었다.

나 관리사무소 통해서 전화드렸습니다. 임차를 구하신다고요?

예비 임차인 네, 지금 지하 1층에서 피트니스센터를 운영하고 있는데, 한 달 정도 리모델링 공사를 할 동안만 쓰고 싶어서요. 단기 임대도 가능한가요?

나 가능하지만 현재 부동산에 매물을 내놓은 상태라 영업하실 때 손님이 오면 내부를 보여주셔야 해요.

예비 임차인 그럼요, 당연히 그렇게 해야죠. 혹시 시세가 얼마나 되나요?

나 현재 보증금 5000만 원에 월세 250만 원에 내놓았습니다. 단기 임대는 보증금 없이 300만 원에 했으면 하는데, 어떠세요?

예비 임차인 그 정도까지 생각을 못 했는데. 혹 200만 원에 해줄 순 없나요?

이렇게 단기 임차를 주면서 공실 기간을 만회했다. 하지만 임시방편일 뿐 장기 임차인을 찾아야만 했다. 단기 임대를 준 동안 몇몇 사람들이 물건을 보고 갔지만, 임대 조건이 맞지 않아 번번이 계약이 불발되었다. 어느덧 한 달이 지났고, 리모델링을 마친 피트니스센터도 상가를 나가게 되었다.

한 달 보름이 지나도록 새로운 임차인을 구하지 못했다. 그때 피트니스센터 사장님께 전화가 왔다. 이번에는 장기로 임차하고 싶다며,

시세보다 조금 저렴하게 해줄 수 없냐고 했다. 나와는 한 살 차이였는데, 호탕한 성격에 사람을 기분 좋게 만드는 에너지를 가진 사람이었다. 나는 그런 사장님이 마음에 들었고, 시세보다 저렴한 값에 임대를 주었다. 또 인테리어 공사를 하는 한 달은 월세를 받지 않았다.

한 달 후 사장님의 초대로 센터를 방문했다. 완전히 탈바꿈한 내부를 보니 감탄이 절로 나왔다. 비록 내가 직접 사용하는 상가는 아니지만, 이렇게 멋지게 꾸며진 모습을 보니 뿌듯했다. 지금도 그 사장님과는 좋은 관계를 유지하고 있다.

매력적인 만큼 위험한 NPL

위에서 소개한 상가는 야구에 비유하면 '홈런'에 해당한다. 하지만 이번에 소개할 상가는 '파울'도 아니고 '아웃'이라고 할 수 있다.

경매를 하다 보면 실수할 때가 있는데, 그 실수는 사람에 따라 타격을 받는 정도가 다르다. 특히 초보자가 타격을 입으면 그 여파로 아예 경매 시장을 떠나는 경우가 많다. 그러므로 초기에는 작은 실수도 하지 않도록 더 신경을 써야 한다. 성공 사례를 많이 접하는 것도 중요하지만 실패한 사례에서 배울 점이 더 많으므로 눈여겨봐야 한다.

이번에 낙찰받은 상가는 종전 경매가 이뤄진 물건으로 NPL에 해당했다. 예를 들어 시세가 1억 원인 아파트가 있다. 금융권에서 이 아파트에 7000만 원을 대출해주었는데, 이 대출금을 채권이라고 한다. 대출 조건은 원리금 균등상환(이자+원금 분할)으로 대출자는 매달 50만 원씩을 내야 한다. 만약 원리금을 3개월 이상 연체하게 되면, 7000만 원의 채권은 '부실채권'이 된다. 금융권에서는 이 부실채권을 빨리 정리해야 한다. 누군가에게 매각해야 하는데, 부실채권만 전문으로 하는 유동화전문회사에 얼마의 손해를 보고 매각하게 된다. 유동화전문회사는 이를 또 다른 개인에게 매각하기 위해 시장에 내놓게 되고, 개인은 유동화전문회사와 가격 협상을 하고 부실채권을 (저렴하게) 사게 된다.

이로써 부실채권을 산 개인은 경매로 넘어간 물건에 배당을 받을 수 있는 권리를 확보하게 된다. 이때 개인은 해당 물건이 바로 낙찰되지 않고 몇 번의 유찰이 되도록 함으로써 부실채권에 대한 연체 이자를 늘려나갈 수 있다. 그러면 그 기간만큼 늘어난 연체 이자를 나중에 배당받을 때 요구할 수 있고, 그만큼 수익을 늘려나가는 것이 NPL 경매의 원리라고 할 수 있다.

간혹 차순위자와 말도 안 되게 큰 차이로 낙찰을 받았거나 수익으로 연결하기 어려운 물건임에도 불구하고 높은 가격에 낙찰된 물건이라면, NPL로 경매 사건 기록에 남아 있는지 확인해야 한다.

내가 낙찰받은 상가는 용인 수지에 있는 아파트형 상가로 지하

1층에 있었다. 평수도 제법 크고, 아파트 단지로 둘러싸여 있었으며, 현재 임차인이 들어온 지 얼마 안 되었고, 인테리어도 되어 있어 깨끗했다. 또 종전 경매 기록을 살펴보니 매각가도 상당히 높은 편이었다. 여러 가지를 종합한 결과 낙찰을 받으면 현재 임차인과 재계약을 할 수 있을 것 같았다.

이번에도 단독 낙찰이었다. 하지만 단독 낙찰이 늘 기분 좋은 건 아니다. 충분히 조사하고 낮은 가격에 낙찰을 받으면 좋지만, 그렇지 않으면 오히려 불안하다.

수원지방법원 대법원바로가기 법원안내 가로보기 세로보기 세로보기(2) 세로보기(3)

2016 타경 (임의)	매각기일 : 2016-11-30 10:30~ (수)	경매1계 031-210-1261

소재지	(16929) 경기도 용인시 [도로명] 경기도 용인시				
용도	아파트상가	채권자	동	감정가	222,000,000원
대지권	155.426㎡ (47.02평)	채무자	진	최저가	(49%) 108,780,000원
전용면적	185.25㎡ (56.04평)	소유자	진	보증금	(30%)32,634,000원
사건접수	2016-02-24	매각대상	토지/건물일괄매각	청구금액	166,714,140원
입찰방법	기일입찰	배당종기일	2016-05-09	개시결정	2016-02-25

기일현황 간략보기

회차	매각기일	최저매각금액	결과
신건	2016-05-26	222,000,000원	유찰
2차	2016-06-29	155,400,000원	유찰
3차	2016-08-18	108,780,000원	매각
김유한/입찰1명/낙찰110,000,100원(50%)			
	2016-08-25	매각결정기일	허가
	2016-10-07	대금지급기한	미납
3차	2016-11-30	108,780,000원	매각
정/입찰1명/낙찰131,500,000원(59%)			
	2016-12-07	매각결정기일	허가
	2017-01-16	대금지급기한 납부 (2016.12.16)	납부
	2017-01-24	배당기일	완료
배당종결된 사건입니다.			

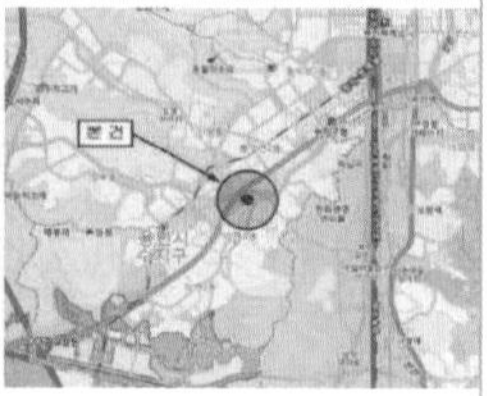

나는 대부분의 경우 낙찰받자마자 곧바로 물건지로 가는데, 이번에는 그러지 않고 서류부터 다시 확인했다. 권리분석상 문제가 될 요소는 보이지 않았다. 상권이 조금 마음에 들지 않았지만 들어온 지 얼마 되지 않은 임차인은 재계약 가능성이 있었고, 주위에 대단지 아파트가 있어 추후 매도도 가능할 거라고 판단했다.

하지만 서류를 들여다보다가 결정적인 실수를 깨달았다. 종전 경매에서 낙찰자와 차순위자의 금액이 무려 수천만 원이나 차이가 났다. NPL 물건으로 진행되었다는 것을 뒤늦게 안 것이다.

종전 경매의 감정가는 2억 8000만 원, 채권액은 2억 원, 실채권액은 1억 5000만~1억 6000만 원이었다. 하지만 계속된 유찰로 인해 1순위 근저당권자의 1억 5000만~1억 6000만 원의 실채권액보다 낮아지게 되었고, 8차에 이르러 채권 협상에 이르게 된 것으로 보인다. 채권을 산 사람은 본 채권의 청구금액인 1억 6000만 원을 배당받게 되는데, 약 1억 원 정도의 차익을 거둔 것이다. 낙찰자는 배당을 받으면서 거둔 차익과 상가를 임대하면서 얻는 임대료로 수익을 올릴 수 있었다.

이전 소유자가 이러한 방식으로 수익을 올리다가 다시 경매에 나온 물건이었는데, 상권분석에 집중하느라 이전 낙찰가 1억 8000만 원에 대한 배경을 꼼꼼히 분석하지 못했다. 시세도 잘못 파악했고, 상권분석도 대충한 결과였다. 예상치 못한 낙찰로 막대한 손해를 보게 생겼다.

낙찰받은 후 임장할 때보다 몇 배나 더 열심히 살펴보았지만, 결국 매입하지 않기로 결정했다. 재계약을 할 거라고 생각했던 임차인은 나간다고 했고, 지하 1층이라 재임대를 놓기도 힘들었다. 모든 게 나의 불찰이었다. 나는 결국 잔금을 치르지 못했고, 보증금을 날려야만 했다.

상가 경매 완전 뽀개기

상가 경매의 핵심은 첫째도 상권, 둘째도 상권이다. 상권이 뭐길래 이토록 중요한 걸까? 상가를 낙찰받을 때 반드시 알아야 할 개념들을 살펴보자.

1. 상가의 종류

경매 사이트에서는 상가를 근린상가, 근린시설, 상가(점포), 아파트 상가로 구분하는데, 근린상가나 근린시설은 건물로, 상가와 아파트 상가는 구분건물로 이해하면 된다. 부동산 시장에서는 주상복합상가, 근린상가, 단지 내 상가, 테마상가 등으로 나눈다. 이처럼 어디에 위치하느냐에 따라 나뉘는데, 각각의 특색을 파악하고 투자해야 한다. 근린상가, 근린시설, 상가(점포) 순으로 금액이 나뉘는데, 근린상가가 가장 비싸다.

- 상가: 건물 전체를 통틀어 상가라고 불리는 곳이다. 상가(점포)는 개별 호수를 말한다.
- 근린상가: 도시계획법에 의해 분류된 것으로 상업 지역에서 더욱 세분화되어 있다.

지역을 대표하는 로데오거리의 상가들이 여기에 해당한다.

- 근린(생활)시설 : 주택가에서 상업시설로 가는 중간 지역에 있다. 1종과 2종으로 나뉘는데, 1종이 주거 지역과 더 가깝고, 생활에 필요한 필수품을 취급한다.
- 상가(점포) : 사설 경매 사이트에서 소개하는 상가(점포)는 맨 위에 있는 '상가'와 개념이 다르다. 상가(점포)는 큰 상가 건물 안에 있는 개별 호수를 말한다.

2. 상가가 경매에 나오게 된 배경

경매로 나온 상가는 입지가 B급, C급인 경우가 많다. A급이라면 굳이 경매에 내놓지 않아도 일반 시장에서 충분히 소화할 수 있기 때문이다. 경

경 매 통 장 TIP

권리금의 종류

권리금은 바닥권리금, 시설권리금, 영업권리금으로 나뉜다. 바닥권리금은 유동인구가 많고, 가시성이 좋은 입지에 위치한 상가에 매긴 권리금이다. 시설권리금은 임차인이나 소유자가 장사를 하기 위해 인테리어에 들인 비용을 말하며, 영업권리금은 해당 점포의 사장이 영업을 하면서 미리 확보해둔 손님 등의 가치를 돈으로 환산한 것을 말한다.

참고로 바닥권리금이 얼마인지 파악하면 상권이 얼마나 활성화되어 있는지 알 수 있다. 하지만 경매에서 바닥권리금이 높은 상가는 잘 나오지 않는다.

매로 나온 이유가 입지가 나빠서라면 그에 따른 전략을 세워 가격을 낮춰 입찰해야 한다.

3. 서류 체크 사항

서류에서 체크할 것은 상가의 목적에 따른 용도다. 용도 확인은 건축물대장에서 하면 되는데, 해당 지자체에 문의하는 것이 가장 정확하다.

반드시 상가의 '용도'와 '허가'를 파악하고 입찰에 참여해야 한다. 예를 들어 초등학교 근처에는 유해시설로 지정된 술집은 들어갈 수 없다. 이러한 사실을 서류의 '용도란'에 공시해주고 있다. 만약 용도란에 유흥상가라고 되어 있으면, 영업허가증을 발급받아야 한다. 해당 호수에 영업허가증이 발급된 상태라면, 입찰 전에 소유주나 임차인을 만나서 이를 승계할 수 있는지 확인해봐야 한다.

부록

01 | 2019년 성공 낙찰 사례 파헤치기

02 | 경매 입문을 위한 10단계 매뉴얼

01

2019년
성공 낙찰 사례
파헤치기

수익을 내는 두 가지 방법

경기도 성남시 상가

내가 본격적으로 경매를 시작한 지는 사실 오래되지 않았다. 2012년에 300만 원을 투자해 첫 낙찰을 받으며 경매와 인연을 맺었지만 경매에 대해 진지한 마음을 갖고 있던 건 아니었다. 그저 남들이 경매를 하면 돈을 벌 수 있다고 해서 시도해본 것뿐이었고, 100만 원 남짓한 수익을 올리기는 했지만 경매가 생각보다 어렵게 느껴졌다. 제대로 경매를 알지 못한 채 뛰어들었다간 예상치 못한 함정에 빠질 것 같다는 두려움마저 들었다. 그래서 2년 동안 경매를 하지 않고 지냈다. 그리고 2014년, 나는 그 전과는 다른, 새로운 마음가짐을 가지고 본격적으로 경매에 뛰어들어보자고 다짐했다. 살고 있던 집을 월세로 옮기면서 마련한 3000만 원을 투자금으로 삼았다. 경매 시작에 맞추어 이사까지 결심했던 터라 뒤로 물러설 곳이 없었다.

아무리 어렵고 힘든 상황이 닥쳐도 묵묵하게 이겨 내겠다고 생각했다. 그리고 단기적인 수익뿐 아니라 시장의 큰 흐름을 파악하기 위해 애쓰다 보니 부동산을 통해 누가 수익을 얻는지, 또 부동산을 빌려 생활하는 임차인들의 수익 구조는 어떤지도 자연스레 파악할 수 있었다. 부동산을 통해 수익을 내는 방법에는 부동산을 취득해 임차를 주는 방식도 있지만 임차인이 세를 얻어 영업을 함으로써 얻는 이익도 존재한다. 따라서 이 시장까지 공략한다면 비교적 저렴한 비용으로 매입이 가능할 뿐 아니라 추가 수익 구조도 만들어갈 수 있다.

사실 경매를 하는 본질적인 이유는 수익을 내기 위함이다. 나는 경매를 통한 수익 발생 방법을 두 가지로 분류한다. 첫째는 시세보다 저렴하게 매입해 차익을 얻는 것이고 둘째는 부동산을 개발해 수익을 내는 방법이다.

시세보다 저렴하게 매입해 차익을 얻는 방식에도 여러 종류가 있다. 예를 들어보자. 현재 1억 원짜리 부동산을 8000만 원에 매입해 2000만 원의 수익을 얻는 게 가장 기본적인 방식이다(일반물건시장). 다른 방식도 있다. 유치권, 법정지상권 등 곤란한 상황에 처한 1억 원짜리 물건을 5000만 원에 낙찰받아 문제를 해결한 뒤 1억 원에 되파는 방식이다. 혹은 향후 지하철역 유치, 공공기관 설립 등 개발 호재가 발생하면서 부동산 가치가 상승해 더 큰 차익을 얻는 경우도 있다.

부동산을 개발해 수익을 내는 방식이라면 시장에서 관심이 별로 없는 부동산을 저렴하게 낙찰받은 뒤 개발을 통해 수익을 내는 방식을 의미한다. 내가 예전부터 부동산 개발 차원에서 관심을 가지고 있던 분야는 공유주방 및 공유 오피스, 공유 하우스 등과 같이 여러 사람이 하나의 공간을 함께 나눠 쓰는 개념이었다. 나는 이 개념이 부동산에서 이야기하는 '임대'의 개념과 가장 가깝다고 생각했고, 이를 수익에 적극적으로 연결짓고자 노력했다.

내가 수익 창출 방법에 대해 이렇게 자세히 이야기하는 이유는 간단하다. 수익을 내는 방법을 정확히 알아야 실제로 수익을 낼 수 있기 때문이다. 그동안 부동산에 관심이 있는 많은 분들을 만나보면서 부동산에 대해 기본적인 지식도 알지 못한 채 무작정 뛰어들어 낭패를 당하는 경우를 왕왕 보았다. 이 책을 읽는 독자 분들은 수익을 낼 수 있는 방법을 정확히 파악한 뒤 계획을 세워 행동에 옮겼으면 하는 바람에 다시 한 번 정리를 하고자 한다.

앞서 설명한 첫 번째 수익 방법을 1차 수익 방법이라 하고 두 번째 수익 방법을 2차 수익 방법이라 하겠다.

여러분이 7퍼센트의 수익을 낼 수 있는 5억 원짜리 상가를 낙찰받았다고 하자. 1차 수익의 관점에서라면 매달 300만 원 정도의 수익이 발생한다. 일반적으로 상가 건물의 경우 70에서 최대 90퍼센트까지도 대출이 가능하기 때문에 대출액은 3억 5000만 원에서 최대 4억 5000만 원이 될 것이다. 이에 따른 대출이자는 3.5퍼센트 이율로 계산할 때 약 105~135만 원이 될 것이다. 결국 수익에서 대출이자를 뺀 약 160~200만 원이 여러분의 실질 수익이 될 것이다.

이렇게 수익을 보는 관점이 바로 1차 수익 방법이다. 사실 이 방법대로만 해도 좋은 투자다.

이번에는 2차 수익 방법으로 계산해보자. 먼저 위 상가는 한 명에게 임차를 해 월세 300만 원을 받는다고 가정한 것이다. 그러나 해당 상가를 두 개로 쪼개 두 명에게 임차를 준다면 어떨까? 물론 시장의 상황을 보아야 하겠지만, 만약 상가 한 개당 180만 원씩 월세를 받을 수 있다면 1차 수익에 비해 60만 원의 추가 수익이 발생하게 된다.

물건의 장단점을 파악해 수익을 극대화하라

실제로 내 경우 경기도 성남시 분당의 한 상가를 1억 7000만 원에 낙찰받았다. 1차 관점에서 본다면 보증금 1000~2000만 원, 월세 100~120만 원 정도를 받게 된다. 그런데 만약 상가를 여러 개로 쪼갠다면? 상황에 따라 다르겠지만 상당히 큰 수익을 기대할 수도 있을 것이다. 생각을 조금만 바꾸고 행동에 나선다면 예상보다 훨씬 큰 수익을 낼 수도 있는 게 바로 2차 수익 방법이다. 따라서 물건을 낙찰받을 때는 어떤 목적으로 운용할 것인지, 시장의 상황에 맞추어 가장 큰 수익을 낼 수 있는 방법이 무엇인지를 끊임없이 고민하는 과정이 필요하다.

아래 사례를 살펴보자.

수원지방법원 성남지원 대법원바로가기 법원안내 가로보기 세로보기 세로보기(2)

2015 타경 [redacted]	물번6 [배당종결]	매각기일 : 2018-05-21 10:00~ (월)	경매7계 031-737-1327

소재지	(13591) 경기도 성남시 분당구 [redacted] [도로명] 경기도 성남시 분당구 [redacted]				
용도	상가(점포)	채권자	아[redacted]	감정가	210,000,000원
대지권	19.71㎡ (5.96평)	채무자	보[redacted]	최저가	(70%) 147,000,000원
전용면적	78.01㎡ (23.6평)	소유자	주[redacted]	보증금	(20%) 29,400,000원
사건접수	2015-11-04	매각대상	토지/건물일괄매각	청구금액	700,000,000원
입찰방법	기일입찰	배당종기일	2017-11-08	개시결정	2015-11-06

기일현황 간략보기

회차	매각기일	최저매각금액	결과
신건	2018-01-02	210,000,000원	매각
신[redacted]/입찰1명/낙찰221,812,000원(106%)			
	2018-01-09	매각결정기일	허가
	2018-02-13	대금지급기한	미납
신건	2018-04-16	210,000,000원	유찰
2차	2018-05-21	147,000,000원	매각
김[redacted]/입찰2명/낙찰174,000,100원(83%) 2등 입찰가 : 151,650,000원			
	2018-05-28	매각결정기일	허가
	2018-07-12	대금지급기한 납부 (2018.07.11)	납부
	2018-09-20	배당기일	완료
배당종결된 사건입니다.			

▶17-11-17 채권자 주식회사 아띠홀딩스대부 기각결정정본 발송

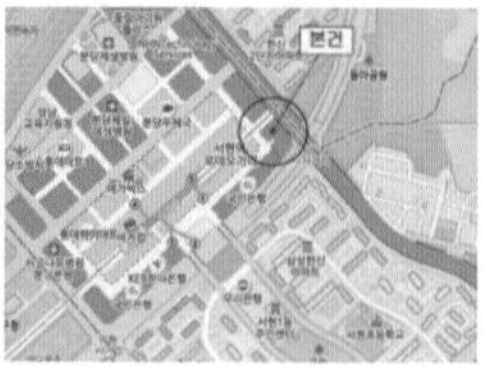

경기도 성남시에 위치한 분당 지역은 1기 신도시로 강남과의 접근성이 용이할 뿐 아니라 일자리 집중 강화 지역인 판교와 인접해 있는 좋은 조건을 가진 곳이다. 위의 상가 또한 중심 상업 지역에서 가까우며 지적도상 인근에 분당구청, 세무서, 교육청 등 관공서가 모여 있어 인프라가 상당히 잘 갖춰진 곳이었다.

좋은 입지를 가진 물건이 분명했지만, 다음 그림과 도면에서 알 수 있듯이 건물이 낙후되었으며 해당 호수에는 창문이 없었다. 또 전체적인 건물 관리가 소홀한지 유동인구도 많지 않아 보였다. 하지만 나는 이 단점을 극복하고 장점을 최대한 살릴 수 있는 방법을 연구해보기로 했다.

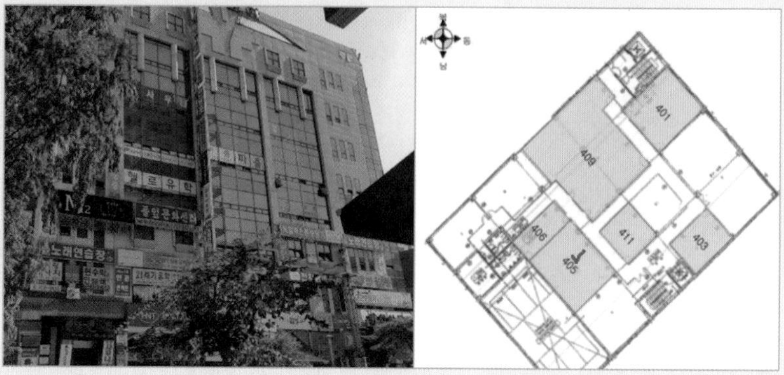

무엇보다 이곳은 입지적으로 상당히 훌륭하다. 일자리가 풍부하고 사업을 하기에도 적절한 환경이다. 반면 해당 물건은 가시성이 없는 4층으로서, 엘리베이터에서 내린 뒤 다시 꺾어서 들어가야 하는 등 접근성도 용이하지 않다는 단점이 있다. 이럴 경우 안내 표지판을 적극적으로 활용해 유동 인구 및 소비 인구를 찾아오게 하는 일이 중요하다.

입지적인 장점을 살려 2차 수익 관점으로 접근한다면 단점을 상쇄하고 충분히 수익을 실현할 수 있을 것이라고 판단했다. 그래서 나는 임차인 한 명에게 임대하는 것이 아니라 여러 명에게 임차를 줄 수 있는 '쉐어 오피스'라는 상품을 활용하기로 결정했다.

일반적으로 상가에 대한 상권 분석을 할 때 지역적으로 A급이지만 물건상 C급(지하, 맹지, 후면상가 등)인 경우, 그리고 C급 지역(유동인구가 낮거나 상권의 소비가 낮은 곳)의 A급 물건(전면부, 노출도가 좋은 상가 등) 중 후자가 좋다고 평가한다. 이 중 분당의 상가는 전자의 경우였다. 하지만 일반적인 상식을 뒤집을 때 뜻밖의 수익을 만나기도 한다.

또 다른 소유자가 나타났다!

나는 이 상가를 1억 7000만 원에 낙찰받았다. 이제 점유권과 소유권 이전 작업을 해야 한다. 점유권을 이전받기 위해서는 명도를 해야 하고, 소유권 이전을 하기 위해서는 대출과 함께 소유권 이전 등기를 하면 된다.

낙찰 후 절차

낙찰 → 점유권 이전(명도)과 소유권 이전(등기) → 인테리어 및 청소 → 매매 및 임대

낙찰 물건은 1억 7000만 원 중 1억 2000만 원 대출이 가능했다. 대출금과 5000만 원으로 잔금을 납부했고, 소유권 이전 등기 절차를 완료했다.

이제 남은 절차는 명도다. 명도는 경매 입문자들이 특히 어려워하는 일이다. 흔히 경매 시장을 부정적으로 생각하거나 진입하기 까다롭다고 여기는 분들은 명도를 첫 번째 이유로 꼽는다. 명도 시 생긴 불미스러운 사건이 간혹 사회적으로 큰 파장을 불러일으키다 보니 사람들의 인식이 좋지 못한 경우가 많다. 하지만 이는 지나친 우려다. 마치 어느 지역에서 살인사건이 일어났다고 해서 그 지역 전체가 위험한 곳이니 절대 가지 말아야 한다

고 주장하는 것과 비슷하다고 해야 할까. 명도로 인해 경매 전체를 위험한 매매 행위로 단정짓는 것은 결코 옳지 않은 생각이다.

경매는 사회경제적으로 반드시 필요한 시스템이다. 돈을 받아야 할 사람(채권자)이 돈을 빌린 사람(채무자)에게 돈을 받기 위해 법원에 채무자의 재산(부동산)을 팔아달라고 요청하는 일이 경매인데, 이 제도로 인해 채권자가 안심하고 돈을 빌려줄 수 있다. 만약 명도가 꺼려진다고 해서 경매를 아예 없애버린다면 누가 돈을 빌려주려고 하겠는가. 게다가 법원에서는 낙

임차인현황 건물소멸기준 : 1998-07-04 | 배당종기일 : 2017-11-08

순위	성립일자	권리자	권리종류(점유부분)	보증금금액	신고	대항	참조용 예상배당여부 (최저가 기준)
1	사업 2012-08-31 확정 없음 배당 없음	유 OOOOOOOOOOOOO	상가임차인 405-1호	【보】 10,000,000원 【월】 300,000원	X	없음	현황조사 권리내역 선순위담보물권기준 상임.법 보호대상아님 선순위담보물권기준 상임.법 보호대상아님 미배당금 소멸예상
2	사업 2013-01-21 확정 없음 배당 없음	현OOO	상가임차인 405-2호	【보】 20,000,000원	X	없음	현황조사 권리내역 선순위담보물권기준 상임.법 보호대상아님 선순위담보물권기준 상임.법 보호대상아님 미배당금 소멸예상
● 임차인(별지)점유							
				- 보증금합계 : 30,000,000원 - 월세합계 : 300,000원			

건물 등기 사항 건물열람일 : 2017-12-19

구분	성립일자	권리종류	권리자	권리금액	상태	비고
갑1	1996-03-30	소유권	보OO		이전	보존
을2	1998-07-04	(근)저당	박O	143,000,000원	소멸기준	(주택) 소액배당 2000 이하 800 (상가) 선순위담보물권기준 상임.법 보호대상아님
갑4	1998-09-28	압류	성OOO		소멸	
갑5	1998-10-30	가압류	대OOO	700,000,000원	소멸	
을3	1999-02-26	(근)저당	유OOOO	2,000,000,000원	소멸	
을3-4	2017-02-08	(근)저당(일부)	박OO	400,000,000원	소멸	
갑6	2000-03-30	압류	성OO		소멸	(징세46110-1683)
갑7	2001-07-04	압류	근OOOOO		소멸	(징수6508-29723)
갑8	2002-05-07	압류	국OOOOOO		소멸	(가일52104-292)
갑9	2008-01-23	압류	성OOOO		소멸	(세무과-1175)
갑10	2012-04-03	압류	성OOO		소멸	(경제교통과-4286)
갑16	2014-04-07	압류	국OOOOOOO		소멸	(집행과-2014-359)
갑17	2015-11-06	강제경매	한OOO	청구: 700,000,000원	소멸	
갑18	2016-04-29	가등기	오O		소멸	

찰자 보호를 위해 '인도 명령'이라는 제도를 마련해두었다. 인도 명령이란 쉽게 말해 점유자에게 "나가라"라고 요구할 수 있는 권리를 의미한다.

이제 명도를 해보자. 명도는 일차적으로 권리 신고되어 있는 권리자들을 대상으로 인도 명령을 신청한다. 분당 상가의 경우 임차인으로 신고되어 있는 권리자는 유OO, 현OO 두 명이었지만 실제로 가서 보니 신고되어 있는 내용과 달랐다.

내가 낙찰받은 물건의 문패에는 와인OOO와 주식회사 에스OOO라는 두 회사의 표지판이 붙어 있었다. 법원에 신고되어 있는 내용과 전혀 달랐던 것이다. 심지어 한 회사는 호수도 틀리게 써둔 상태였다. 따라서 나는 일단 인도 명령 신청을 한 뒤 차후 승계 집행문을 통해 권리를 행사할 예정이었다. 하지만 법적인 처리 이전에 해당 물건지의 권리자들을 만나 원활하게 처리하는 게 여러모로 좋기 때문에 해당 물건지를 방문해 메모를 남겼다.

"405호를 낙찰받은 사람입니다. 연락 부탁드립니다."

다행히 쪽지를 붙이고 얼마 지나지 않아 두 개의 호수 중 한 호수에서 연락이 왔다. 국내 유수의 대학에서 철학을 공부하고 있는 분이었다. 해당 물건에 관해 경매 절차를 충분히 설명해드리자 수긍하였고, 비교적 순탄하게 점유권을 이전받을 수 있었다.

이제 남은 것은 주식회사 에스OOO로, 연세가 많으신 임차인이 가끔 사무실에 들른다고 했다. 나는 그분께 물건지에서 만나자고 한 뒤 경매 절차에 대해 설명했다. 그런데 이분께서 나는 아무것도 모르겠으니 소유자(임대인을 말함)와 이야기해보란다. 결국 나는 소유자라는 임대인에게 연락을 취했다. 그는 자신에게 유치권이 있다고 주장하며 유치권 비용을 요구했다. 하지만 내가 생각하고 있던 금액과 차이가 너무 커서 성사되지 않았다. 당시 나는 강제집행을 신청해둔 상태였는데 법원에서 집행이 늦어지는 바람에 미리 점유권을 이전받은 철학을 공부하는 분께 도어락 비밀번호를 알려달라고 연락했다. 그런데 전화를 안 받으신다. 어차피 점유를 넘긴 상태라 내가 잠긴 문을 여는 건 아무런 문제가 되지 않았다. 열쇠 수리업자를 불러 도어락을 부수고 있는데, 그 순간 한 사람이 나타났다.

소유자라는 임대인 당신 뭔데 열쇠를 부숩니까? 당장 멈추세요!

나 신경 쓰지 마시고 진행하셔도 됩니다. 제가 소유자입니다. 여기 등기부등본과 신분증 확인하시고 어서 진행해주세요.

소유라자는 임대인 하지 마시라니까요! 경찰에 신고할 테니 당장 작업 멈추고 기다리세요!

내가 지난번에 연락했던 임대인이었다. 그는 자신이 소유자라고 주장하며 열쇠 수리업자에게 당장 작업을 중지하라고 소리쳤다. 원활한 합의가 도무지 어려울 것 같아 나도 경찰에 신고를 했고, 얼마 지나지 않아 경찰이 도착했다.

소유자라는 임대인 저 사람이 내 물건에 문을 따고 들어오고 있소, 그리고 나는 여기에 유치권을 신고한 사람이오.

나 소유자는 이곳을 낙찰받아 잔금을 완납한 바로 저입니다. 신분증과 등기부등본 등 제가 소유자라는 사실을 증명할 자료가 여기 있습니다. 그리고 유치권이란 타인의 물건을 점유해야 합니다. 그러나 저 분은 물건에 대한 점유도 없었고, 이는 명백히 유치권에 해당하지 않는 사항입니다. 그리고 제가 개방하려는 곳은 이미 점유를 이전받은 호수에 해당합니다.

경찰은 상황을 좀 더 지켜보더니 자신들이 해줄 수 있는 일이 없다고 생각했는지 "법대로 진행하세요"라는 말을 남긴 채 자리를 뜨고 말았다. 나는 열쇠업자에게 걱정하지 말고 그대로 진행하시라고 얘기했다. 책임은 내가 지겠다는 말도 덧붙였다. 하지만 열쇠 수리공은 이 모든 상황이 부담스러웠는지 괜히 자기한테 불똥이 튀면 어떻게 하느냐는 말과 함께 돌아가 버리고 말았다. 경찰도 없고 수리공도 떠나고 이제 자신이 소유자라고 주장하는 사람과 나 단둘이 남게 되었다. 이런 불미스러운 일로 소문이 나게 된다면, 앞으로 이곳에서 어떤 사업을 영위할 때 좋지 못한 인상을 남기게 될 것 같아 최대한 원만하게 합의하고 싶었다. 나는 그에게 다가가 최대한 정중하고 부드러운 목소리로 물었다.

나 무슨 이유로 이러시는 겁니까?

소유자라는 임대인 내가 여기 모두 임대를 놓았고 에스OOO라는 곳도 내가 나가라고 해야 나갈 것이오. 나와 협상하면 되는데 수리공을 불러서 왜 일을 키우고 그러시오. 관리비 및 유치권비를 주면 나도 더 이상 고집부리지 않겠소.

여기서 유치권비란 이사비를 뜻한다. 이렇게 약간의 금전적인 요구를 하는 것은 차라리 합의를 이끄는 데 쉬운 편이다. 결국 적정한 금액으로 이사비를 합의한 뒤 명도를 마무리 지을 수 있었다.

목적에 맞게 인테리어하기

명도까지 마무리했으니 이제 인테리어를 해야 할 차례다. 내가 이 물건을 운용할 목적은 공유 오피스였다. 그러니 공유 오피스의 성격에 맞추어 인테리어를 해야 한다. 해당 물건은 창문이 없기 때문에 환기에 최대한 신경을 써야 한다. 또 그리 넓지 않은 공간을 몇 개의 호실로 나누어 임대를 줘야 하기 때문에 면적을 알맞게 구성하는 일도 필수적이다.

나는 이러한 목적을 인테리어 업체 사장님께 알리고 오랜 시간 고민한 끝에 시안을 완성할 수 있었다.

첫 번째 구조에 대한 시안은 아래와 같았다.

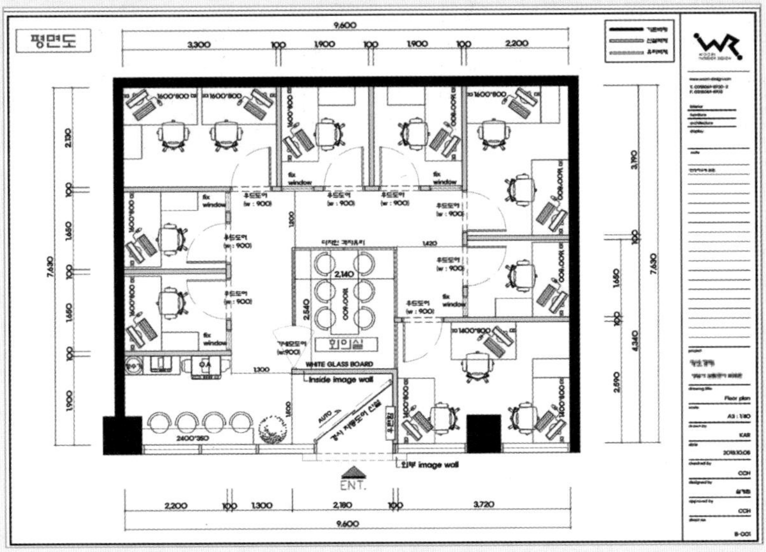

위 시안을 바탕으로 동선을 면밀히 따져서 효율적인 구조를 갖추고, OA실도 만들고, 냉난방기 공사도 마쳐 다음과 같이 완성을 했다. 처음 내가 기대했던 모습대로 인테리어가 잘 갖추어진 것 같아서 매우 흡족했다.

이 물건에 대한 내용을 간략히 정리해보자면 1억 7000만 원에 낙찰을 받아 내가 가지고 있던 자금 5000만 원에 대출 1억 2000만 원으로 잔금을 해결했다. 그리고 세금과 인테리어 등 부대비용이 약 5000만 원가량 들었다. 따지자면, 내가 이 물건에 들인 비용은 1억 원인 셈이다. 하지만 이 금

액은 1년이 채 되지 않은 시점에 사업 운영으로 모두 회수할 수 있었다.

나는 이 케이스가 모든 경매 시장을 대변한다고 생각하지 않는다. 나 역시 이러한 결과를 얻기 위해 몇 날 며칠 날을 새며 공부하고, 실제로 발품을 팔며 찾아다니고, 경매에 정통한 여러 분들의 조언을 받기 위해 노력했다. 그리고 이러한 노력이 빛을 발했다고 믿고 있다. 내가 여기에 이 사례를 소개한 이유도 마찬가지다. 이 책을 읽는 독자들 역시 직접 발로 뛰고, 끊임없이 시뮬레이션하고 시장에서 반응을 살피고 피드백을 받으며 성장하기 바라는 마음 말이다. 단순히 낙찰받고 차액을 남기는 데 그치지 않고 좀 더 시야를 넓히고 물건을 바라본다면(더불어 물건이 위치한 곳의 환경과 시장 상황도 파악할 수 있다면 더할 나위 없이 좋을 것이다) 여러분이 원하는 목표에 조금 더 가까이 갈 수 있을 것이라고 기대한다.

나에게 수업을 들으러 오는 모든 분들은 저마다의 꿈을 꾼다. 하지만 인내의 노력이 부족해 그 꿈이 사그라드는 일을 너무 많이 목격했다. 그때마다 진심으로 안타까웠다. 조금만 더 노력했다면, 조금만 더 꼼꼼하게 살폈다면 그와 같은 실패를 겪지 않아도 됐기 때문이다. 부디 이 책을 읽는 분들에게 내가 소개하는 사례들이 꿈을 실현하는 디딤돌이 되었으면 좋겠다. 그리고 그 디딤돌을 밟고 일어서 더 큰 수익을 일구고, 꿈꾸는 목표에 다다를 수 있길 진심으로 기원한다.

만 원짜리 경매 물건

자전거

낙찰을 받는다는 것은 상당히 기분 좋은 일이다. 차순위자와 금액 차이가 얼마 나지 않으면 더 좋다. 그런데 차순위자와 또 100원밖에 차이 나지 않은 물건이 나타났다. 그것도 명도 없이.

우스운 얘기일지 모르겠지만 우리는 입찰금에 100원을 항상 더 붙여 입찰한다(100원을 적는 이유 중 하나는 개찰을 했을 때 가격이 동일하면 경쟁을 그 자리에서 다시 하기 때문에 이로 인해 금액이 높아지는 것을 막기 위해서다). 사실 100원 차이로 낙찰되는 일이 흔한 일은 아니다. 그런데 우습게도, 내가 또 100원 차이로 낙찰을 받고 말았다.

자전거도 경매를 한다고요?

낙찰받은 물건은 다음에서 보는 바와 같이 자전거다. 경매와 공매를 생각하면 금액이 큰 집이나 토지, 고가의 예술품 등을 떠올리기 쉽지만 몇백 원짜리부터 수십 억에 이르기까지 금액도 품목도 다양하다. 그래서 돈이 많은 사람만 경매를 한다는 인식은 옳지 않다.

온비드 바로가기　API수집-바로가기버튼

2019-	입찰일자 : 2019-10-15 16:33 ~ 2019-10-21 16:00

집행기관	경찰청 충청지방경찰청 청주 흥덕경찰서	담당자	경무과경리계 /		
소재지	충청북도 청주시 흥덕구 봉명동 2342 충청북도 청주시 흥덕구 월명로236번길 15(봉명동, 청주흥덕경찰서)				
유찰횟수	1 회	물건상태	낙찰	감정가	10,000원
물건용도	자전거	입찰방식	일반경쟁(최고가방식)	최저가	(100%)10,000원
납부기한	낙찰 후 7일 이내			종류/방식	기타일반재산 / 매각
면적(m²)					

낙찰정보

집행완료일시	입찰자수	입찰금액	결과	낙찰금액
2019-10-22 10:58	유효 1명 / 무효 1명	10,100원	낙찰	10,100원

입찰정보　입찰이력　전체

회차	입찰일자	개찰일시	최저입찰가	결과
1	2019-10-15 16:33 ~ 10-21 16:00	2019-10-22 10:00	10,000원	낙찰

감정평가서

감정금액	10,000원	감정일자	2019-10-01	감정기관	자전거 중고 매입업체	감정평가서	감정평가서

내가 낙찰받은 자전거의 최저가는 1만 원이었다. 차순위자는 최저가 1만 원을 썼고 나는 1만 100원을 써냈다. 자전거가 보관되고 있는 곳은 청주에 있는 흥덕경찰서였다. 수지타산을 따져보니 물건을 가지러 다녀오는 데 기름값이 더 들겠다 싶었지만 마침 대구에 입찰을 하러 갈 일이 생겨 돌아오는 길에 가지고 올 수 있었다.

물품인계인수서를 작성하고 자전거를 건네받은 뒤 차에 싣고 왔다. 자전거의 상태는 처음에도 나쁘지 않았다. 혹시 손 볼 곳이 있을까 싶어 중간에 자전거 가게에 들러 타이어에 바람도 넣고 체인에 기름칠도 했다. 약간의 수리만 했을 뿐인데도 꽤 쓸 만한 모양새를 갖추었다.

지금은 사무실에 가져다두고 가까운 곳에 업무를 보러 다닐 때 쓰고 있지만, 중고거래 사이트에 10만 원에 내놓은 상태라 원하는 사람이 있으면 언제든지 매도할 생각이다.

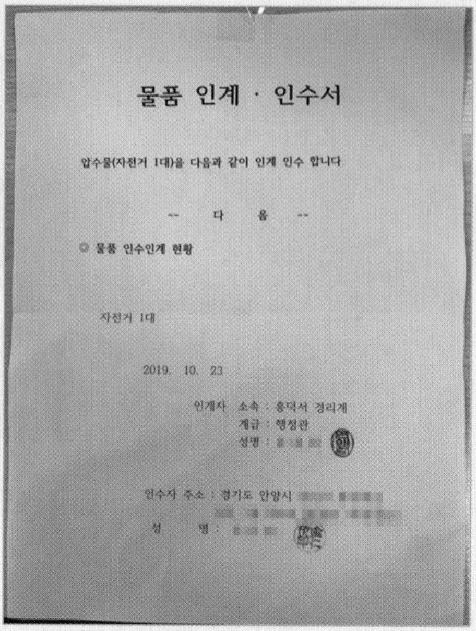
물품 인계 · 인수서

압수물(자전거 1대)을 다음과 같이 인계 인수 합니다

-- 다 음 --

◎ 물품 인수인계 현황

자전거 1대

2019. 10. 23

인계자 소속 : 흥덕서 경리계
계급 : 행정관
성명 : [redacted]

인수자 주소 : 경기도 안양시 [redacted]
성 명 : [redacted]

중고물품에 입찰할 때는 출처를 반드시 확인하자

많은 분들이 '소액으로 할 수 있는 경매에 어떤 것이 있느냐'고 묻는다. 할 수 있는 것은 무궁무진하다. 유체동산의 경우 경매 사이트에서 함께 매각되기 때문에 내가 필요한 물건이 있으면 직접 가서 확인하고 구입할 수 있다. 또 세관공매(유니패스라는 곳에서 전자입찰로 참여할 수 있음)도 있고 온비드에서 공매를 할 수도 있다. 소액으로 중고물품을 낙찰받아 다시 되팔면서 수익을 창출하는 것도 가능하다. 이때 주의할 점은 반드시 출처가 분명해야 한다는 점이다.

일전에 나에게 경매를 배우러 온 분 중에 아주 젊은 친구가 한 명 있었다. 그는 고등학교를 졸업한 뒤 대학을 가는 대신 부동산을 배우기 위해 날 찾아왔는데 경매나 공매 경험이 있느냐고 물었더니 그렇단다. 물품이 무엇이냐고 했더니 자전거란다. 자전거를 사고팔면서 수익이 꽤 생기자 욕심이 생겼고, 차츰 중고시장에서 직접 구입해 되팔기도 했단다. 그런데 얼마 뒤 경찰서에서 조사를 받으러 오라는 연락을 받게 되었다. 알고 보니 그가 샀던 자전거가 장물이었다. 누군가가 그 자전거를 훔쳐서 가지고 있다가 그에게 싼값에 팔았던 것이다. 이처럼 구입하는 물건의 출처가 불분명한 경우 자칫 불법일 위험이 있으니 항상 주의를 기울여야 한다.

이 사례를 통해 내가 말하고자 하는 바는 소액으로도 투자할 수 있는 물건이 많다는 것과 자기만의 특정 분야를 정해 유용한 재테크를 할 수도 있다는 점이다. 돈이 없어서, 나이가 어려서, 혹은 많아서 할 수 없다는 말은 재테크 시장에서 결코 통하지 않는 핑계일 뿐이다.

쪼개진 부동산도 다시 보자

경기도 남양주시 다세대 빌라

나는 앞서 언급했듯이 300만 원으로 경매를 시작했다. 내가 이 이야기를 하면, 많은 분들이 어떻게 300만 원으로 경매를 할 수 있냐며, 거짓말 아니냐고 묻기도 한다. 그래서 이번 기회를 통해 당시의 내 상황을 좀 더 자세히 설명하고자 한다.

경매에 처음 관심을 갖게 된 2012년 당시, 나는 300만 원으로 할 수 있는 물건을 찾고 무수히 많은 임장을 하고 입찰에 도전했으며 그 와중에 낙찰받은 물건의 경매 입찰 보증금으로 내가 가지고 있던 300만 원을 사용했다. 낙찰가의 80퍼센트는 대출을 받았고 나머지 10퍼센트조차도 지인에게 빌렸다. 그리고 물건을 수리한 뒤 매각해 100만 원 남짓의 수익을 거뒀다. 나는 무주택자였고 금융권에서도 방차감(MCI, MCG 등 방공제)을 하지 않았으며 주거용 부동산에 대한 금융 규제가 심하지 않을 때라 가능한 일이었다고 생각한다. 즉 나는 레버리지(leverage)를 적극 활용하기 용이한 상황이었다.

아흔에 시작한 경매

가끔 나를 찾아오는 분들 중에 100만 원 정도의 소액을 가지고 오시는 분들이 있다. 그분들에게 내가 하고 싶은 말은, 개개인마다 처해 있는 환경이 모두 다르기 때문에 자신의 상황을 정확하게 인지하고 확실한 방향을 잡으시라는 것이다. 자산이 많아 누구보다 투자하기에 좋은 조건을 갖고 있는 분도 있지만, 그렇지 않은 상황 속에서도 꾸준히 자신이 목표한 바를 이루기 위해 한 발 한 발 정진하는 투자자 분들 역시 굉장히 많다. 그리고 이렇게 조건이 좋지 않은 분들도 소기의 성과를 달성하고 꿈을 이룰 수 있도록 돕는 게 내가 해야 할 일이라고 생각한다.

1년 전 연세가 아흔인 이OO 씨께서 상담을 하러 오셨다. 연로한 몸에도 불구하고 인천 부평에서 안양까지 먼 길을 찾아오신 것이다. 안양까지 오신 김에 근처에 살고 있는 친구 분을 만나 막걸리나 한잔해야겠다고 하시더니 그 친구 분을 우리 사무실로 부르셨다. 10대 시절에 만나 80년 가까운 세월을 막역한 사이로 지내셨다는 두 분은 만나자마자 이렇게 인사를 나누셨다.

친구 분 너 오는 길에 죽으면 어떡하려고 여기까지 왔냐?

그 자리에 있던 나는 수위 높은 농담에 웃지도 못하고 난감한 표정을 지을 수밖에 없었다. 이OO 씨는 1년 동안 빠지지 않고 매주 수업에 나오신다. 인생을 정리하기 충분한 연세에 왜 굳이 경매를 하려는지 궁금해 여쭈었더니 이렇게 대답하셨다. "새롭게 시작하는 데 나이가 무슨 상관이겠소.

나는 이제라도 경제적으로 풍요롭게 지내고 싶어요." 더 좋은 삶, 더 풍족한 삶, 더 윤택한 삶을 누리고 싶은 건 나이의 많고 적음과 상관없다는 걸 다시금 느꼈다. 그리고 이OO 씨는 보유하고 있는 자금 1500만 원을 가지고 두 번째 입찰에 아래와 같은 금액으로 낙찰을 받으셨다. 나의 트레이드 마크인 100원과 함께!

지분으로 낙찰받았다면 어떻게 해야 할까?

해당 물건은 아래 보이는 바와 같이 소유자가 여섯 명으로 각각 6분의 1씩 권리를 가지고 있었다. 그중 1966년생이신 민OO 씨의 지분에 강제경매로 경매가 진행된 것이고 우리는 낙찰받은 뒤 공유자에게 매도하려는 시나리오를 그리고 입찰을 진행하였다.

의정부지방법원 대법원바로가기 법원안내 가로보기 세로보기 세로보기(2)

2018 타경 [redacted]		매각기일 : 2019-08-13 10:30~ (화)		경매5계 031-828-0361	
소재지	(12119) 경기도 남양주시 퇴계원면 [redacted] [도로명] 경기도 남양주시 [redacted]				
용도	다세대(빌라)	채권자	유[redacted]	감정가	19,300,000원
지분대지권	5.238㎡ (1.58평)	채무자	민[redacted]	최저가	(49%) 9,457,000원
지분전용	7.54㎡ (2.28평)	소유자	민[redacted]	보증금	(10%)945,700원
사건접수	2018-11-13	매각대상	토지/건물지분매각	청구금액	4,180,000원
입찰방법	기일입찰	배당종기일	2019-02-07	개시결정	2018-11-16

기일현황 간략보기

회차	매각기일	최저매각금액	결과
신건	2019-06-04	19,300,000원	유찰
2차	2019-07-09	13,510,000원	유찰
3차	2019-08-13	9,457,000원	매각
이[redacted]/입찰3명/낙찰10,500,100원(54%)			
	2019-08-20	매각결정기일	허가
	2019-09-27	대금지급기한 납부 (2019.09.17)	납부
	2019-10-22	배당기일	완료
배당종결된 사건입니다.			

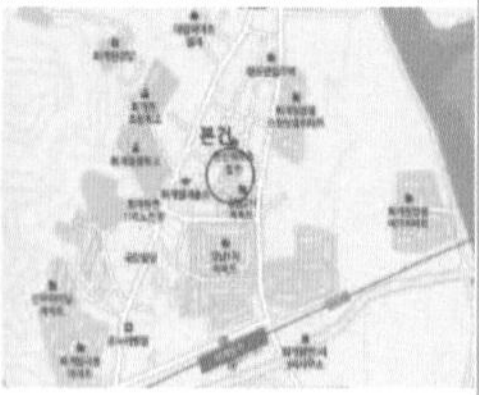

2	소유권이전	2018년10월26일 [redacted]	2005년4월24일 상속	공유자 지분 6분의 1 민[redacted] 500707-******* 부산광역시 [redacted] 지분 6분의 1 민[redacted] 581110-******* 서울특별시 구로구 [redacted] 상속인인 민[redacted]은 민법 제1001조의 사유로 결격되었으므로

[집합건물] 경기도 남양주시 퇴계원면 퇴계원리 268-1 제1층 제101호

순위번호	등 기 목 적	접 수	등 기 원 인	권리자 및 기타사항
				지분 6분의 1 민[redacted] 870827-******* 서울특별시 광진구 [redacted] 지분 6분의 1 민[redacted] 601015-******* 서울특별시 동대문구 [redacted] 지분 6분의 1 민[redacted] 641215-******* 전라남도 나주시 [redacted] 민[redacted] 660326-******* 인천광역시 미추홀구 [redacted]
				대위자 [redacted] 서울특별시 마포구 [redacted] 대위원인 서울서부지방법원 [redacted] 양수금 사건으로 인한 강제집행을 실시하기 위하여
3	2번민[redacted]지분강제경매개시결정	2018년11월16일 [redacted]	2018년11월16일 의정부지방법원의 강제경매개시결정[redacted]	채권자 [redacted] 서울특별시 마포구 [redacted]

이 물건의 시세는 최근 실거래가 기준으로 1억 1400만 원가량이었다. 이를 지분 비율인 6분의 1로 나누면 1900만 원 정도다. 입찰 시 그렸던 시나리오대로 전개될 경우 1900만 원 - 1050만 원이므로 800여만 원(취득세, 등기비 등)가량 차익이 남는다.

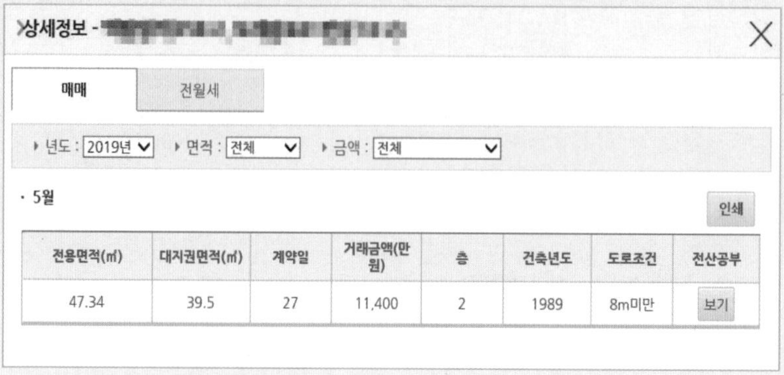

>상세정보 - [redacted]

매매 | 전월세

▸ 년도 : 2019년 ▸ 면적 : 전체 ▸ 금액 : 전체

· 5월

인쇄

전용면적(㎡)	대지권면적(㎡)	계약일	거래금액(만원)	층	건축년도	도로조건	전산공부
47.34	39.5	27	11,400	2	1989	8m미만	보기

일반적으로 낙찰을 받고 나면 대출을 받아 잔금을 처리하지만 지분의 경우 대출이 불가능하기 때문에 이 경우에는 본인이 가지고 있는 현금으로 완납을 해야 했다. 이때 법무사에게 소유권 이전 작업을 맡길 수 있지만, 이OO 씨는 법무사 수수료를 아끼기 위해 본인이 직접 소유권 이전 등기를 하겠다고 하셨다. '쉽지 않을 텐데'라는 나의 우려가 무색하게도 이OO 씨는 나와 수차례 상담을 통해 직접 소유권 이전을 해내시며 다시 한 번 나에게 감동을 안겨주었다.

셀프 등기 절차

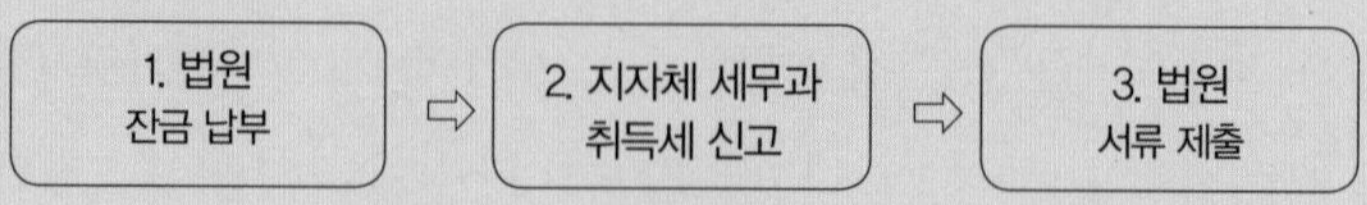

1. 법원 경매계 : 잔금 납부

① 대금지급기한통지서를 갖고 경매계로 간다.

② 법원보관금납부명령서를 받아 은행으로 가서 잔금을 납부한다.

③ 법원보관금영수필통지서를 받고 수입인지를 사서 경매계로 다시 가서 제출한다.

④ 매각대금완납증명원을 제출한 뒤 서류를 받아 지자체 세무과로 출발한다.

2. 지자체 세무과 : 취등록세 납부

① 취등록세 신고서를 작성 및 제출하고 고지서를 받는다.

② 고지서의 금액과 국민주택채권을 계산한 후 함께 지자체 내 은행에서 납부한다.

3. 법원 : 서류 제출

① 부동산소유권이전등기촉탁신청서와 고지서 영수증 등을 첨부하여 우표와 함께 경매계에 제출한다.

셀프로 소유권 이전까지 마무리했으니 이제 지분 경매를 해결할 차례다. 지분 경매를 해결할 때는 보통 세 가지 방법으로 접근한다. 첫째, 내 지분을 상대방에게 매도하거나, 상대방의 지분을 내가 산다. 둘째, 금액에 관해 협상이 잘 되지 않으면 공인중개사에서 매매로 진행하여 매각한 금액의 1/N 로 나누어 갖는다. 셋째, 법원에 경매로 진행을 하여 배당을 받는 방법이다.

어떤 물건이든 이해관계인과 원만하게 해결하는 것이 최우선이기에 입찰 시 전략대로 공유자에게 매도하려 접근했다. 하지만 몇 차례 만남이 이어지다 상대방과 연락이 두절되고 말았다. 지금은 차선책인 법원 경매를 준비하고 있다.

될 성 싶은 부동산은 임장에서 결정된다

평택시 빌라 & 화성시 빌라

경매는 임장과 입찰, 낙찰 시 명도와 자서 등 스스로 해야 하는 일들이 많다. 주위 사람의 도움 없이 혼자서 해내기는 쉽지 않은 일이라 나는 학원 수강생들의 입찰과 임장 등 다양한 업무에 실질적인 도움을 주고 있다.

내가 학원을 운영하던 초창기에 나와 함께 일했던 한 친구가 있었다. 나는 그에게 경매를 해보면 어떻겠냐고 몇 차례 권했지만 그는 아직 어린 자신이 해야 할 일은 아닌 것 같다며 몇 차례 고사했다. 그런데 시간이 흐르면서 경매의 매력을 느낀 그는 내게 경매를 해보고 싶다는 의사를 밝혔고, 마침내 입찰을 준비하며 임장을 다녀오게 되었다.

임장할 때 꼭 가야 할 세 군데

임장은 부동산을 보러 현장에 가는 것을 의미하는데, 임장 시 공식처럼 외워야 하는 내용이 있다. 바로 다음과 같이 세 군데를 직접 가서 눈으로 확인해야 한다는 점이다. 첫째, 해당 물건지를 방문해 물건의 상태를 확인해야 한다. 둘째, 그 물건을 관리하고 있는 관리사무소에 찾아가 관리비가 미납되어 있는지를 확인한다. 셋째, 인근 공인중개사무소에서 시세(전월세와 매매 시세, 공실률과 기간 등)와 입지에 대한 전문가의 의견도 들어야 한다.

어떤 사람들은 임장 체크리스트를 만들어 들고 다니면서 확인하는 경우가 있는데, 현장에 막상 나가보면 일일이 체크하는 것이 어려울 뿐만 아니라 설사 제대로 체크를 했다 하더라도 그것이 시세나 입찰에 어떤 영향으로 작용할지 알 수 없기 때문에 나는 체크리스트를 가지고 다니는 것보다는 위에서 언급한 세 가지 포인트를 정확히 확인하는 것이 훨씬 효과적이라고 생각한다.

임장 시 꼭 가야 할 곳

1. 해당 물건지 : 물리적 하자와 매출력 확인
2. 관리사무소 : 미납 관리비 확인
3. 공인중개사무소 : 시세와 공실률 및 입지 정보 습득

그렇다면 해당 물건지를 보고 가치가 있는 물건이 맞는지 확인하는 한 가지 요령을 소개하겠다. 먼저 주거용일 경우 최근에 새시(창틀)를 교체했다면 일반적으로 인테리어가 깨끗하게 되어 있다고 가정할 수 있다. 이럴 경우 입찰가 산정 시 인테리어 비용을 감안할 수 있으며, 상업용 부동산의 경우 영업력을 확인해 입찰에 적용하는 것도 도움이 된다. 하지만 이것이 반드시 통하는 공식은 아니다. 교체한 지 얼마 되지 않은 창틀이지만 매매를 염두에 둔 부실 공사일 경우 물이 새는 등 예상치 못한 곤란을 겪을 수

있으며, 상업용 부동산의 경우 지금 당장은 영업이 잘 되고 있는 것 같아 낙찰받아도 재계약에 문제가 없을 것이라고 생각하기 쉽지만, 막상 재계약에 나서면 임차인이 경기가 좋지 않다는 등의 이유를 들어 계약 연장에서 잡음이 생길 수 있기 때문이다. 이럴 경우 높은 가격으로 입찰받은 의미가 없어지게 되고 최악의 경우 경제적 손실도 입게 된다. 따라서 입찰에 참여할 때는 최상의 경우뿐만 아니라 시장 상황에 따라 겪을 수 있는 최악의 경우도 늘 상기하고 있어야 한다. 또 최악의 상황이 찾아왔을 때 내가 어느 정도까지 희생을 감수할 수 있을지도 미리 따져보아야 한다. 바로 이것이 임장이 중요한 이유인데, 임장을 통해 물건에 대해 보다 객관적이고 냉정한 평가를 내릴 수 있기 때문이다. 만약 물건이 헬스장이라면, 임장 시 지나치게 낮은 가격으로 프로모션 행사를 진행하고 있거나 장기회원들에게 혜택을 주는 방식으로 이윤을 내고 있다면 이는 신중하게 접근해야 하는 위험 포인트가 된다.

아래는 김OO 씨가 임장을 다녀온 물건에 대한 설명이다.

다음 그림에서 확인할 수 있듯이 물건은 경기도 평택에 위치한 건물로, 토지를 담보로 대출을 받아 건물을 지었으며, 임차인이 거주하고 있는 상황이었다. 일반적으로 생각하면 흔한 경매물건처럼 보이지만 우리는 여기에서 치명적인 단점이 존재할 가능성을 찾아냈다. 처음부터 임차인을 받으려는 목적으로 건물을 지었다면, 건축주가 건물을 견고하게 지을 리 없다는 사실이었다. 금융권으로부터 대출을 최대한 받은 뒤 임차인으로부터 수익을 챙기면 그만일 수도 있다는 판단이었다. 우리는 이 건물을 임장하면서 부실공사에 대한 가능성을 확인해보고자 했다. 김OO 씨는 임장 중 내

수원지방법원 평택지원	대법원바로가기	법원안내	가로보기	세로보기	세로보기(2)
2019 타경 [redacted]	물번2 [매각]	매각기일 : 2019-10-21 10:00~ (월)			경매3계 031-650-3167

소재지	(17781) 경기도 평택시 [redacted] [도로명] 경기도 평택시 [redacted]				
용도	도시형생활주택	채권자	중[redacted]	감정가	148,000,000원
대지권	29.2506㎡ (8.85평)	채무자	에[redacted]	최저가	(49%) 72,520,000원
전용면적	43.14㎡ (13.05평)	소유자	주[redacted]	보증금	(10%)7,252,000원
사건접수	2019-02-11	매각대상	토지/건물일괄매각	청구금액	1,518,974,483원
입찰방법	기일입찰	배당종기일	2019-05-07	개시결정	2019-02-12

기일현황

회차	매각기일	최저매각금액	결과
신건	2019-07-22	148,000,000원	유찰
2차	2019-09-02	103,600,000원	유찰
3차	2019-10-21	72,520,000원	매각
0[redacted]/입찰2명/낙찰77,777,700원(53%) 2등 입찰가 : 73,500,000원			
	2019-10-28	매각결정기일	허가
	2019-12-04	대금지급기한	

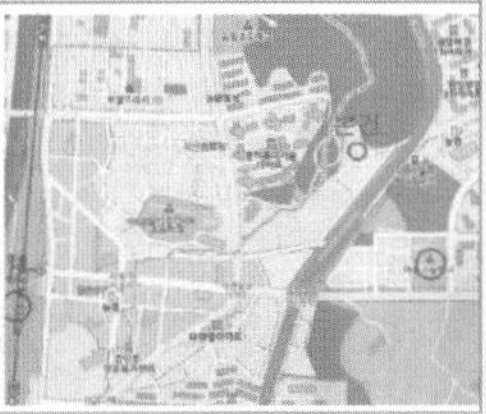

게 전화를 걸어 상황을 설명해주었다.

김○○ 씨 여기 와보니까 말씀하신 대로 5층 외벽이 떨어져나가 있고, 임차인 몇 분을 만나보니 여러 하자가 있었다고 하네요.

나 충분히 예측 가능한 상황이었습니다. 하자 상태를 좀 더 명확히 알아보세요.

김OO 씨는 물건의 하자를 좀 더 상세하게 알아보기 위해 한 가지 묘안을 생각해냈다. 바로 임차인들에게 인테리어 업자로 자신을 소개한 것이다. 그는 입찰하기 전 임차인들을 찾아가 이렇게 이야기했다.

김○○ 씨 안녕하세요. 저는 인테리어 업자입니다. 이 건물의 하자 보수를 시행하려고 하는데, 불편하신 점을 제게 말씀해주시면, 공사할 때 꼭 반영하겠습니다.

내가 임차인이라도 당연히 하자 부분에 대해 신랄하게 이야기해줄 터였다. 그는 각각의 임차인들을 찾아가 부실공사에 대한 불편 사항을 접수해 사진 촬영까지 마친 뒤 객관적인 상태를 확인하고 입찰을 준비할 수 있었다.

김OO 씨는 입찰 전 어떻게 수리를 하면 좋을지까지 검토한 뒤 입찰 준비를 완료했다. 그런데 맙소사! 이게 웬일인가. 매각 당일 수원지방법원 평

택지원 입찰 마감 시간이 11시 20분이었는데, 11시 40분으로 잘못 알았던 것이다. 김OO 씨가 법원에 도착한 시간은 11시 19분. 서둘렀지만 결국 그는 입찰에 참여하지 못했다. 열심히 임장하고 노력한 결과가 이렇게 허무하게 끝나다니 얼마나 안타까웠는지. 부디 이 책을 읽는 독자 여러분들은 이와 같은 실수를 겪지 않길 바라는 마음에 전국 법원의 입찰 마감 시간을 아래에 소개한다.

전국 법원 입찰 마감 시간

- **서울 지역**

서울중앙지방법원 입찰 마감 시간 : 11시 10분
서울동부지방법원 입찰 마감 시간 : 11시 10분
서울서부지방법원 입찰 마감 시간 : 11시 10분
서울남부지방법원 입찰 마감 시간 : 11시 10분
서울북부지방법원 입찰 마감 시간 : 11시 10분

- **의정부** 지역

의정부지방법원 본원 입찰 마감 시간 : 11시 50분
의정부지방법원 고양지원 입찰 마감 시간 : 11시 20분

- **인천 지역**

인천지방법원 본원 입찰 마감 시간 : 11시 20분
인천지방법원 부천지원 입찰 마감 시간 : 11시 10분

- **수원 지역**

수원지방법원 본원 입찰 마감 시간 : 11시 40분

수원지방법원 성남지원 입찰 마감 시간 : 11시 10분
수원지방법원 여주지원 입찰 마감 시간 : 11시 10분
수원지방법원 평택지원 입찰 마감 시간 : 11시 20분
수원지방법원 안산지원 입찰 마감 시간 : 11시 40분
수원지방법원 안양지원 입찰 마감 시간 : 11시 40분

- **춘천 지역**

춘천지방법원 본원 입찰 마감 시간 : 11시 00분
춘천지방법원 강릉지원 입찰 마감 시간 : 11시 40분
춘천지방법원 원주지원 입찰 마감 시간 : 11시 20분
춘천지방법원 속초지원 입찰 마감 시간 : 11시 10분
춘천지방법원 영월지원 입찰 마감 시간 : 11시 10분

- **대전 지역**

대전지방법원 본원 입찰 마감 시간 : 11시 30분
대전지방법원 홍성지원 입찰 마감 시간 : 11시 30분
대전지방법원 논산지원 입찰 마감 시간 : 11시 30분
대전지방법원 천안지원 입찰 마감 시간 : 11시 10분
대전지방법원 공주지원 입찰 마감 시간 : 11시 30분
대전지방법원 서산지원 입찰 마감 시간 : 11시 30분

- **대구 지역**

대구지방법원 본원 입찰 마감시간 : 11시 10분
대구지방법원 안동지원 입찰 마감 시간 : 11시 10분
대구지방법원 경주지원 입찰 마감 시간 : 11시 10분
대구지방법원 김천지원 입찰 마감 시간 : 11시 40분
대구지방법원 상주지원 입찰 마감 시간 : 11시 30분
대구지방법원 의성지원 입찰 마감 시간 : 11시 10분
대구지방법원 영덕지원 입찰 마감 시간 : 11시 00분
대구지방법원 포항지원 입찰 마감 시간 : 11시 10분
대구지방법원 서부지원 입찰 마감 시간 : 11시 10분

• **부산 지역**

부산지방법원 본원 입찰 마감 시간 : 11시 20분
부산지방법원 동부지원 입찰 마감 시간 : 11시 20분
부산지방법원 서부지원 입찰 마감 시간 : 11시 20분

• **울산 지역**

울산지방법원 본원 입찰 마감 시간 : 11시 30분

• **창원 지역**

창원지방법원 본원 입찰 마감 시간 : 11 분10분
창원지방법원 진주지원 입찰 마감 시간 : 11시 30분
창원지방법원 통영지원 입찰 마감 시간 : 11시 20분
창원지방법원 밀양지원 입찰 마감 시간 : 11시 20분
창원지방법원 거창지원 입찰 마감 시간 : 11시 30분

• **광주 지역**

광주지방법원 본원 입찰 마감 시간 : 11시 10분
광주지방법원 목포지원 입찰 마감 시간 : 11시 20분
광주지방법원 장흥지원 입찰 마감 시간 : 11시 30분
광주지방법원 순천지원 입찰 마감 시간 : 11시 30분
광주지방법원 해남지원 입찰 마감 시간 : 11시 30분

• **전주 지역**

전주지방법원 본원 입찰 마감 시간 : 11시 30분
전주지방법원 군산지원 입찰 마감 시간 : 11시 30분
전주지방법원 정읍지원 입찰 마감 시간 : 11시 30분
전주지방법원 남원지원 입찰 마감 시간 : 11시 10분

• **청주 지역**

청주지방법원 본원 입찰 마감 시간 : 11시 30분
청주지방법원 충주지원 입찰 마감 시간 : 11시 30분

청주지방법원 제천지원 입찰 마감 시간 : 11시 30분
청주지방법원 영동지원 입찰 마감 시간 : 11시 20분

• **제주 지역**
제주지방법원 본원 입찰 마감 시간 : 11시 30분

반값빌라의 진실

얼마 뒤 김OO 씨는 또 다른 물건을 발견했다. 경기도 화성시에 위치한 '반값빌라'였다. 반값이 된 데는 그만한 사연이 있을 것이다. 이 사연을 찾는 것이 경매에 있어서는 상당히 중요한 부분 중 하나다.

나는 해당 물건을 보면서 수요층이 많지 않아 환금성이 낮을 것이라는 생각이 들었다. 그래서 임장을 통해 이 지역 분들은 어디서 유입이 되고, 어느 쪽에 있는 직장을 주로 다니는지 등을 확인하고자 했다. 또 공인중개사를 만나 현재 공실 여부 및 근처에 어떤 물건이 있는지를 알아보기로 했다.

김OO 씨는 내 조언을 듣고는 현장으로 달려갔다. 그리고 단도직입적으로 그 집에 찾아가 문을 두드리며 이렇게 말했다고 한다.

김○○ 씨 안에 계십니까? 선생님 물건이 경매로 나와 있어서 문의 좀 하려고 왔습니다.

그런데 안에 있는 사람이 당황하는 얼굴로 나와 말까지 더듬으며 이 집이 경매에 나왔냐고 되묻더란다. 김OO 씨도 놀라 다시금 확인해보니 글

수원지방법원 대법원바로가기 법원안내 가로보기 세로보기 세로보기(2)

2019 타경 2019타경	물번1 [매각]	매각기일 : 2019-11-08 10:30~ (금)	경매12계 031-210-1272

소재지	(18332) 경기도 화성시 봉담읍 [도로명] 경기도 화성시 봉담읍				
용도	다세대(빌라)	채권자	최	감정가	103,000,000원
대장용도	다세대주택	채무자	안	최저가	(49%) 50,470,000원
대지권	68.27㎡ (20.65평)	소유자	안	보증금	(10%)5,047,000원
전용면적	45.72㎡ (13.83평)	매각대상	토지/건물일괄매각	청구금액	80,000,000원
사건접수	2019-04-09	배당종기일	2019-06-26	개시결정	2019-04-10

기일현황

회차	매각기일	최저매각금액	결과
신건	2019-08-28	103,000,000원	유찰
2차	2019-10-08	72,100,000원	유찰
3차	2019-11-08	50,470,000원	매각
정/입찰1명/ 낙찰51,200,000원(50%)			
	2019-11-15	매각결정기일	

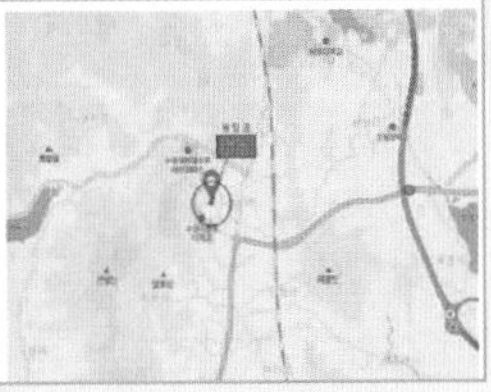

쎄, 똑같은 이름을 가진 빌라로 잘못 찾아가 폭탄을 투여하고 만 것이었다. 이 얘기를 듣고 한참을 웃었다. 솔직히 말하자면 나도 이런 경험이 있기 때문이다. 요즘에는 비슷한 이름을 가진 빌라들이 많기 때문에 위와 같은 실수를 범하지 않기 위해서는 꼭 건물 이름뿐만 아니라 지번까지 꼼꼼하게 확인해야 한다.

한바탕 해프닝을 겪은 뒤 김OO 씨는 물건을 찾아갔다. 그런데 건물 전체 여덟 세대 중 한 세대만 살고 있고 나머지는 모두 이사를 간 상태였다. 여덟 세대 중 무려 일곱 세대가 공실이었다는 것이다. 결국 나는 그에게 이번 입찰을 참여하지 않는 게 좋겠다는 뜻을 전했다.

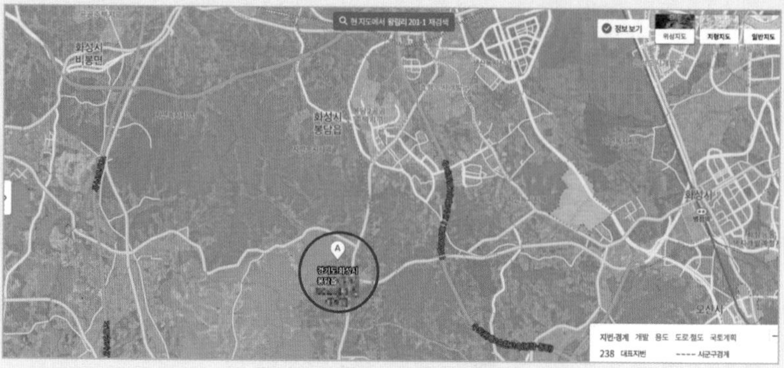

김OO 씨는 또 다른 물건을 찾아 나섰다. 자금이 비교적 적었기에 소액으로 입찰이 가능한 물건을 위주로 찾아봤다. 나는 앞서 연세가 많으신 분께 지분이나 선순위 임차인 물건을 찾아드렸는데, 김OO 씨에게도 지분, 선순위, 레버리지까지 할 수 있는 물건들을 찾아드렸다. 소위 시장에서 말하는 '선순위 임차인 물건'이란 선순위로 들어온 임차인의 보증금이 정황상 가짜인 물건을 말한다. 즉, 선순위 임차인이 주장하는 보증금이 고스란히 차익으로 남는 물건이다. 아래 내용이 의심된다면 선순위 임차인이 아닌지 확인해볼 만하다.

의심의 여지가 있는 선순위 임차인 물건 정황들

1. 계약한 당해 연도에 맞지 않은 보증금
2. 임차인이 있음에도 불구하고 대출금이 나온 사실
3. 같은 성씨 혹은 돌림자 이름

선순위 임차인 물건을 조사하는 방법

1. 임차인과 임대인에게 직접 문의
2. 등기부등본상의 1순위 채권자(금융권일 경우)에게 문의
3. 후순위 채권자에게도 문의
4. 인근 공인중개사무소에 수소문하여 확인
5. 우편물 및 공과금 납부 내역 등 법원에 권리 신고된 자와 납부자의 명의 일치 여부 확인

인천지방법원 대법원바로가기 법원안내 가로보기 세로보기 세로보기(2)

2019 타경	매각기일 : 2019-12-11 10:00~ (수)	경매26계 032-860-1626

소재지	(21437) 인천광역시 부평구 [도로명] 인천광역시 부평구				
용도	다세대(빌라)	채권자	강	감정가	89,000,000원
대장용도	다세대주택	채무자	한	최저가	(24%) 21,368,900원
대지권	30.12m² (9.11평)	소유자	한	보증금	(10%)2,136,890원
전용면적	41.49m² (12.55평)	매각대상	토지/건물일괄매각	청구금액	80,000,000원
사건접수	2019-01-25	배당종기일	2019-04-19	개시결정	2019-01-29

기일현황 입찰28일전

회차	매각기일	최저매각금액	결과
신건	2019-07-18	89,000,000원	유찰
2차	2019-08-22	62,300,000원	유찰
3차	2019-10-04	43,610,000원	유찰
4차	2019-11-11	30,527,000원	유찰
5차	**2019-12-11**	**21,368,900원**	예정

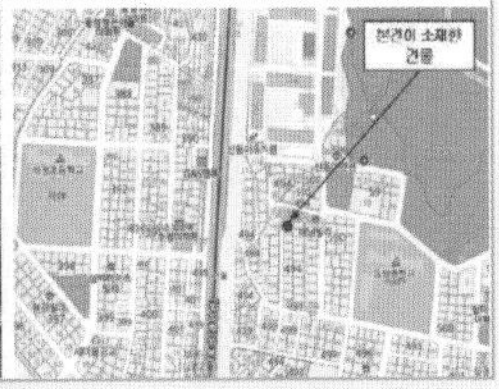

선순위 가장 임차인에 해당하는 물건은 물증을 잡기 전에는 입찰하기에 무리가 있다. 낙찰을 받았는데 진성 임차인이라는 게 밝혀지면 선순위 임차인의 보증금을 모두 물어주어야 하기 때문이다. 그렇기 때문에 이런 종류의 물건은 반드시 물증을 확보하고 진행해야 한다.

위의 물건은 거래연도 당시와 맞지 않는 보증금 및 시세, 소유자 단기간 이전 등이 의심되었다. 나는 이러한 정황을 확인해보기 위해 직접 현장에 방문하고, 물증까지 찾을 수 있는지 확인해보라고 했다.

김OO 씨는 물건지의 점유자를 만나려고 했지만 상황이 여의치 않자 인근 배달 전문점에 음식을 시켜 내역을 확인하기도 하고, 공인중개사를 찾아가 문의해보았지만 정확한 속사정을 알 수 없었다. 그러던 중 근처 인테리어 업체에 해당 물건을 매매로 구입했는데 몇 가지를 문의해도 되겠냐고 접근해 정보를 얻을 수 있었다. 마침 그 인테리어 사장님이 과거에 관심 물건의 수리를 맡았던 적이 있어 그 집에 몇 명이 살고 있고, 어떻게 일을 맡겼는지 등에 대한 이야기를 들려주었던 것이다.

김OO 씨는 요즘에도 열심히 임장을 다니고 있는 중이다. 아직 만족할 만한 물건을 만나지는 못했지만 열심히 발품을 팔며 최선을 다하고 있기에 머지 않아 성과가 날 것이라고 믿고 있다. 기본에 충실하면서 노력하는 사람이야말로 최상의 결과를 만들어낼 수 있다고 생각하기 때문이다.

당신은 조합원이 맞습니까?

인천시 남동구 재건축 아파트

이번에 소개할 물건은 임장의 중요성을 알려준 물건이다. 다행히 수익으로 연결되긴 했지만 결과만 놓고 보면 결코 안도할 수 없는 물건이었다.

앞서 임장할 때는 해당 물건지, 관리사무소, 공인중개사무소 세 곳을 꼭 방문해야 한다고 했다. 재건축의 경우에는 조합사무실을 꼭 방문해야 한다. 해당 물건지가 현금 청산과 조합원 지위 승계 두 가지 중 어디에 해당하는지 반드시 확인해야 하기 때문이다.

현금 청산은 현금으로 소유자에게 보상해주는 물건을 말한다. 그렇기 때문에 보상금이 얼마인지 명확히 아는 것이 중요하다. 조합원 지위 승계는 수익으로 연결되는 기간이 어느 정도인지, 추가 분담금 및 기타 비용에 대한 자금 여력이 있는지, 사업성이 있어 얼마의 차익을 남길 수 있는지 고려해야 한다.

재건축 물건의 두 가지 지위

다음에 나오는 물건은 추천 물건이었는데, 양OO 씨가 관심을 보여 임장을 다녀오라고 했다. 임장 시 파악한 바로는 재건축이 진행되고 있었으며, 조합원으로 분양까지 받을 수 있었다. 해당 물건의 왼편에는 래미안자이가 있었고, 평당가에 맞춰 분양가를 산정해보니 수익이 월등했다. 나는 낙찰 받을 시 보유할 것을 권유했고 입찰을 진행했다.

> 기본 계획 → 구획 지정 → 추진위원회 설립 → 조합 설립 → 사업 시행 인가 → 관리 처분 → 이주 → 착공 · 완공 · 준공 → 입주

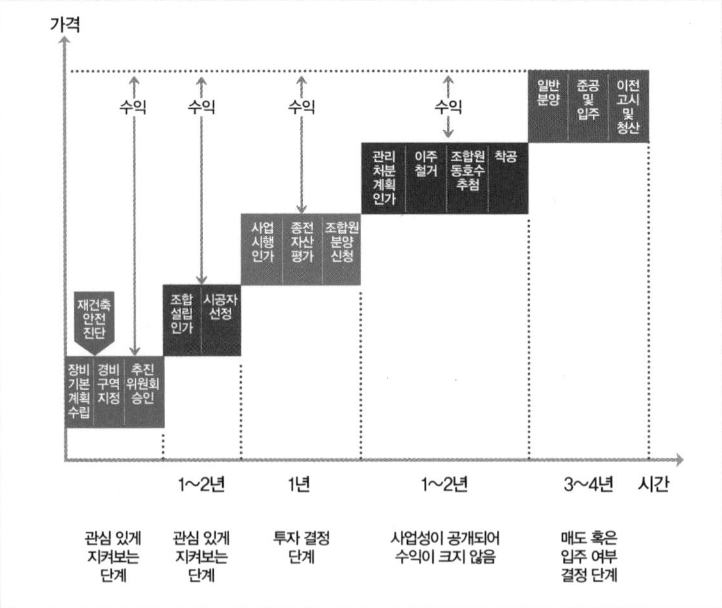

입찰 결과 단독 낙찰이었다. 이 물건의 경우에는 단독 낙찰을 받자마자 기초 내용부터 다시 확인해보았다. 양OO 씨에게 해당 물건의 동호수를 조합사무실에 정확히 문의했냐고 물었더니 아니라는 것이다. 해당 동호수가 아니라 아파트 전체에 대해서만 문의를 했다는 것이다. 나는 바로 조합사무실에 연락해 확인해보라고 했다.

인천지방법원 | 대법원바로가기 | 법원안내 | 가로보기 | 세로보기 | 세로보기(2)

2019 타경 [illegible]	매각기일 : 2019-07-29 10:00~ (월)	경매12계 032-860-1612

소재지	(21548) 인천광역시 남동구 [illegible] [도로명] 인천광역시 남동구 [illegible]				
용도	아파트	채권자	스[illegible]	감정가	176,000,000원
대지권	46.51㎡ (14.07평)	채무자	육[illegible]	최저가	(70%) 123,200,000원
전용면적	64.88㎡ (19.63평)	소유자	육[illegible]	보증금	(10%)12,320,000원
사건접수	2019-02-08	매각대상	토지/건물일괄매각	청구금액	31,999,753원
입찰방법	기일입찰	배당종기일	2019-04-25	개시결정	2019-02-15

기일현황

회차	매각기일	최저매각금액	결과
신건	2019-06-19	176,000,000원	유찰
2차	2019-07-29	123,200,000원	매각
[illegible]/입찰1명/낙찰142,100,100원(81%)			
	2019-08-05	매각결정기일	허가
	2019-09-06	대금지급기한 납부 (2019.09.04)	납부
	2019-10-08	배당기일	완료
배당종결된 사건입니다.			

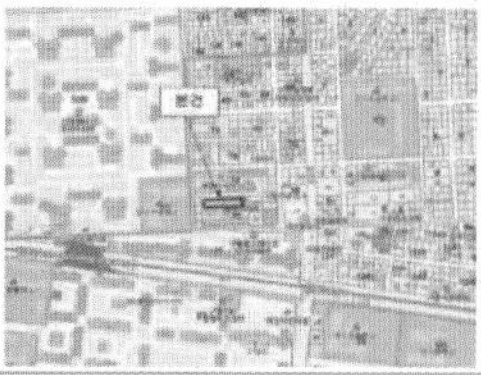

양○○ 씨 현금 청산 대상자라고 하네요.

나 청산금이 얼마 정도인지 확인해보고 알려주세요.

양○○ 씨 1억 5200만 원이지만 재감정이 되어서 금액이 달라질 수도 있다고 하네요. 현재 시점에서는 이 정도이고 한 달 이내에 처리가 가능하다고 해요.

1억 4200만 원에 낙찰받았고 현금 청산 대상 금액이 1억 5200만 원이면 1000만 원의 차익이다. 임장을 제대로 하지 못한 결과였다. 만약 현금 청산 금액이 더 낮았다면 어떻게 되었을까? 당연히 손실이다. 한 달이 조금 더 지나 조합에서 기존의 1억 5200만 원보다 약 670만 원 오른 1억 5870만 원에 결정이 났다.

해당 물건은 결과적으로 단기간 내에 2000만 원에 가까운 수익을 거두었지만 불행 중 다행이라고 할 수 있었다. 만약 현금 청산금이 낙찰 금액보다 현저히 낮았으면 어떻게 되었을까? 낮은 차익만큼 고스란히 손해로 돌아올 수도 있었던 상황이었다.

만약 조합원 지위를 그대로 승계받는다면 얼마의 차익을 얻을 수 있는지 계산해보았다. 해당 물건(B)의 낙찰 당시 평당가는 약 700만 원 선이었

고, 해당 물건 바로 옆에 위치한 간석래미안자이아파트(A)는 평당 1300만 원이었기에 평당 500만 원 이상의 차익을 볼 수 있었다.

예를 들어 현재 시세가 평당 700만 원인 32평 아파트가 있다고 하자. 이 물건의 현재 매매 시세는 약 2억 2400만 원이다. 인근 분양가 및 시세가 평당 1000만 원이라고 할 때, 같은 평수의 인근 아파트 시세는 약 3억 2000만 원이다. 차후 준공이 되면 약 1억 원(3억 2000만 원 – 2억 2400만 원)이라는 수익을 올릴 수 있게 되는 것이다.

다시 한 번 강조하지만 임장은 해당 물건에 대한 내용을 명확히 알아가는 중요한 단계이므로 정확하게 이루어져야 한다.

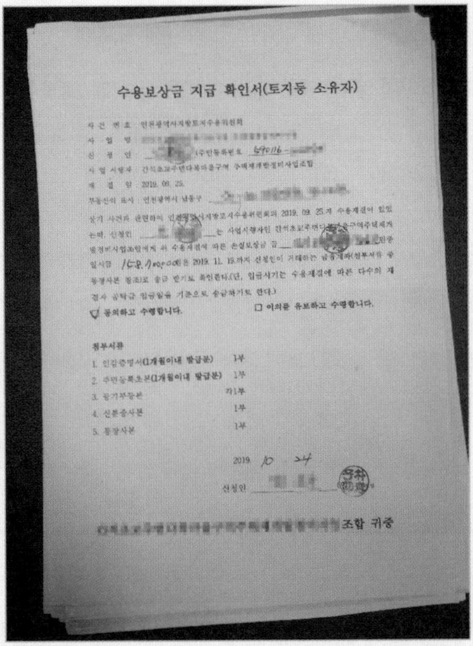
수용보상금 지급 확인서(토지등 소유자)

재결일 2019. 09. 25.

☑ 동의하고 수령합니다. ☐ 이의를 유보하고 수령합니다.

첨부서류
1. 인감증명서(1개월이내 발급분) 1부
2. 주민등록초본(1개월이내 발급분) 1부
3. 등기부등본 각1부
4. 신분증사본 1부
5. 통장사본 1부

2019. 10. 24

신청인

조합 귀중

경매 성공의 9할은 꾸준함

인천시 남동구 오피스텔 & 인천시 계양구 아파트

나는 경매 투자와 강의를 병행한다. 우리 학원에는 이론을 다루는 반과 물건을 추천하는 반이 있는데 물건을 취급하는 반에서는 물건에 관한 분석과 동시에 추천을 하기도 한다.

물건 반에서 강의할 때 나는 물건에 대해 분석하며 시세와 경매가, 입찰가가 어느 정도에서 형성되는지 알려주고, 낙찰 후 매도를 하거나 임차를 주었을 때 얼마의 차익을 얻게 되는지도 예측해준다. 물론 수없이 많은 물건을 모두 임장할 수 없기 때문에 예측이 때때로 빗나가기도 하지만 오랫동안 좋은 물건을 찾고, 분석하고 예상 수익을 계산하다보니 이제 나 스스로 토가 텄다라고 할 정도로 어느 정도는 정확성을 갖게 된 것 같다. 또 물건의 입찰가, 낙찰가 등이 내가 예상했던 바와 들어맞을 때는 재미있기도 하다.

이제는 단순히 그 물건이 당장 얼마의 수익을 가져다줄지를 따지기보다는 지역적 특색을 활용해 어떻게 하면 더 높은 수익을 얻을 수 있을지에 대해 고민하고 있다.

물론 내 강의를 열심히 듣는다고 해서 좋은 물건을 낙찰받을 수 있는 것은 아니다. 그 전에 꼭 필요한 것이 수강하시는 분들의 임장이다. 내가 브리핑한 물건에 입찰하기 위해서는 수강생들이 반드시 직접 임장을 다녀와야 한다. 임장을 통해 주요 내용을 다시 확인하면서 수익의 타율을 높여나가는 것이다. 특히 경매에 처음 입문하시는 분들은 금액이 낮은 물건에 무분별하게 입찰하거나 잘못된 판단으로 환금성이 더딘 물건을 낙찰받는 경우가 흔하기 때문에 나는 반드시 임장을 직접 다녀오도록 권하고 있다.

모범 수강생, 첫 낙찰의 기쁨을 누리다

이번에 소개할 사연은 내가 물건을 소개함에 있어 더욱 신중해야겠다고 느끼게 한 분의 이야기다.

이번 사례의 주인공인 이OO 씨는 2019년 10월 무렵 입찰에 참여하기 위해 내 강의를 들으셨다. 나는 수업에서 해당 물건을 브리핑하면서 재매각 물건이라 입찰자들이 별로 들어올 것 같지 않다고 이야기하면서 5000만 원을 적정 가격으로 제시했다. 이 정도 가격이면 입찰자가 들어와도 근소한 차이로 낙찰을 받을 수 있을 것이라고 생각했다. 덧붙여 낙찰받으면 바로 재계약하시라는 조언까지 덧붙였다.

인천지방법원 대법원바로가기 법원안내 가로보기 세로보기 세로보기(2)

2019 타경 [redacted]	매각기일 : 2019-10-08 10:00~ (화)	경매10계 032-860-1610
소재지	(21550) 인천광역시 남동구 [redacted] [도로명] 인천광역시 남동구 [redacted]	

용도	오피스텔(주거)	채권자	[redacted]	감정가	55,000,000원
대장용도	오피스텔(20호)	채무자	[redacted]	최저가	(70%) 38,500,000원
대지권	3.31㎡ (1평)	소유자	[redacted]	보증금	(20%)7,700,000원
전용면적	19.56㎡ (5.92평)	매각대상	토지/건물일괄매각	청구금액	16,171,991원
사건접수	2019-02-14	배당종기일	2019-04-30	개시결정	2019-02-15

기일현황 간략보기

회차	매각기일	최저매각금액	결과
신건	2019-06-12	55,000,000원	유찰
2차	2019-07-22	38,500,000원	매각
[redacted]/입찰11명/낙찰50,444,440원(92%) 2등 입찰가 : 50,000,000원			
	2019-07-29	매각결정기일	허가
	2019-08-27	대금지급기한	미납
2차	2019-10-08	38,500,000원	매각
(주)[redacted]/입찰2명/낙찰50,000,100원(91%) 2등 입찰가 : 41,777,000원			
	2019-10-15	매각결정기일	허가
	2019-11-18	대금지급기한	

그런데 매각 당일 결과는 조금 의외였다. 낙찰을 받긴 했는데, 차순위자와 800만 원 차이였던 것이다. 낙찰 금액이 5000만 원짜리 작은 물건(부동산 경매에서 1억 원 미만은 일반적으로 작은 물건이라 칭한다)에서 난 차이치고는 좀 컸기 때문이다. 사람 마음이 다 비슷하듯이, 차순위자와 경미한 차이로 낙찰을 받으면 기분이 좋지만, 차순위자와 가격 차이가 꽤 많이 나게 되면 괜히 속이 상하기도 한다. 이번의 경우가 그랬다. 내가 예상한 금액으로 낙찰을 받긴 했지만 차순위자와 금액 차이가 크다 보니 손해를 본 것 같은 기분이 드는 것이다.

이런 일은 또 있다. 바로 단독 낙찰일 때다. 이런 일을 겪게 되면 내가 제대로 된 판단을 내리지 못한 것일까라는 의구심이 든다. 이런 경험은 경매를 하는 사람이면 누구에게나 일어날 수 있는 일일 것이다.

어찌되었든 낙찰을 받고 해당 물건의 임차 내역을 살펴보았다. 그런데 한 명이 아니라 두 명이 전입되어 있었다. 하지만 낙찰자에게는 대항력 없는 임차인이기에 인수하는 금액은 없다. 나는 점유자를 내보내지 말고 바로 재계약을 이끌어내는 게 좋겠다고 조언했고, 이OO 씨는 일주일 만에 재계약을 완료했다.

낙찰	5000만 원
대출금	4000만 원(이자 10만 원)
임차 내용	보증금 200만 원, 월세 40만 원

꾸준한 발품이 수익을 만든다

낙찰받은 지 2주 만에 임차인과 재계약을 이끌어내 수익을 거두었으니 좋은 결과라고 볼 수 있다. 이OO 씨는 여기에서 그치지 않고 다시 열심히 수업에 참여해 또 다른 물건을 찾아 입찰에 참여했다.

인천지방법원 대법원바로가기 법원안내 | 가로보기 | 세로보기 | 세로보기(2)

2019 타경 [redacted]	매각기일 : 2019-11-11 10:00~ (월)	경매26계 032-860-1626

소재지	(21124) **인천광역시 계양구** [redacted] [도로명] 인천광역시 계양구 [redacted]				
용도	아파트	채권자	웰[redacted]	감정가	119,000,000원
대장용도	아파트	채무자	최[redacted]	최저가	(70%) 83,300,000원
대지권	30.89㎡ (9.34평)	소유자	최[redacted]	보증금	(10%)8,330,000원
전용면적	47.26㎡ (14.3평)	매각대상	토지/건물일괄매각	청구금액	33,476,666원
사건접수	2019-04-10	배당종기일	2019-07-04	개시결정	2019-04-23

기일현황

회차	매각기일	최저매각금액	결과
신건	2019-10-04	119,000,000원	유찰
2차	2019-11-11	83,300,000원	매각
	[redacted]/입찰11명/낙찰110,000,100원(92%) 2등 입찰가 : 108,410,000원		
	2019-11-18	매각결정기일	

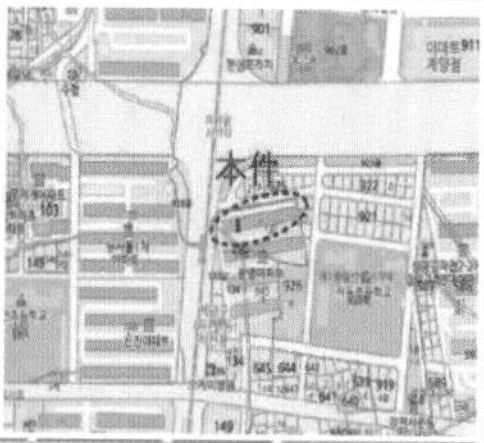

임차인현황 건물소멸기준 : 2015-12-18 | 배당종기일 : 2019-07-04 | 매각물건명세서 | 예상배당표

순위	성립일자	권리자	권리종류(점유부분)	보증금금액	신고	대항	참조용 예상배당여부 (최저가 기준)
1	전입 2015-10-26 확정 2015-10-14 배당 2019-05-02	한국토지주택공사 [redacted]	주거임차인 전부	【보】 80,000,000원	○	있음	배당금 : 80,000,000원 전액배당으로 소멸예상

● 임차인(별지)점유

+ 압류의 법정기일이 빠른경우 또는 교부청구(당해세)로 대항력있는 임차인의 경우 전액배당 안될시 인수금액 발생할수있음.

- 한국토지주택공사 : 한국토지주택공사 : 임대차계약일은 2015.10.13.이고, 주택임대차보호법 제3조 제2항에 의한 임대차임. 2019.5.16. 주택임차권등기(2019카임100258)있음.

- 본건 조사서의 조사내용은 전입세대열람 및 주민등록표등본에 의한 조사사항임 - 본건에 대한 임차인 등의 권리신고 등을 위하여 집행관 시스템에서 출력된 `안내문`을 해당 호수 출입문 문틈에 넣어 두었음

건물 등기 사항 건물열람일 : 2019-05-02 | 등기사항증명서

구분	성립일자	권리종류	권리자	권리금액	상태	비고
갑1	1998-06-17	소유권	최OO		이전	매매
을17	2015-12-18	(근)저당	웰OOOOO	40,000,000원	소멸기준	(주택) 소액배당 8000 이하 2700 (상가) 소액배당 5500 이하 1900
을18	2018-03-06	(근)저당	한OOOO	50,000,000원	소멸	
갑2	2019-04-11	가압류	신OOOOO	85,000,000원	소멸	
갑3	2019-04-23	임의경매	웰OOOOO	청구: 33,476,666원	소멸	

● 실거래내역

매매 | 47.26 | 총건수 : 144 건 | 최저가 : 5,000 만원 | 평균가 : 9,377 만원 | 최고가 : 14,000 만원 | 건축년도 1989

번호	명칭	분기	거래기간	전용면적(m²)	층	거래금액(단위:만원)
144	[illegible]	2019년 3분기	2019.7.21 ~ 2019.7.31	47.26	6	9,300
143	[illegible]	2019년 3분기	2019.7.21 ~ 2019.7.31	47.26	3	13,300
142	[illegible]	2019년 3분기	2019.7.11 ~ 2019.7.21	47.26	5	12,300
141	[illegible]	2019년 2분기	2019.5.01 ~ 2019.5.10	47.26	2	12,300
140	[illegible]	2019년 2분기	2019.5.01 ~ 2019.5.10	47.26	5	11,800
139	[illegible]	2019년 1분기	2019.3.21 ~ 2019.3.31	47.26	6	9,500
138	[illegible]	2018년 3분기	2018.9.11 ~ 2018.9.21	47.26	1	11,700
137	[illegible]	2018년 3분기	2018.9.11 ~ 2018.9.21	47.26	4	10,500
136	[illegible]	2018년 3분기	2018.9.11 ~ 2018.9.21	47.26	1	10,500
135	[illegible]	2018년 3분기	2018.9.01 ~ 2018.9.10	47.26	4	11,100
134	[illegible]	2017년 4분기	2017.11.11 ~ 2017.11.21	47.26	4	11,900
133	[illegible]	2017년 4분기	2017.10.11 ~ 2017.10.21	47.26	2	11,000
132	[illegible]	2017년 2분기	2017.5.21 ~ 2017.5.31	47.26	1	11,500
131	[illegible]	2017년 2분기	2017.5.21 ~ 2017.5.31	47.26	5	11,700
130	[illegible]	2017년 1분기	2017.3.21 ~ 2017.3.31	47.26	6	10,300
129	[illegible]	2017년 1분기	2017.2.21 ~ 2017.2.31	47.26	2	11,300

이OO 씨가 관심을 가진 물건은 인천시 계양구에 위치한 아파트였다. 정보를 살펴보니 시세도 나쁘지 않고 입지도 좋아 보였다. 전체 6층 중 5층에 해당하는 물건의 시세는 약 1억 2000만 원 선이었다. 임차인 역시 후순위 임차인으로 한국토지주택공사가 권리자로 설정되어 있어 깔끔하게 명도도 가능한 상황이었다. 내부 인테리어 수준만 확인해 입찰한 뒤 낙찰을 받으면 충분히 수익을 거둘 수 있을 것이라고 판단했다. 그리고 글을 쓰고 있는 이 시점에 이OO 씨는 이 아파트를 낙찰받았고 임차인으로 등재되어 있는 한국토지주택공사와 명도에 관한 협상을 진행하는 중이다.

그리고 또 한 가지, 위 아파트를 입찰하는 동시에 그는 아래 주택도 함께 입찰에 참여했다.

인천지방법원	대법원바로가기	법원안내	가로보기	세로보기	세로보기(2)

2019 타경 [illegible]	매각기일 : 2019-11-11 10:00~ (월)	경매26계 032-860-1626

소재지	(22795) 인천광역시 서구 [illegible] [도로명] 인천광역시 서구 [illegible]				
용도	주택	채권자	[illegible]	감정가	290,869,900원
대장용도	단독주택	채무자	[illegible]	최저가	(70%) 203,609,000원
토지면적	132.5㎡ (40.08평)	소유자	[illegible]	보증금	(10%)20,360,900원
건물면적	201.8㎡ (61.04평)	매각대상	토지/건물일괄매각	청구금액	45,117,478원
제시외	43.2㎡ (13.07평)	배당종기일	2019-09-10	개시결정	2019-05-22

기일현황

회차	매각기일	최저매각금액	결과
신건	2019-10-04	290,869,900원	유찰
2차	2019-11-11	203,609,000원	매각
([illegible]/입찰6명/낙찰250,000,100원(86%) 2등 입찰가 : 243,850,000원			
	2019-11-18	매각결정기일	

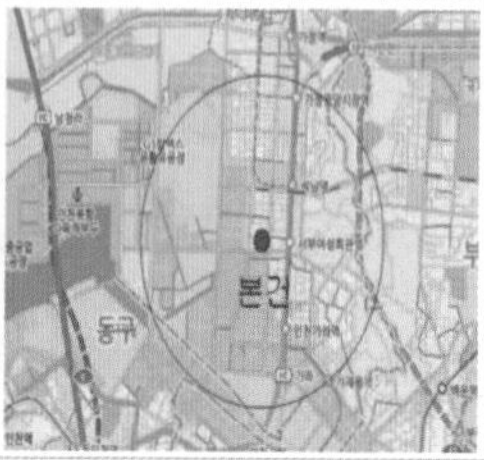

임차인현황 ▸ 건물소멸기준 : 2017-06-30 | 배당종기일 : 2019-09-10 매각물건명세서 예상배당표

순위	성립일자	권리자	권리종류(점유부분)	보증금금액	신고	대항	참조용 예상배당여부 (최저가 기준)
1	전입 2017-07-18 확정 2017-07-18 배당 2019-05-29	김[illegible]	주거임차인 전부	【보】22,000,000원	○	없음	배당금 : 22,000,000원 전액배당 소멸예상
2	전입 2017-07-27 확정 2017-07-07 배당 2019-06-25	박[illegible]	주거임차인 지하B01호	【보】25,000,000원	○	없음	배당금 : 25,000,000원 전액배당 소멸예상
3	전입 2017-10-23 확정 2017-10-12 배당 2019-09-06	[illegible]	주거임차인 전부 (양도전:최선영)	【보】85,000,000원	○	없음	배당금 : 52,545,300원 미배당 : 32,454,700원 일부배당(미배당금 소멸예상)
4	전입 2018-09-05 확정 2018-08-28 배당 2019-05-29	[illegible]	주거임차인 일부(203호)	【보】22,000,000원	○	없음	배당금 : 22,000,000원 전액배당 소멸예상
5	전입 2018-12-03 확정 없음 배당 없음	[illegible]	주거임차인 204호		×	없음	현황조사 권리내역
6	전입 2019-03-05 확정 2019-03-08 배당 2019-05-31	[illegible]	주거임차인 일부(204호)	【보】20,000,000원	○	없음	배당금 : 20,000,000원 전액배당 소멸예상

● 임차인(별지)점유

- 보증금합계 : 174,000,000원

- 인천도시공사(양도전:최선영) : 임대차계약일은 2017.10.11.이고, 주택임대차보호법 제3조 제2항에 의한 임대차로 입주자는 최선영임.

본건 조사서의 조사내용은 임차인의 진술과 전입세대열람에 의한 조사사항임.

해당 물건은 사진에서 보는 바와 같이 여섯 가구(현황상 일곱 가구다)가 살고 있고, 인근 월세 시세를 따져보았을 때 10평 기준으로 보증금 300만 원에 30만 원의 월세를 받을 수 있는 수준이었다. 따라서 임차인이 모두

건물 등기 사항 ▸ 건물열람일 : 2019-05-30 등기사항증명서

구분	성립일자	권리종류	권리자	권리금액	상태	비고
갑2	2013-06-26	소유권	탁OO	(거래가 2건) 220,000,000원	이전	매매
갑7	2017-06-30	소유권	이O	(거래가 2건) 280,000,000원	이전	매매
을9	2017-06-30	(근)저당	부OOOOOO	105,360,000원	소멸기준	(주택) 소액배당 8000 이하 2700 (상가) 소액배당 5500 이하 1900
갑8	2018-05-10	압류	국OOOOOOOO		소멸	(개인납세1과-티36038)
갑9	2018-12-12	가압류	김OO	23,932,500원	소멸	
갑10	2019-05-22	강제경매	최OO	청구: 45,117,478원	소멸	

토지 등기 사항 ▸ 토지열람일 : 2019-05-30 등기사항증명서

구분	성립일자	권리종류	권리자	권리금액	상태	비고
갑2	2013-06-26	소유권	탁OO	(거래가 2건) 220,000,000원	이전	매매
갑11	2017-06-30	소유권	이O	(거래가 2건) 280,000,000원	이전	매매
을9	2017-06-30	(근)저당	부OOOOOO	105,360,000원	소멸기준	
갑12	2018-05-10	압류	국OOOOOOOO		소멸	(개인납세1과-티36038)
갑13	2018-12-12	가압류	김OO	23,932,500원	소멸	
갑14	2019-05-22	강제경매	최OO	청구: 45,117,478원	소멸	

들어오게 되면 2000만 원가량의 보증금과 매달 200만 원의 월세 수익을 기대할 수 있는 상황이었다.

이런 건물의 경우 대출이 80퍼센트 정도 나오니 2억 원을 대출받고, 나머지 5000만 원 중 보증금으로 2000만 원을 해결할 수 있게 되니 실제 순투자액은 3000만 원밖에 되지 않는다. 대출받은 2억 원에 대한 한 달 이자가 약 60만 원 정도이니 매달 순수익으로 남는 것이 약 150만 원이다.

현재 시세 차익으로 접근한다고 해도 적어도 3000만 원의 수익이 날 뿐 아니라 장기적 관점에서도 높은 수익을 기대할 수 있는 효자 물건이 틀림없어 보였다.

낙찰	2억 5000만 원
대출금	2억 원(이자 60만 원)
임차 내용	보증금 2100만 원, 월세 210만 원 (보증금 300만 원, 월세 30만 원X7세대)

3000만 원 투자로 매달 150만 원의 수익이 발생하니 좋은 투자 물건이다. 이 물건 역시 현재 명도를 준비하고 있지만 임차인을 내보내고 다시 받기보다는 있는 상태에서 보증금 및 상황을 고려하여 재계약을 맺는 방향을 잡고 접근하고 있다고 했다.

현재 이OO 씨는 경매에 굉장히 큰 흥미와 관심을 갖고 열심히 공부하고 있다. 낙찰받은 지 하루 만에 다른 물건에 또 입찰해보겠다는 의사를 밝혔지만 나는 이번에는 쉬는 것이 어떻겠느냐고 권유했다. 명도에 대한 방향성 및 자금 대출에 대한 금융권의 답변을 받고 나서 다음을 준비하는 게 좋겠다는 판단이었다. 앞만 보고 달리다가 자칫 자금줄이 막히거나 명도에 있어 심적 부담이 올 경우 경매 자체에 대한 흥미를 잃을 뿐더러 좋은 결과를 얻기 어렵기 때문이다.

주택 입찰 시 주의할 점

주택에 입찰하기 전 확인해야 할 가장 중요한 점은 토지 모양이다. 토지 모양에 따라 건물을 짓기에 적합한 땅인지 아닌지, 또 얼마나 높이 올릴 수 있는지 등을 결정지을 수 있기 때문이다. 토지 모양은 곧 수익과도 연결되기 때문에 주택에 입찰하고자 하는 분이 있다면 토지가 어떤 모양(장방형, 정방형, 자루형, 사다리꼴 등)인지 반드시 확인해야 한다.

또한 토지의 경우 권리분석도 중요하지만 토지의 모양과 이용 계획에 따라 건폐율과 용적률이 정해지기 때문에 공법에 대한 분석을 함으로써 사업성까지 고려해야 한다. 이때 건폐율과 용적률을 쉽게 가늠할 수 있는 유용한 팁이 있다. 바로 옆에 있는 건물이 몇 층까지 지어져 있는지를 확인하는 것이다. 대체로 토지는 옆 토지와 비슷한 평가를 받기 때문에 인접한 곳의 정보를 통해 짐작할 수 있기 때문이다.

포기하지 않는 것이 낙찰의 비결

용인시 처인구 아파트 & 인천시 부평구 아파트 & 용인시 기흥구 상가 & 안산시 상록구 아파트

앞서 몇 차례 언급했지만 경매는 꾸준히 하는 것이 무엇보다 중요하다. 생각보다 많은 사람이 경매를 통해 큰돈을 벌고자 한다. 그래서 욕심을 낸다. 좋은 물건이 있다고 판단되면 무조건 입찰에 참여하려고 한다. 그리고 몇 번의 실패를 겪고 난 뒤 경매에 대해 부정적인 인식을 갖거나 아예 경매 자체를 포기하고 만다.

안타까운 이야기지만 현실적으로 경매 시장에 진입하고자 하는 대부분의 사람들이 이런 생각을 한다. 물론 그 사람들의 심정을 이해하지 못하는 바는 아니다. 하지만 자신의 현재 자금 상황을 정확하게 인식하고 그 안에서 꾸준하고 성실하게 공부하고 도전해나가는 것만이 경매에서 성과를 달성하는 가장 정직한 길이다.

낙찰 취소라니요

허OO 씨는 경매에 있어 꾸준함이 그 어떤 능력보다 가장 중요하다는 것을 몸소 내게 증명해주신 분이다. 처음에는 허OO 씨가 기가 막히게 운 나쁜 분이라고 생각한 적도 있었고, 왜 허OO 씨에게만 이런 일이 생기는지 신기하게 여기기도 했다. 하지만 곁에서 오래 지켜본 결과 이 모든 것은 꾸준함의 대가라는 사실을 알게 되었다.

아래는 허OO 씨가 낙찰받은 물건이다.

이 물건은 경기도 용인시에 위치한 한 아파트다. 사실 경매를 시작한 지 얼마 되지 않는 분들에게 낙찰은 굉장히 뜻 깊은 일이다. 그런데 낙찰이 취소되는 일은, 낙찰을 받은 것보다 훨씬 더 큰 충격을 가져다준다. 특히 허OO 씨는 직장을 다니는 와중에 경매를 시작하셨기 때문에 입찰에 참여하려면 연차를 내야 하는 등의 어려움이 있었다. 그 누구보다 입찰에 신중할 수밖에 없는 상황이었다. 나는 입찰에 떨어지면 큰 상심을 겪는 허OO 씨에게 자주 위로의 말을 건네곤 했다.

나

인디언들은 기우제를 열면 반드시 비가 온다고 합니다. 왜 그런 줄 아세요? 바로 비가 올 때까지 기우제를 지내기 때문이지요. 경매도 마찬가지입니다. 될 때까지 도전하면, 반드시 이루어질 거예요.

허○○ 씨 감사합니다. 마음을 다잡고 다시 도전해볼게요.

이렇게 하여 몇 차례의 패찰 끝에 허OO 씨는 주말에 임장을 다녀오고 월차를 내 입찰에 참여하면서 난생 처음으로 낙찰을 받게 되었다. 그 얼마나 기쁜 일이겠는가.

그런데 아뿔싸. 해당 물건은 채권자가 채권액을 상환하면서 취하가 되었다. 안타깝지만 다시 물건을 찾아야 했다. 나처럼 수없이 많은 물건을 보고 이런저런 상황을 겪는 사람에게는 별일 아닐 수도 있지만 당사자 입장에서는 마음이 얼마나 쓰렸을까.

문건접수내역

접수일	접수내역	접수결과
2018-04-24	채권자 주OOO OOOOOOOO 보정서 제출	
2018-04-27	등기소 용OOOO 등기필증 제출	
2018-05-09	감정인 (주)OOOOOOOO OOOOOO 감정평가서 제출	
2018-05-09	기타 황OO 감정평가서 제출	
2018-05-10	근저당권자 한OOOOOOOOO 채권계산서 제출	
2018-05-11	집행관 김OO 현황조사보고서 제출	
2018-05-24	기타 신OOO OOOO 배당요구신청 제출	
2018-06-05	기타 삼OOO OOOO 권리신고 및 배당요구신청서 제출	
2018-06-05	기타 삼OOO OOOO 채권계산서 제출	
2018-06-14	근저당권부질권자 주OOOOOOOOO 채권계산서 제출	
2018-06-19	근저당권부질권자 주OOOOOOOOO 권리신고 및 배당요구신청서 제출	
2018-06-19	채권자 주OOOOOOOOOOO 질권자 우선배당 동의서 제출	
2018-07-06	채권자 용OO 교부청구서 제출	
2018-07-09	근저당권자 이OO 채권계산서 제출	
2018-10-25	집행관 송OO 기일입찰조서 제출	
2018-11-27	집행관 정OO 기일입찰조서 제출	
2018-12-04	채권자 주OOO OOOOOOOO 경매절차 취소 신청서 제출	

우리는 마음을 다잡고 다음 입찰을 준비했고, 다행히 두 번째 낙찰을 받을 수 있었다.

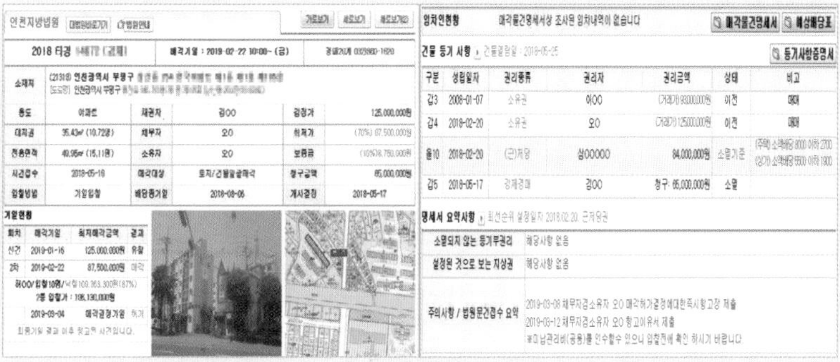

문건처리내역		
접수일	접수내역	결과
2018.05.18	등기소 인OOOOO OOO 등기필증 제출	
2018.05.28	채권자 김OO 보정기간연장신청서 제출	
2018.05.28	집행관 손OO 현황조사보고서 제출	
2018.05.30	교부권자 국OOOOOOO OOOOOO 교부청구서 제출	
2018.05.30	감정인 청OOOOOOOOO 감정평가서 제출	
2018.05.30	채권자 김OO 사용증명 제출	
2018.06.12	채권자 김OO 보정서 제출	
2018.07.25	교부권자 인OOOOOOO 교부청구서 제출	
2019.03.08	채무자겸소유자 오O 매각허가결정정본	
2019.03.08	채무자겸소유자 오O 매각허가결정에대한즉시항고장 제출	
2019.03.08	채무자겸소유자 오O 송달장소 및 송달영수인 신고서 제출	
2019.03.12	채무자겸소유자 오O 항고이유서 제출	
2019.09.19	기타 공OO 문서송부서 제출	

그런데 신기한 일이 또 발생했다. 또 취하가 된 것이다. 한 번도 아니고 낙찰받은 물건이 연달아 취하되다니 놀라지 않을 수 없었다. 이 정도면 운명이 아닐까라는 생각이 들 정도였다(꽤 많은 사람이 한두 번 패찰하고 나면 나는 경매와 인연이 아닌가 보다 생각하고 경매를 포기한다). 물론 낙찰이 쉬운 일은 아니지만 열심히 노력해 두 번이나 어렵사리 낙찰을 받았는데 물건 두 개가 모두 취하가 된다는 것은 분명 흔한 일은 아니었다. 상심이 큰 허OO 씨를 위로한 뒤 우리는 다음 물건을 준비했고, 임장과 입찰을 반복하

며 기회를 기다렸다.

한번은 이런 일도 있었다. 허OO 씨가 직장을 다니다 보니 평일에는 시간을 내기가 쉽지 않았다. 따라서 입찰하고 싶은 물건이 있어도 짬을 내지 못해 대리인에게 대리 입찰을 부탁한 적이 있었다. 대리 입찰 시 당사자는 대리인에게 인감증명을 떼서 전달하고 보증금도 미리 맡겨야 한다. 그런데 퇴근을 하고 대리인을 만나다 보니 인감증명과 수표를 미처 준비하지 못했단다. 결국 수원역에서 만나 현금으로 뭉칫돈을 ATM기에서 출금하고, 수원역 창구에서 인감증명을 떼서 건넨 적도 있다고 했다. 심지어 뭉칫돈을 들고 수원역에서 대리인을 기다리고 있으니 어떤 부랑자가 다가와 돈 좀 달라고 하는 웃지 못할 에피소드도 있었단다.

입찰 시 보증금 준비에 관한 팁

입찰에 자주 참여한다면 자기의 현금 자산에 맞추어 1000만 원짜리 몇 장, 100만 원짜리 몇 장, 10만 원짜리 몇 장과 같은 식으로 나누어 가지고 있는 것이 좋다. 입찰하려는 물건의 보증금에 맞춰서 간편하게 챙길 수 있기 때문이다. 만약 입찰 보증금이 내가 내는 돈보다 많으면 차액을 계좌로 받을 수 있다. 따라서 입찰 보증금 여분에 대해서는 크게 걱정할 필요가 없다.
만약 자주 입찰을 하는 분이 아니라면 일정 금액 이상의 수표 한 장을 출금해 가지고 가는 것이 좋다. 일전에 강원도의 한 법원에 간 적이 있는데 자주 경매를 하지 않는 분이셨는지 만 원짜리 지폐를 수천 장 가지고 온 분을 본 적이 있다. 물론 그렇게 하면 안 되는 것은 아니지만 봉투에 넣는 것도, 지폐를 세는 것도 번거로운 일이 된다. 따라서 가능하면 고액의 수표 한 장을 준비해두는 것을 추천한다. 이때 수표를 잃어버릴 경우를 대비해 미리 사진을 찍어두고, 패찰을 하면 은행에 입금한 뒤 움직이는 것이 좋다. 만약 수표를 잃어버리면 법원에서 재발급받을 수 있지만 기간이 오래 걸리기 때문에 조심히 보관하도록 하자.

두 차례 패찰 끝에 찾아온 기쁨

두 번의 상처 끝에 허OO 씨는 드디어 세 번째 물건을 낙찰받게 되었다. 경기도 용인시에 있는 어느 아파트 상가였다. 이 물건은 낙찰을 받자마자 바로 재계약을 진행하는 게 좋겠다고 판단했고 실제로 낙찰받은 지 한 달이 채 되지 않아 기존 임차인과 재계약했다. 세 번째 만에 거둔 쾌거였다. 허OO 씨의 환한 미소를 보고 있자니 내가 기분이 좋을 정도였다. 두 번의 취하에도 불구하고 꾸준히 노력해 이런 값진 보상을 받는 게 아닌가 하는 생각과 함께 말이다.

수원지방법원 대법원바로가기 법원안내 가로보기 세로보기 세로보기(2)

2018 타경 [redacted]	매각기일 : 2019-04-30 10:30~ (화)	경매6계 031-210-1266

소재지	(17073) 경기도 용인시 기흥구 [redacted] [도로명] 경기도 용인시 기흥구 [redacted]				
용도	상가(점포)	채권자	우OOO	감정가	136,000,000원
대지권	24.2m² (7.32평)	채무자	이OO	최저가	(100%) 136,000,000원
전용면적	46.2m² (13.98평)	소유자	이OO	보증금	(10%)13,600,000원
사건접수	2018-07-02	매각대상	토지/건물일괄매각	청구금액	82,750,364원
입찰방법	기일입찰	배당종기일	2018-09-14	개시결정	2018-07-03

기일현황

회차	매각기일	최저매각금액	결과
신건	2019-04-30	136,000,000원	매각
[redacted]/입찰5명/낙찰155,300,300원(114%) 2등 입찰가 : 140,010,000원			
	2019-05-07	매각결정기일	허가
	2019-06-13	대금지급기한 납부 (2019.06.03)	납부
	2019-06-25	배당기일	완료
배당종결된 사건입니다.			

임차인현황	채무자(소유자)점유

건물 등기 사항 건물열람일 : 2018-07-13

구분	성립일자	권리종류	권리자	권리금액	상태	비고
갑1	2001-10-15	소유권	김OO		이전	매매
을1	2001-10-16	(근)저당	우OOO	104,000,000원	소멸기준	(주택)소액배당 3000 이하 1200 (상가)선순위담보물권기준 상.임.법 보호대상아님
갑2	2006-08-29	소유권	이OO	(거래가) 130,000,000원	이전	매매
을2	2016-09-28	(근)저당	한OO	15,000,000원	소멸	
갑9	2017-07-25	압류	국OOOOOOO		소멸	(징수부-905416)
갑10	2018-07-03	임의경매	우OOO	청구: 82,750,364원	소멸	

낙찰받은 뒤 한동안은 혹시 이 물건도 취하되는 거 아닐까 내심 걱정했지만 다행히 그런 일 없이 무사히 잔금을 납부하고 마무리지을 수 있었다.

한 차례 기쁨을 맛본 뒤 허OO 씨가 본 물건은 경기도 안산에 있는 한 아파트였다. 이 물건 역시 다행히 낙찰을 받았는데, 낙찰 후 점유자가 스스로 알아서 나가겠다는 의사를 밝혀왔다. 허OO 씨와 점유자는 이사비 100만 원에 원만하게 합의한 뒤 잔금을 완납하기 전 공인중개사 매물 등록과 인테리어도 진행했다. 보기 드물게 운이 좋은 경우였다.

수원지방법원 안산지원 대법원바로가기 법원안내 가로보기 세로보기 세로보기(2)

2018 타경 [illegible] 2019타경4260(중복)	매각기일 : 2019-10-30 10:30~ (수)	경매11계 031-481-1248

소재지	(15623) 경기도 안산시 상록구 [illegible] [도로명] 경기도 안산시 상록구 [illegible]				
용도	아파트	채권자	넥OOOOOOOO	감정가	302,000,000원
대장용도	아파트	채무자	이OO	최저가	(70%) 211,400,000원
대지권	84.74㎡ (25.63평)	소유자	이OO	보증금	(10%)21,140,000원
전용면적	114.59㎡ (34.66평)	매각대상	토지/건물일괄매각	청구금액	26,537,685원
사건접수	2018-12-26	배당종기일	2019-03-26	개시결정	2019-01-09

기일현황

회차	매각기일	최저매각금액	결과
신건	2019-09-25	302,000,000원	유찰
2차	2019-10-30	211,400,000원	매각
허OO/입찰4명/낙찰238,300,300원(79%) 2등 입찰가 : 235,500,000원			
	2019-11-06	매각결정기일	허가

임차인현황 매각물건명세서상 조사된 임차내역이 없습니다 매각물건명세서 예상배당표

건물 등기 사항 건물열람일 : 2019-01-18 등기사항증명서

구분	성립일자	권리종류	권리자	권리금액	상태	비고
갑1	1994-11-28	소유권	정OO		이전	매매
갑2	2015-04-17	소유권	이OO	(거래가) 290,000,000원	이전	매매
을5	2015-04-17	(근)저당	교OOOOO	264,000,000원	소멸기준	(주택) 소액배당 6000 이하 2000 (상가) 소액배당 3800 이하 1300
을6	2018-02-28	(근)저당	넥OOOOOOOO	32,500,000원	소멸	
갑5	2019-01-09	임의경매	넥OOOOOOOO	청구: 26,537,685원	소멸	
갑6	2019-01-10	가압류	아OOOO	12,079,944원	소멸	
갑7	2019-01-16	압류	국OOOOOOO		소멸	(징수부-900401)
추가	2019-04-24	임의경매	한OOOO	청구: 215,824,880원	소멸	2019타경4260(중복)

경매를 하다 보면 뜻하지 않게 위기를 겪거나 공든 탑이 무너지는 일이 심심치 않게 벌어진다. 허OO 씨의 경우가 그랬다. 하지만 쉽게 포기하지 않고 꾸준히 노력한 결과, 현재는 경매를 통해 높은 수익률을 거두고 있다. 이 책을 읽는 독자들 역시 경매를 하면서 매번 좋은 결과만을 얻을 수 없을 것이다. 때로는 경제적 손실을 입기도 하고 자신이 그린 시나리오와 다르게 흘러가는 상황에 당황하기도 할 것이다. 하지만 이번에 소개한 사연처럼 자신의 목표를 향해 천천히, 그렇지만 꾸준하게 다가간다면 반드시 성공할 수 있을 것이라고 확신한다.

02

경매 입문을 위한 10단계 매뉴얼

경매 입문을 위한 10단계 매뉴얼

독자들이 어떻게 하면 경매를 보다 쉽고 꾸준하게 참여할 수 있을까 하는 생각에 『경매 통장』을 통해 몇 건의 추천 물건을 소개했다. 하지만 놀라운 것은 입찰까지 이어진 경우가 극히 드물었다는 사실이다. 물론 그중에는 용감하게 입찰에 참여해 낙찰받은 분도 계신다. 하지만 여전히 많은 분들이 경매를 어렵게 여기는 것 같다. 그래서 이번에는 경매를 시작하고 진행하는 10단계 매뉴얼을 소개하고자 한다. 아래 설명한 순서를 제대로 숙지하고 따라 한다면 누구나 경매를 통해 기대 수익을 거둘 수 있을 것이다.

경매 진행 단계 및 주의할 점

1. 방향을 설정한다
2. 물건을 검색한다
3. 권리분석을 한다
4. 임장을 한다
5. 입찰가를 산정한다
6. 명도를 진행한다

7. 자서와 잔금을 진행한다
8. 그 지역의 특성에 맞도록 인테리어 및 리모델링을 해 물건의 가치를 높인다
9. 공인중개사무소에 등록한다
10. 매도는 신고를, 임차는 관리를 잘하는 것이 꾸준한 수익률을 높이는 비결이다

: 1. 방향 설정 :

내가 가지고 있는 유용 자금과 물건의 종류, 용도 등을 고려하는 단계다. 장기적으로 수익을 추구할 것인지 단기로 자금을 불릴 것인지를 결정하는 것이다.

대개 투자금이 적으면 짧은 시간 내에 사고팔고를 반복해 돈을 불리는 방식이 유용하다. 이때 중요한 점은 반드시 '캐시카우'가 존재해야 한다는 점이다. 캐시카우가 없는 상태에서 사고팔고를 반복하다 보면 낙찰을 받기까지의 초조함, 명도 시의 불안, 매매 시장에 내놓았을 때의 불확실성 등으로 인해 잘못된 판단을 하기 쉬워진다. 임대료를 받고자 한다면 1차 수익보다는 2차 수익의 관점으로 접근하는 것이 좋다.

여기서 말하는 1차 수익은 낙찰받을 당시의 시장가로 임차를 놓을 때 나오는 수익을 의미하며, 2차 수익은 부동산을 개발(부동산을 놓고 사업자를 운영하는 것)하여 사업자로서도 수익을 내는 개념을 뜻한다. 이때 주의할 점은 직장인의 경우 회사 내 겸직 금지 규정이 없는지 잘 살펴 불이익을 받는 일이 없도록 해야 한다.

: 2. 물건 검색 :

방향이 설정되었다면 물건을 검색해야 한다. 경매의 경우 보통 한 달에 약 1만에서 1만 2000건 정도의 물건이 나온다. 이중 수도권이 절반을 차지하게 되는데 이중 서울과 인천에서만 각각 5분의 1씩이 나온다. 즉, 한 달에 서울과 인천에서 약 1000건, 나머지 경기도에서 약 3000건 정도가 나온다는 뜻이다.

한 사람이 모든 물건의 입찰에 참여할 수도 없고, 모든 물건의 임장을 갈 수도 없다. 그렇기 때문에 되도록 내가 아는 지역(본인이 거주하고 있는 곳, 혹은 직장 및 사업장과 가까운 곳)을 골라 과거의 낙찰 사례와 비교해보는 것이 좋다. 이렇게 되면 그 지역의 적정 시세를 정확히 파악할 수 있고, 자신이 알고 있는 시세보다 낮게 책정된 물건이 나오면 체크한 뒤 임장을 가면 된다.

: 3. 권리분석 :

권리분석은 크게 세 가지로 구성된다고 볼 수 있다. 첫째는 등기부등본상의 권리, 두 번째는 임차인의 권리, 마지막은 배당에 대한 분석이다. 즉, 권리분석이란 하나의 물건에 이해관계인들이 어떻게 권리를 주장하고 있는지를 나타내주는 분석이라고 볼 수 있다. 이때 등기부상의 말소기준권리라는 것을 먼저 찾은 뒤 임차인의 전입일자나 사업자 등록일지를 비교해 등기부상의 권리가 앞서 있고 임차인의 일자가 뒤에 있다면, 후순위 임차인으로 안전하다고 볼 수 있다. 반대로 등기부등본상의 권리보다 임차인의 권리가 앞서 있다면 선순위 임차인으로 보증금을 인수하는 물건으로 분석한다. 여기에 덧붙이자면 물건에 관한 이해관계인들의 권리를 잘 이해해 각 권리자들의 심적 상태를 가늠해보는 것도 도움이 된다. 이런 과정을 반복해 연습하다 보면 명도를 할 때 자신이 의도했던 대로 진행할 수 있게 된다.

: 4. 임장 :

앞서 강조했듯이 임장은 꼭 세 군데를 들러서 확인해야 한다. 첫째 해당 물건지를 방문해 물리적인 파손이나 영업력(상업용 부동산의 경우) 등을 확인하는 것이다. 둘째는 그 물건을 관리하고 있는 관리사무소를 방문해 미납되어 있는 관리비가 있는지 확인해야 한다. 공실일 경우 관리비가 미납되어 있는 경우가 많고 이런 경우는 관리비의 공용부분(3년까지의 관리비)이 인수되기 때문에 반드시 확인해야 한다. 상가일 경우 관리비가 적게는 몇십만 원부터 억 단위까지 부과되는 경우도 있으니 절대 잊어서는 안 된다. 마지막으로 인근 공인중개사무소를 방문해야 한다. 공인중개소에서는 현재 나와 있는 매물의 시세(매매가, 급매가, 전세, 월세 등)를 확인해야 한다. 그리고 그 물건 입지에 대해 호재거리나 악재거리가 있는지도 미리 알아두면 도움이 된다. 다만 공인중개소를 방문할 시 경매를 한다고 밝히면 소위 돈 좀 있는 사람이라고 생각해 다른 물건을 권하는 경우가 많기 때문에 주의해야 한다.

: 5. 입찰가 산정 :

입찰가는 부동산의 가치에 따라 달라진다. 경매 입문자들이 흔히 하는 실수가 가치적인 부분을 보지 못한다는 점이다. 물건의 가치를 읽는 것은 쉬운 일이 아니다. 꾸준히 주변 시세를 파악하고 호재와 악재 등의 정보를 통해 흐름을 읽을 수 있는 능력을 키워야 하기 때문이다. 입문자라면, 일차적으로 현재의 시점에서 낙찰 후 매도할 때 얼마의 차익이 발생할지를 정확히 알고 있어야 한다. 흔히 매도가에서 낙찰받은 금액을 뺀 나머지가 모두 순수익이라고 생각하기 쉽지만 취득세와 명도 비용, 인테리어 비용, 금융이자, 매도 시 양도세 등을 모두 제외한 금액이 실제 수익이기 때문이다.

: 6. 명도 :

물건을 낙찰받았다면 바로 당일에 점유자를 만나러 가는 것이 좋다. 임장 시 보이지 않았던 특이점이 발견될 수도 있고, 이해관계인 중 보증금을 갑자기 요구하는 사람도 있을 수 있기 때문이다. 이런 경우 매각불허가 요인을 작성해 진행할 수도 있다(매각불허가 사유 민사집행법 121조). 명도를 할 때 점유자는 대개 시간과 돈이라는 두 가지 요인을 가지고 맞선다. 반드시 어떻게 해야 한다는 법이 있는 게 아니기 때문에 점유자와 서로 잘 상의해 조율, 진행하는 것이 좋다.

: 7. 자서 :

낙찰을 받은 물건에 따른 레버리지 상품을 찾는 과정이다. 흔히 낙찰을 받고 법원에서 나올 때 입구에서 기다리고 있다가 명함을 건네주는 사람들을 보게 되는데 법무사 사무실과 연계되어 있는 딜러들이다. 이들을 통해 경락자금대출을 알아볼 수 있다. 간혹 어떤 분들은 경매로 낙찰받아 일반 금융권에서 대출을 진행하려고 하는데 경락 상품을 다루는 금융권이 따로 있기 때문에 어려움을 겪는 일이 많다. 따라서 이러한 딜러들에게 문의하면 도움을 받을 수 있다.

: 8. 인테리어 :

자서도 마치고 명도도 마치면 집이 비어 있게 된다. 이때부터 바로 해야 할 것은 목적에 따른 인테리어다. 인테리어에는 정답이 있는 것이 아니다. 지역적 특징과 수요층을 파악한 뒤 취향에 맞춰서 하면 좋다. 예를 들어 초등학생을 둔 부모들이 많이 사는 지역에서는 부부와 아이들로 구성된 가정을 염두에 두고 인테리어를 하는 것이 매도인(혹은 임차인)을 쉽게 구할 수 있는 팁이 된다. 인테리어는 본인이 자재를 직접 구입해 시공하는 셀프 인테리어와 업체에 의뢰하는 방식이 있는데 각각 장단점이 있다. 셀프 인테리어는 공사비를 절약할 수 있는 반면 손품, 발품을 팔아야 하며, 업체에 의뢰하면 신경 쓸 필요 없이 간단히 끝낼 수 있지만 비용이 높은 단점이 있다. 일반적으로 업체에 의뢰해 인테리어를 진행하면 평당 100만 원 정도의 견적이 발생한다.

: 9. 공인중개소 매물 등록 :

이 단계까지 오면 이제 기다리는 과정이라고 볼 수 있다. 매물을 등록했다고 무조건 기다리기보다는 꾸준히 공인중개소에 방문해 업데이트를 하는 것이 중요하다.

: 10. 매도 후 신고, 임차 후 관리 :

매도를 하면 양도세를 신고해야 한다. 1년 이내에 매도를 하면 주거용의 경우 중과세가, 상업용 부동산의 경우 2년까지의 중과세가 부과된다. 이 점은 입찰에 참여할 때부터 반드시 숙지하고 있어야 한다. 시세 대비하여 저렴하게 낙찰을 받아 기뻤는데 예상보다 빨리 매도하게 되면 거의 절반 정도를 세금으로 내야 하기 때문이다. 만약 임차를 놓게 되었다면 임차인과의 관계를 원만하게 유지하는 것이 좋다. 그래야 다음 임차인을 맞게 될 경우에도, 매도를 하게 될 경우에도 잡음을 피할 수 있기 때문이다. 인생사 모든 일이 그러하듯, 사람 사이의 관계가 무엇보다 중요한 법이다.

왕초보도 완전 쉽게 따라 하는
경매 통장 플러스

초판 1쇄 발행 2020년 1월 16일
초판 2쇄 발행 2020년 9월 24일

지은이 김유한
펴낸이 김선준

편집1팀장 마수미 **편집1팀** 배윤주
디자인 김세민
마케팅 권두리, 조아란, 오창록, 유채원
경영관리 송현주

펴낸곳 포레스트북스 **출판등록** 2017년 9월 15일 제 2017-000326호
주소 서울시 강서구 양천로 551-17 한화비즈메트로1차 1306호
전화 02) 332-5855 **팩스** 02) 332-5856
홈페이지 www.forestbooks.co.kr **이메일** forest@forestbooks.co.kr
종이 ㈜월드페이퍼 **출력·인쇄·후가공·제본** 예림인쇄

ISBN 979-11-89584-50-4 (13320)

- 책값은 뒤표지에 있습니다.
- 파본은 구입하신 서점에서 교환해드립니다.

- 이 도서의 국립중앙도서관 출판예정도서목록(CIP)은 서지정보유통지원시스템 홈페이지(http://seoji.nl.go.kr)와 국가자료종합목록 구축시스템(http://kolis-net.nl.go.kr)에서 이용하실 수 있습니다.
(CIP제어번호: CIP2019053122)

포레스트북스(FORESTBOOKS)는 독자 여러분의 책에 관한 아이디어와 원고 투고를 기다리고 있습니다. 책 출간을 원하시는 분은 이메일 **writer@forestbooks.co.kr**로 간단한 개요와 취지, 연락처 등을 보내주세요. '독자의 꿈이 이뤄지는 숲, 포레스트북스'에서 작가의 꿈을 이루세요.